LE TESTAMENT POÉTIQUE

GÉRARD BUCHER

LE TESTAMENT POÉTIQUE

BELIN

La gravure en couverture est de Stanley W. Hayter.

© Éditions Belin 1994   ISSN 0991-6458   ISBN 2-7011-**1705**-4 *à Anne-Laure*

« La poésie est le réel absolu, plus une chose est poétique, plus elle est vraie. »

Novalis

« [...] toutes les possibles émotions d'un jour se résument dans l'état de son soir et de la songerie de son crépuscule [...] ensemble supérieur, aéré, clair de tout ce qu'un homme, arrivant au seuil des temps, doit tirer de la poésie éternelle et de soi ; pour gage. »

S. Mallarmé

« Le rapport entre mort et parole, un éclair, s'illumine ; mais il est encore impensé. »

M. Heidegger

AVANT-PROPOS

La prise de conscience du rôle historial de la mort au fondement du sens a pour contrepartie la dissolution de toutes les figures du divin. « Le crépuscule des idoles » doit coïncider en effet avec une épiphanie limite du Néant qui serait paradoxalement aujourd'hui la condition de notre survie : de notre intégrité spirituelle recouvrée. Nous avons, par subterfuge et artifice, précédé notre mort et cette mort abyssale, toujours déniée, est maintenant en passe de nous rejoindre, d'embraser notre âme « aux torches du solstice » (P. Valéry).

Loin de nous abandonner passivement au nihilisme envahissant – aux inerties fatales de l'histoire et au déni tragique du deuil – nous devons tenter d'affronter, c'est-à-dire de penser le *nihil* lui-même. La thanatogenèse qui entend accueillir le mystère de la coïncidence extrême, instable mais unique, de la mort et de la vie, nous convie donc à franchir le seuil de la posthistoire. La finitude reconnue fulgure comme finitude infinie. C'est en accomplissant la ritualisation du néant comme Événement-du-verbe, c'est-à-dire comme explicitation poétique de notre naissance mortelle que nous pourrions être à même de rejoindre et de renouveler, en connaissance de cause, l'expérience de l'Adam primordial.

Comment accueillir l'Événement des origines, ménager sa pleine rétroaction sur nous, c'est-à-dire rompre avec les préjugés de notre tradition onto-théo-logique, inscrire « le mystère dans les Lettres » (S. Mallarmé) au cœur de la science : des sciences de l'homme, certes, mais aussi de la

9

logique formelle et des mathématiques ? Comment exposer le leurre ou la fiction du verbe, porter à la parole le silence des sources, simultanément subvertir la scénographie muette du *voir* (idolâtre) au profit de la *parole* qui toujours dut assumer une position secondaire, subalterne au regard des évocations et des révocations primitives de la (ou du) mort ? Ce projet conduit à une scrutation conjointe du langage et du destin des œuvres littéraires dans l'horizon d'une conversion éthique.

La tâche est en effet de narrer l'épopée du verbe : de conter ses efflorescences méconnues, de révéler sa dynamique créatrice au fondement des édifices de la raison et de la foi. La pensée rationnelle comme les révélations judaïque et chrétienne sont le fruit d'une invention poétique ignorée. Avant tout, il faudra rendre justice à la littérature comme cette « plus haute puissance du faux » dont parla Nietzsche, par l'élucidation de ses origines ignorées eu égard au rite et au mythe. A l'exploration archéologique des conditions d'émergence de la littérature s'accordera ainsi une reconnaissance du projet des œuvres qui furent réfractaires à toute forme idéologique dominante. Ce serait au terme d'un tel parcours que le langage (la poésie) pourrait enfin assumer le rôle tiers, hyperbolique, *entre* la pensée et l'être, *entre* l'homme et le divin qui jamais ne lui fut concédé.

Pour tenter de porter à la parole l'enfance de la parole, le secret du verbe même (*verbum* vient de l'indo-européen *werdh* qui signifie précisément parole), je reprendrai le fil de la démonstration développée dans *La vision et l'énigme*. Pourtant, réinterrogées dans l'horizon de la thanatogenèse, l'approche de l'anthropologie religieuse (envisagée du point de vue de l'unité du sens et du sacré), puis celle des conditions d'émergence de l'héllénisme, du judaïsme primitif et du christianisme seront ici profondément renouvelées. Au demeurant, dans cet essai encore le parcours que j'instaure est schématique, simplificateur : il reste beaucoup à compléter. Au détriment de toute analyse ponctuelle, je privilégie en effet le souci d'un nouveau mode de signifier pour une « communauté du secret » (Levinas), affranchie des passions mortifères ancestrales. Ouvrir les portes de l'avenir ce serait envisager un

retour aux sources, ce serait échapper à « l'esprit de vengeance », au déni de l'*autre mort,* ce serait retrouver enfin le
goût de la survie, « chanter la région où vivre ». Car « la
Poésie est l'expression, par le langage humain ramené à son
rythme essentiel, du sens mystérieux des aspects de l'existence : elle doue d'authenticité notre séjour et constitue la
seule tâche spirituelle »[1].

A l'écoute de la voix poétique de *l'autre*, mon propos
n'est pas seulement théorétique, il instaure un constant va-et-
vient entre commentaire et pensée. Ainsi, au terme des trois
premières parties du présent essai consacrées à l'accueil du
langage créateur, l'exégèse des « poètes » (Poussin, Bossuet,
Baudelaire, Rimbaud, Mallarmé, Nabokov, Robbe-Grillet),
nous mettra en demeure de répondre grâce à eux et avec eux
– dans les interstices réservés par avance par eux au dialogue –
à l'appel de la Poésie, « unique source » (S. Mallarmé).

---

1. S. Mallarmé, *Correspondance,* vol. I, Gallimard, 1959, p. 266.

PREMIÈRE PARTIE

AUBE

« *Die Dichtung, meine Damen und Herren : diese Unendlichsprechung von lauter Sterblichkeit und umsonst* »

« La poésie, ce parler à l'infini de mortalité, en pure perte »

P. Celan

Il y a, pour qui brise le silence, je ne sais quel obscur sentiment de transgression. Situation banale, certes, qu'exacerbe seulement le sentiment poétique d'une révélation proche si, redoublant la jubilation et le malaise, vient à la parole l'inouï d'où elle surgit et qu'elle réclame toujours, tel « ... l'irruptif multiple sursautement de la clarté [...], les proches irradiations d'un lever du jour »[1]. La littérature est précisément ce haut fait de la langue que hantent ses impossibles commencements : « J'écrivais des silences, des nuits, je notais l'inexprimable. Je fixais des vertiges » (A. Rimbaud). Car le dire poétique ajointe ce qui est le plus distant : l'éveil et l'oubli, l'intimité et l'étranger, la folie et le jour. Il restitue nos vies échouées à un déferlement venu du fond des âges. A l'encontre des platitudes que nous tenons pour le réel, elle ranime les choses, elle « ... préserve l'incessante réformation de la virginité du temps »[2]. Elle est Inspiration. Les paroles diffusent à même le corps tandis que la pensée agile file vers les sources. Chaque chose frémit

---

1. S. Mallarmé, *Œuvres complètes*, Gallimard, 1945, p. 648.
2. M. Deguy, *Actes*, Gallimard, 1966, p. 163.

d'être touchée par le mot juste, car elle décline volontiers son être pour renaître en nous. Faite pour forcer l'interdit, la poésie meurt de ne pouvoir se retourner sur son mystère et d'embrasser son ombre.

En chacune des œuvres qui en tentèrent l'aventure, la poésie est elle-même Orphée cherchant à arracher aux puissances des ténèbres – Eurydice – le secret du langage dont elle se pare et qu'elle préserve toujours. S'efforçant de porter à la lumière le mystère du verbe en sa complicité sublime avec la nuit, l'œuvre confronte les extrêmes. Elle est guettée par la dispersion et l'insignifiance : « Tel est le partage secret de toute parole essentielle en nous : *nommant* le possible, *répondant* à l'impossible »[1]. Mais en scrutant ainsi patiemment son propre mystère, la parole ne s'abandonne nullement à quelque vertige narcissique. Elle est soucieuse de ce qui par elle vient au jour, les visages innombrables de cette terre, l'alliance im-mortelle des mots et des choses.

Alors que depuis quelques siècles ne cesse de s'amasser l'orage et que s'épuise notre humanité aux prises avec la trouble modernité, des poètes parmi les plus grands, nous avertissent que les temps sont mûrs et le moment proche d'une Proclamation enfin. Tout, au monde, doit finir par se dire et avant tout le secret poétique du langage lui-même pour que se parachève notre destin : « Un désir indéniable à mon temps est de séparer comme en vue d'attributions différentes le double état de la parole, brut ou immédiat ici, là essentiel ». Cet essentiel, Mallarmé l'assimile quelques lignes plus bas à la simple mise en scène expresse – donc réfléchie – de l'acte de nomination : « Je dis : une fleur ! »[2]. Contre toute la tradition philosophique, le poète sait que le secret de notre être-là se confond avec le mystère de : « ... la vieille et sainte élocution ; ou le Verbe... »[3].

N'est-il pas d'autant plus remarquable alors qu'à l'autre gradient du destin de la modernité, la philosophie, au moment où elle se donnait explicitement pour tâche de clore son histoire ait cherché, avec Nietzsche d'abord, puis Heidegger, à

1. M. Blanchot, *L'entretien infini*, Gallimard, 1969, p. 68.
2. S. Mallarmé, *Œuvres complètes*, Gallimard, 1945, p. 368.
3. *Ibid.*, p. 507.

interroger la poésie, à scruter en elle le mystère de l'être-dans-le-langage? N'est-il pas étonnant que, renonçant à la volonté de savoir pour redevenir pleinement pensée, la philosophie se soit reconnue « acheminement vers la parole » : « Je ne sais qu'une seule chose : c'est parce que la méditation de la langue et de l'être oriente depuis le début mon chemin de pensée que l'examen de leur site demeure tant à l'arrière-plan »[1]. C'est dans ce contexte que le dessein essentiel du philosophe s'énonce lapidairement de la manière suivante : « *porter à la parole la parole en tant que* parole »[2].

Or, pourquoi ce dédoublement poésie *et* pensée et pourquoi cet apparentement en vue d'une même fin? Risquons une première réponse. Nous sommes, certes, des animaux parlant des *zôon logon ekon* mais nous le sommes sur un mode irréfléchi. Étrangement dépossédés de la parole, nous ne savons ni pourquoi ni d'où et en vue de quoi nous parlons. Ce serait précisément du souci d'une élucidation limite de cette irréflexion même (l'aspiration d'une entrée en possession de notre bien le plus propre) que surgirait le dessein d'une conjugaison intime de la poésie et de la pensée : « Poésie et pensée, à chacune des deux il faut l'autre, là où elles vont jusqu'au bout, chacune à sa façon en leur commun voisinage »[3]. Or à radicalité égale, en quoi leurs styles d'approche sont-ils distincts? Étant admis qu' « une pensée est d'autant plus pensante que son geste est plus radical, qu'elle va davantage jusqu'à la racine de tout ce qui est »[4], ne pourrait-on poser symétriquement, paraphrasant, Heidegger, qu'un poème est d'autant plus poétique qu'il s'interroge davantage sur l'essence du langage et de la poésie en lui? Ainsi verrait-on poindre déjà le motif d'une complicité possible, dans l'horizon d'une auto-scrutation de l'être *du* langage ou *dans* le langage.

Chez le poète que hante le souci de *dire* se renouvelle à chaque fois l'épreuve de la parole qui *fait être* : l'aventure au plus près du jaillissement des premiers mots, la rencontre de

---

1. M. Heidegger, *Acheminement vers la parole*, trad. fr. 1976, p. 93.
2. *Ibid.*, p. 228.
3. *Ibid.*, p. 157.
4. *Ibid.*, p. 159.

15

l'abîme, le sens im-possible *du* silence. Aux aguets de l'inspiration, le poète assiste émerveillé à l'affleurement d'un sol naissant qu'il peut dire sien. Éprouvant que « la littérature seule existe à l'exception de tout » (S. Mallarmé), il célèbre à chaque fois, selon les libres variations d'une liturgie intime, l'invention du verbe-monde. Tandis qu'inversement, la pensée aurait à parcourir le même chemin dans l'ordre de la généralité. Un peu buissonnière (pour avoir quelque chance de découvrir), un peu savante (pour être à même de reconnaître les signes), la pensée aurait pour tâche de fouiller à même les décombres de nos mondes ruinés. Sa visée serait le déchiffrement d'une écriture – d'une intention poétique – à demi effacée sur les « monuments » de l'histoire. Raturant toute érudition pesante, la pensée accueillerait alors – en ses fins – le primesaut de la parole confrontée au mythe démythifié de l'histoire : elle répondrait au grand jeu des ana-chrono-logies pour qu'éclate enfin, avec assurance, notre authenticité. Et pour cela elle emprunterait une double démarche : elle révèlerait la *poésie* mythique (la mythopoïèse) institutrice des édifices de l'onto-théo-logie (cf. en particulier dans la 2e partie de l'essai : « Journée »). En second lieu (dans la 4e et dernière partie : « La poésie – unique source »), elle s'efforcerait de répondre par le commentaire à l'attente des œuvres. Pensée et mythe révélant leur secrète teneur poétique d'une part, poésie s'accordant à une explicitation pensée de l'autre, telles pourraient être les conditions d'une infinie advenue de l'Événement-du-verbe.

Toute pensée procède par hypothèse : sa radicalité nécessaire concerne ici nos origines et le statut de la parole qui n'est rapportée a priori ni à un Dieu, ni au sujet, ni au monde. Elle suppose un véribable renversement copernicien à rebours. Toutes les théories sur l'origine du langage furent en effet soit spiritualistes, soit matérialistes. Elles recoururent à la facilité de référer la parole à autre chose qu'elle-même : à quelque instance créatrice préalable ou à l'hypothèse, encore moins vraisemblable, d'une accumulation d'innovations partielles. Si tout authentique acte poétique est passage à un état de chose incommensurable, l'affleurement de l'Inattendu(e) doit se faire ici patent au moment où pensée *et* poésie, asymptotiquement, tentent de se rejoindre.

PAROLE DE FINITUDE

La parole est *née d'elle-même*. Détachée de toutes circonstances ontiques, elle est une innovation spontanée – absolue. Cela revient à dire qu'il y a dans tout acte de profération ou de nomination élémentaire une vérité disruptive encore méconnue. Sous peine de passer sous silence l'œuvre insigne du verbe en nous, aucune instance a priori ne peut ici servir de référent. Ayant toujours été usurpée au profit d'instances spiritualistes ou matérialistes, le mystère poétique de la parole demeure inouï. Les raisons de cette méconnaissance, les possibilités d'un renversement radical de perspective (qui implique, nous le pressentons déjà, le principe d'un réfléchissement *ex nihilo*), voilà l'enjeu du présent essai. Ainsi que le souligne Heidegger, le seul auteur qui ait proposé une conception annonciatrice d'une véritable rupture avec les préjugés hérités de la métaphysique en ce domaine, ce fut Wilhem von Humboldt qui sut rapporter le phénomène de la langue au concept de « force verbale », ouvrir une carrière à l'idée d'une poétique du verbe[1].

Mais comment la parole aura-t-elle pu naître d'elle-même, transcender toute condition circonstancielle, et réciproquement, pourquoi une telle conception pourrait-elle justement affleurer aujourd'hui ? Tout ici procède d'un geste capable de renverser les perspectives habituelles et de proposer une réinterprétation générale de l'histoire. Un examen original des données accumulées doit en effet révéler la trace d'un Événement prépotent, pourtant effacé depuis toujours. Ce repérage devrait justement se vérifier, en dernière instance, par l'accueil dudit Événement qui, alors réverbéré au long du labyrinthe du temps, pourrait être pro-jeté au devant de nous, venir à nous.

Tributaire de ses seules conditions de possibilité internes, la parole se distingue de tout ce qui la précède. C'est d'ailleurs précisément ce statut en soi inconditionné qui définit à la fois sa singularité et jusqu'à sa positivité même. La genèse de la parole coïncide en effet avec la transgression de toutes conditions préalables, c'est-à-dire de l'animalité en nous. Elle est ce

---

1. *Ibid.*, pp. 232-236.

qui commande notre remodelage essentiel. Franchissant un pas de plus, qui nous conduit au cœur de notre hypothèse, nous postulons que la parole, en sa finitude insigne, aura dû jaillir des conditions originales d'intégration en nous de la non-vie, c'est-à-dire de la mort. La capacité de parole, qui nous distingue de l'animal n'aura pu avoir d'autre condition d'émergence que l'étrange expérience de la mort vécue. L'ingestion de la mort n'aurait fait qu'un avec la déflagration primordiale du sens en son intégralité. J'admets un Événement unique, assez radical pour nous dissocier, d'un seul trait, des conditions de la vie instinctuelle, assez prégnant pour être sans cesse répété en toute prestation de sens, qu'elle soit individuelle ou collective.

Or si l'inclusion de la mort dans la vie est en soi (ou pour nous) impossible, il s'ensuit que la naissance de la parole ait dû être le fruit d'un subterfuge, c'est-à-dire d'une illusion porteuse de notre vérité intime : d'une sublime méprise. Il aura fallu en effet que l'expérience de la mort fût d'emblée paradoxale. Qu'elle soit entr'aperçue : soleil noir masqué par l'irradiation première du sens même. Le déploiement de la parole aurait été constamment fomenté par l'exigence paradoxale de *voir* le (la) mort, complémentairement, cette vision impossible aurait été sans cesse inter-dite, abréagie par toute élaboration individuelle *et* collective de la signifiance. Quant au leurre inhérent à cette genèse, il ne saurait en soit être « dépassé ». Il peut seulement être renégocié ou revécu comme ruse et *fiction* nécessaires à notre survie. La tâche historiale de la pensée serait de confronter la parole à son néant, d'assumer, dans toutes ses conséquences, le fait de l'invention poétique de nous-mêmes face à la mort.

> « *Car la chose pour les hommes apparaît longtemps après le nom entendu. Et presque tous les efforts qu'il fait pour* reconnaître *sont vains, c'est-à-dire laissent intact et sans insertion le premier nom de la MORT, ce nom de tous les noms, le plus fascinant de tous à cause de cette protection qui l'entoure, de cette exclusion qui le double et le garde de toutes reconnaissance, de tout jugement d'identité de sorte que tout poème est peut-être une sorte de répétition-symbolique, de variation rituelle, de danse-transposition*

> *de cette approche de la mort (la mort s'approchant comme l'inconnue dont le caché est le signe sensible : à tout détour, à tout moment-imminent); comme si nous n'écrivions jamais que pour cette minute de mort, quel mot, quelle parole lui serait enfin ÉGALE, et tout poème alors comme les versions successives de plus en plus « folles », par insinuation d'analogies, de reprises et de surprises, de ruptures, de passé, jusqu'à une dernière version agitée, furieuse,* belle, *tout poème comme effort d'anticiper la mort en la figurant, de se hisser à sa hauteur, d'être capable d'accueillir son plus intense suspens; tout poème pour inviter et imiter l'ultime, cherchant le* mot de la fin, *espèce de répétition générale en vue du silence – c'est-à-dire de chasser tout autre mot. Le* dieu : (ma) mort, *l'inconnue en tout connu, le creux au centre de cet hôte étranger »* [1].

L'épreuve de l'homme-Orphée serait donc d'arracher la parole-Eurydice aux enfers, de s'efforcer de la faire monter à la lumière de manière à transformer, par contrecoup, l'ordre même du monde. Mettre fin à la mystification initiale et à ses avatars *dans* l'histoire et *comme* histoire, disqualifier toutes les formes rémanentes d'idôlatrie, y compris la croyance en l'évidence d'un monde donné en présence (et par conséquent d'un homme maître du sens), telle serait aujourd'hui la condition d'une révélation possible de l'âme. Saurons-nous embrasser l'étrangeté de notre destin et nous guérir aux sources vives de l'être, ou bien, pris aux rets d'une illusion maintenant visiblement mortifère, serons-nous amenés à trahir toujours plus irréversiblement notre vocation humaine ?

CONSCIENCE DU DÉSASTRE

Pour rendre possible le « retour » (la répétition poétique, réfléchie de l'Événement primordial), je propose une démarche par hypothèse. J'envisage les étapes d'une initiation. Des

---

1. M. Deguy, *Actes*, Gallimard, 1966, pp. 127-128.

cadrages successifs nous conduiront en effet à la prise de conscience de la fonction génératrice (jamais reconnue) du verbe à l'interface de la nature et de la culture, de la parole et du phénomène, de la pensée et du monde même.

Au tréfonds du mystère humain gît notre familiarité avec l'étrange : le déferlement d'une inquiétude dans nos âmes, élargies aux dimensions de la grande nuit terrifiante et sublime. Ce fut d'abord une « déassimilation » de toute assise instinctuelle, un viol de tous les sens : une révulsion de l'œil, une amertume sans nom dans nos bouches, une stridence atroce dans nos oreilles, une odeur pestilencielle dans nos narines, un sentiment d'insupportable suffocation (*angoisse* renvoie aux idées d'étroitesse et d'étranglement donc à l'expérience conjointe de la naissance *et* de la mort). Aux confins de tous les mondes possibles, nous assistâmes impuissants au délabrement de l'être : la chair partant en lambeaux, le corps disloqué membre par membre. En proie à ce que Winnicott nomma, dans un contexte plus restreint il est vrai, « les agonies primitives », nous fûmes toujours et déjà *comme* morts, abouchés à quelque compagnon funèbre. Tout individu et toute culture humaine auront dû subir cette commotion première dont les comportements religieux de l'humanité primitive, mais aussi, transculturellement, toutes pratiques mystiques, magiques ou poétiques offrent des témoignages patents. A la césure de l'hominisation et de l'humanisation, l'hypothèse postule l'irruption d'un phénomène hyperbolique, hors catégorie, insinué au chiasme de l'animé et de l'inanimé.

L'animal ne se soucie pas en effet du corps en voie de décomposition de son congénère décédé. Il ne l'aperçoit pas autrement qu'une chose inerte parmi les choses. Il n'est pas happé par une identification vertigineuse, une désolidarisation fascinante : destructrice *et* créatrice du *même* et de l'*autre*. Pour l'Adam primitif, en revanche, – le même que nous en dépit de tous les écarts culturels – tout chavira sur un mode paroxystique. Pris au piège d'une terreur in-née, ayant soudain souci de nos morts, nous fûmes en proie à une passion plus extrême que celle d'aucun animal aux abois. C'est en effet parce qu'ainsi nous entrevîmes *et* refusâmes l'abîme que nous sommes des bêtes parlantes et mystiques. Voici comment saint

Jean de la Croix évoqua cette expérience en un moment de l'histoire (l'âge post-archaïque, judéo-chrétien) où cette expérience put précisément advenir à la parole :

> « *L'âme y souffre, par l'absence de tout appui, de toute perception, l'impression de vide angoissant d'un pendu ou de quelqu'un qu'on retient dans un air irrespirable, elle est soumise [...] au tourment d'une déassimilation intérieure [...] il est en quelque sorte nécessaire que l'âme se détruise et s'anéantisse, cette destruction intérieure, elle l'éprouve dans sa substance même...* »[1].

Or il s'agit justement de comprendre comment, tel Lazare, nous fûmes appelés hors du tombeau, comment loin d'être engloutis sans recours, nous fîmes de la mort notre viatique : la ressource de la sur-vie du sens. Le trait capital concerne la renégociation ritualisée, par la communauté *in statu nascendi*, de l'expérience traumatique de l'indicible. Le mot rite lui-même signifie ordre, car la loi instauratrice de la culture et de tous sens commun impose une exploitation réglée du chaos vécu ou de la solitude sans nom. Comprendre la genèse de la langue c'est donc enfreindre cette loi du silence, c'est percevoir un cri de détresse toujours étouffé, c'est *dire* ce qui toujours dut demeurer inexprimé, précisément pour qu'il y ait expression. Cette hypothèse, il importe, certes, de la légitimer au plan de sa prégnance eidétique interne (elle doit être portée à la parole), mais aussi de sa conformité d'ensemble avec le vaste domaine des faits observés par l'ethnologie d'abord, puis par l'histoire (en particulier en ce qui concerne notre propre tradition onto-théo-logique). Pour des raisons de clarté dans l'exposé, je mettrai ici entre parenthèses l'essentiel des références à l'anthropologie religieuse (cf. *La vision et l'énigme*, 1re et 2e parties).

L'hypothèse se situe donc à un niveau de généralité fondamentale, celle de l'unité impensée du sens et du sacré. La spécificité humaine qui ne fait qu'un avec les circonstances méconnues de sa genèse est ici située dans la descendance des

---

1. Saint Jean de la Croix, *Nuit Obscure* in *Œuvres spirituelles*, Ch. VI, Seuil, 1954, p. 563.

processus d'innovation à l'œuvre dans le monde naturel dont elle se distingue cependant absolument. Si l'on peut montrer en effet que la reconnaissance *et* le déni de la mort sont générateurs de l'ordre humain, celui-ci est analogue, en première approche, aux processus à l'œuvre dans les univers physique et biologique. Dans le prolongement des dispositions générales du surgissement de l'ordre à partir du désordre, la naissance de l'homme possède pourtant des caractéristiques tout à fait uniques. L'homme *conscient* de la (sa) mort, est en effet *causa sui*. Certes, de quelque manière, il n'est rien qu'un animal (sa naissance fut fatale) mais d'un autre point de vue, il est aussi quasiment un dieu car sa liberté et sa volonté conscientes furent en jeu depuis le premier instant. La ritualisation de la mort impose en effet à la fois la réduction haineuse de l'*autre* démoniaque *et* le geste du « plus grand amour ». Les survivants auront dû se porter garant de l'*autre-mort* pour se substituer à lui, pour en faire l'Autre (l'Ancêtre), lui conférer la survie. On conçoit que c'est bien l'irruption inouïe, proprement métaphysique, du verbe qui est ici la pierre de touche de l'hypothèse : sa reconnaissance introduit à une révision complète de notre compréhension de nous-mêmes.

Le rite articule en effet l'un sur l'autre deux attitudes ou états affectifs et intellectuels diamétralement opposés : l'esseulement du *deuil* et l'exaltation collective et paroxystique de la *fête*. C'est l'expulsion-absorption de l'horreur esseulée et sans rivage qui fut la condition d'un consensus social *in statu nascendi*. La sortie de la vie animale et l'entrée dans la vie du sens eurent pour contrepartie cette expulsion-internement de l'*autre,* cette *forclusion* permanente de l'innommable. L'homme grégaire, capable de parole et de conscience, trouva en effet un principe actif de cohésion dans le geste de la dé-limitation inaugurale par lequel il extermina l'*autre*. Cette Passion violente *et* oblative fixa le leurre du sens, elle est à l'origine du génie humain. L'épreuve de la confrontation bouleversante avec l'horreur fut incessamment ruminée, elle coïncide avec l'expérience du sacré. Corrélativement, la dissolution funèbre fut conçue d'emblée comme l'affleurement d'une démonialité effroyable (en soi et hors de soi).

Tout l'univers archaïque fut donc constamment régi par

un même impératif : l'évocation et la révocation de la vision de l'abîme. Ce fut un mouvement d'oscillation permanent entre les législations pacifiantes de la vie profane et l'obligation du ressourcement par la transgression. La vie des archaïques fut en effet soumise au régime d'une terreur toujours réinculquée et renégociée. L'exploitation du deuil (c'est-à-dire de l'angoisse indicible de l'individu : deuil vient de *dolere,* douleur) fut au principe du surgissement natif de la signifiance et d'une solidarité communautaire toujours refondée donc initialement parfaite.

Exigeant une mobilisation unanime du corps social (initialement regroupé en petites entités – tribus, clans ou fratries relativement autonomes), les pratiques religieuses primitives métamorphosèrent l'œil, elles le rendirent capable de voir l'Invisible. Muette, la puissance anthropogonique de la ritualisation de la mort ne cessa d'exercer son rôle re-producteur du symbolique et donc de l'humain. Dans le monde archaïque, le pré-verbal sacré (le génie religieux) fut la source forclose de l'invention du langage. Celui-ci, centré non sur le *voir* mais sur la *voix,* c'est-à-dire sur *l'ouï-dire,* aura donc relevé du champ secondarisé du profane. Ce décalage intime mais décisif commande tout le destin historial du verbe.

En saisissant les chances de l'histoire, réinterprétée comme histoire *du* sens – lents progrès de l'explicitation du secret par et dans le temps – il s'agit à présent de briser, en connaissance de cause, la complicité ancestrale de la signifiance et de l'idolâtrie et donc de *dire* l'ineffable. L'acte poétique d'assomption du non-dit à la parole – qui ne fait qu'un avec l'Événement-du-verbe – impose l'abolition de l'écart primitif du sacré et du profane, la suspension de la forclusion du deuil (du « système de la terreur » inculqué en chaque individu par le consensus primitif) et donc la *profération* du secret de notre condition. De même que la conscience latente, esseulée, doit accéder à l'explicite, de même la poétique implicite doit être accomplie comme œuvre littéraire et conversion unanime. Ou encore la puissance d'illusion ou de *fiction* de la poétique des origines doit être entièrement reconnue comme génie créateur en l'homme du réel et du divin même.

MIROIR SYMBOLIQUE

Pour pénétrer plus avant l'arcane de la thanatogenèse, il convient donc d'amener à la parole ce qui institua les primitives praxis muettes du sens-sacré : proférer le secret du verbe non pour l'épuiser mais pour l'approfondir, nous mettre à l'écoute de ses résonances infinies.

Et en premier lieu, il faut discerner comment la ritualisation de la mort induit un coup double, comment elle conjugue récursivement : 1) le fait de l'accession unanime au sens d'une communauté à l'état naissant ; 2) à sa re-présentation comme odyssée du défunt. Libéré par le travail de purification du deuil de la souillure funèbre, le défunt est en effet censé être accueilli dans le « royaume des ancêtres », le monde de l'immortalité. Or c'est ici le principe même de ce bouclage entre une métamorphose latente, compréhensive (celle de la communauté humaine naissante) et une métamorphose spectaculaire (celle du mort, débarrassé de sa malignité première) qui doit être explicité. C'est lui qui fit le coup d'éclat de l'origine. Car il fut la condition du prime déploiement d'un jeu réflexif (d'un miroir symbolique) extra-conscient.

En effet, le phénomène de la compréhension unanime qui réalise le saut de l'animalité à l'humanité est projeté, en un premier temps, sur le destin de l'*autre* qui est vu *comme autre,* comme défunt, proto-objet d'un rite occurrence toujours renouvelé. Purifié, affranchi de la corruption, le disparu devient, en un second temps, l'Autre – l'Ancêtre – l'absent-présent, l'*ego alter* en lequel chacun *se* reconnaît, l'archétype de toute figuration du divin. En l'Événement du prime-saut (de l'*Ursprung*), la com-préhension se présente donc à la fois comme un performatif et un constatif. La reconnaissance de l'apothéose du mort – son entrée dans l'invisible, aux yeux de tous – est en effet cela même qui entérine et vérifie la transfiguration auto-réflexive de la communauté : la fait accéder à l'humanité. Concentrée sur l'ob-jet qui exprime ou symbolise sa propre conquête de la sur-vie-du-sens, le groupe est transporté à l'unisson. Il se re-connaît en cet Être de grand format – le Double-immortel – le Transi, l'Homme (le Dieu) qui a triomphé de la mort. Nous verrons mieux plus loin comment cette reconnaissance est la résultante d'un primordial travail d'inscription et de lecture, une déclosion quadripartite du signe, de l'image, du temps et du texte. Le dédoublement auto-réflexif de la rencontre (ce qui se montre) *et* de la compréhension (ce qui donne naissance à l'unanime cohérence sensée) résulte donc d'un procès récursif d'ex-inclusion du chaos vécu. Le phénomène de la conversion collective par la méta-phore de la mort fut et demeure le paradigme de toute symbolisation ultérieure.

De par sa récursivité implicite, le jeu matriciel, qui commande toute activité religieuse archaïque, assume ici le rôle de primordial miroir symbolique. Il est symbolique car conformément à l'étymologie du vocable *symbalein,* il instaure cette recomposition unifiante de ce qui se présente d'abord sur un mode brisé ou scindé. Mais il est aussi miroir car il permet à l'homme de re-connaître sa propre image successivement abîmée puis hypostasiée en l'Autre qui l'initie à l'univers de la Fiction. L'Autre est en effet ici le Phénomène sacré primordial qui capte et focalise sur Lui (ou en Lui) la *splendeur* (la brillance : c'est le sens étymologique de la racine indo-européenne *spled*) du texte-miroir matriciel. Le coup d'éclat du prime réfléchissement matriciel est donc un spectaculaire (et très discret) lever du jour. L'aube de l'œil (et du soleil) fut une co-naissance (Claudel) tragique, toujours reniée, seulement entr'aperçue... Datée de 1514, la gravure célèbre de Dürer « Melancholia » met en scène un ange mathématicien. Pensif, le regard perdu, il cherche à pénétrer l'arcane de la lumière. Dans son dos luit flagramment – un soleil noir – c'est le fin mot de l'énigme. Il suffirait qu'il se retournât pour voir et comprendre...

Si donc nous voulons rendre pleinement justice de l'Événement que nous tentons d'accueillir (avec lequel nous sommes aux prises), nous devons aussi récuser la métaphore du miroir. Car l'élaboration matricielle – performative *et* constative – n'est elle-même ni un jeu intellectuel, ni un simple dispositif pour un parcours réflexif de la lumière (*réfléchir* possède justement cette double valence que commandent les idées de courbure, de flexion et de retour sur soi). Car le prime artifice symbolique pré-cède l'un et l'autre. Il est la source extra-consciente de la réflexion con-sciente. Il donne à voir la brillance du phénomène qui est toujours reflet ou image d'une présence éloignée, momentanément absente (une seconde racine indo-européenne de « brillance » ou « lumière du jour » est *bhan*, en grec *phanestai* : donner à voir). Il faut donc se défier ici de la notion fétiche de miroir. Entrer pleinement dans l'exégèse poétique du travail symbolique c'est en effet montrer qu'une expérience préphénoménale (une *vision* de rien d'étant : l'œil métamorphosé par la com-préhension matricielle, native du néant) aura sous-tendu toute capacité de pensée et d'intuition. Parler de texte-miroir n'est donc pas parler sur un mode métaphorique car, à l'inverse, c'est le miroir « réel » qui est une métaphore *du* texte : nous ne pourrions reconnaître notre image dans le miroir si nous n'étions déjà des êtres parlants-conscients. Bouclé sur soi, le primordial travail de symbolisation, à la fois affectif, intellectuel et perceptif, fut toujours *perdu de vue* dans toute appréhension idolâtre de l'Immortel. La splendeur de la lumière émanant du miroir symbolique fut captée par les dieux. C'est l'Autre qui toujours fut censé être source de la lumière. Ici au contraire, nous tentons d'approcher le miroir symbolique comme un lac de nuit, un milieu abyssal d'identité, le mystère de la vacuité duelle *et* unificatrice du verbe poétique.

Avancer plus décisivement vers la démystification de la ritualisation de la mort impose donc l'explicitation de la matrice comme « texte » ou *complexus* émergent, c'est-à-dire comme primordial travail auto-réflexif d'inscription et de lecture ou comme phénoméno-logie (rencontre *et* compréhension, expérience *et* réflexion) préphénoménologique (ce fut le choc d'une compréhension comble dès l'origine qui métamorphosa l'œil biologique, ouvrit un « troisième œil » : l'œil de l'esprit). Amener, ce faisant, à la parole les praxis muettes du sens-sacré conduira précisément à ramener celles-ci à l'initial entrelacs quadriparti du texte, du signe, de l'image et du temps (je l'ai appelé la tétrade), c'est-à-dire à l'ouverture au sens-du-mystère. Pour parler de ce surgissement poétique primordial, je retrouve la notion de symbole qui associe l'unification du quadriparti à la division *et* à l'union des mots et des choses. En dernière instance, nous le verrons (cf. *infra* « Testament poétique », p. 112), la matrice symbolique qui *est* le fondement ne peut pas *avoir* de fondement : elle peut seulement être poétiquement accueillie. Plus elle parvient à *se* dire, plus elle approfondit le sens-du-mystère et le non-lieu de l'origine. Elle *est* sans pourquoi. La sentence d'Angelus Silesius citée par Heidegger se rapporte éminemment à l'univers symbolique lui-même dans son ensemble : « La rose est sans pourquoi, fleurit parce qu'elle fleurit, n'a souci d'elle-même, ne désire être vue »[1]. Car si pour le logos rationnel « rien n'est sans raison », en revanche, dans l'ordre du logos symbolique, qui toujours fut *perdu de vue,* c'est éminemment la raison qui s'avère sans raïson.

L'ÉCRITURE PURIFICATRICE

L'expérience individuelle et collective de la mort est génératrice du sens parce que la métamorphose vécue est objectivée par le traitement rituel de la dépouille du défunt. Or le trait capital qui dissocie le destin de ladite dépouille de celle de la charogne animale, c'est que la fermentation des chairs, jusqu'à l'apparition des ossements purifiés, n'est nullement conçue comme un processus naturel. De fait, l'écart entre le pur et l'impur est hautement valorisé, il commande la passion sémiogène vécue par les endeuillés. La « production » des reliques purifiées est en effet le gage visible du travail du deuil, c'est-à-dire de la résorption de la souillure funèbre. L'extraction d'un résidu pur est ce qui permet de dis-cerner ou de dé-limiter, bref de dé-finir le désastre. Le *terme* se fait *germe.* Comme le note Ch. Malamoud à propos de la notion de « reste » dans le brahmanisme : « Loin d'être un déchet inerte, le reste est le germe, le *bija* des actions dont l'entrecroisement et l'enchaînement constituent le *dharma* »[2]. La production d'un quotient ou d'un reliquat immarcescible est en effet ce qui démarque (*marca* signifie frontière) et forclôt l'innommable. Si la mort peut être niée comme anéantissement, si elle peut être tenue pour un mal remédiable, c'est justement que subsiste une

---

1. M. Heidegger, *Le principe de raison,* trad. fr., Gallimard, 1962, pp. 103-111.
2. Ch. Malamoud, *Cuire le monde,* éd. La Découverte, 1989, p. 25.

« chose » incorruptible, un sub-strat ou une identité intangibles, malgré le changement de forme. La mort entrevue comme abîme peut ainsi être niée comme mal réductible. Objet de métamorphose, elle n'est désormais plus qu'une modalité de l'*être*.

L'exérèse d'un reste sacré qui est au principe de la recomposition de la présence-absence du disparu peut être assimilée ici à une gravure, à l'inscription d'une trace. Valant comme *forme* première, épure ou schème de l'être absenté, elle fait en effet office de signe. En instituant cette fonction cardinale, l'œuvre de purification devient le pôle ou le point source intercalaire qui commande toute postulation d'essence ou d'existence. A l'instar de ce que j'ai dit précédemment du miroir, la référence faite ici à l'écriture n'est nullement métaphorique. Bien loin de rapporter l'écriture-lecture de la mort à l'invention tardive de l'écriture idéogrammatique ou alphabétique, je propose en effet un renversement complet de la perspective habituelle. Je pose que toute expression phonique, toute articulation vocale est en soi déjà grammatique, donc que le champ linguistique tout entier n'est qu'une extrapolation – une retombée au plan décalé du profane – de l'œuvre testamentaire d'inscription et de lecture de la ritualisation de la mort. Proche des conceptions de J. Derrida dans *De la grammatologie* notamment, cette perspective s'en distingue à la fois par son contexte religieux et par sa visée car il ne s'agit nullement ici, nous le comprendrons mieux plus loin (cf. « Le phénomène de la voix »), de réduire seulement la voix à l'écriture.

Si, du reste, la production des reliques peut être conçue comme une inscription, c'est en raison de la puissante assimilation matricielle des vivants et des morts. Le sub-strat pur n'est en effet pas seulement extrait de la dépouille du défunt mais aussi du corps même des endeuillés. Car l'écriture de la mort en l'homme est une passion qui réalise la mortification et la sublimation de tous les sens. La trace ne pourrait pas être lue si toutes les aptitudes affectives, intellectuelles et perceptives n'étaient intimement affinées et fondues dans le creuset du deuil régénérateur. Ce n'est donc pas seulement *ce* mort à chaque fois singulier sur lequel se focalise l'œuvre rituelle, mais l'homme tout entier qui constamment aura été apuré et transfiguré par l'épreuve du rite. C'est de par sa naissance hors de la vie biologique – de par la mort de l'animal en lui – que l'homme fut capable d'une attention et d'une intelligence superlatives, entièrement affranchies de l'instinct.

L'ascèse purificatrice du deuil, la douleur qui « ... joint dans le déchirement... distingue et rassemble »[1] doit donc ici être conçue comme le déchirement et le traçage initial (l'*Aufriss*) qui institue, pour toute société archaïque, un jeu de différences fondatrices : l'inscription des oppositions primaires qui vaut comme « texte » premier ou pro-gramme. La ritualisation de la mort instaure en effet l'interconnexion génératrice de toutes les dichotomies – l'ordre et le désordre, le pur et l'impur, la nature et la culture, le sacré et le profane – qui confèrent aux sociétés primitives leur assise culturelle permanente. L'extirpation d'un *impur*, objectivé dans l'*autre* en voie de transfiguration, est précisément le mode foncier de la mise à distance du *désordre* tandis que cette prime différenciation ne cesse de renouveler l'écart entre *nature* et *culture*. Corrélativement, la fête, qui parachève et clôture le cycle du rite, institue une césure capitale entre le *foyer sacré* (le domaine de l'interdit) d'où procède toute institution et le domaine périphérique du *profane* qui lui est subordonné (avant tout le champ de la parole utilitaire et instrumentale à quoi se rattachent toutes les institutions sociales, toutes régulations culturelles des besoins « naturels »).

Prenant du recul, on constate que la perspective thanato-génétique rompt avec les conceptions anthropologiques classiques qui sont profondément solidaires de notre tradition onto-théo-logique. Le paradoxe ce sera ici de postuler que le « savoir » religieux des primitifs aura été plus « vrai » que celui des ethnologues aveuglés par leur positivisme, leur prétendue supériorité eu égard à la « mentalité primitive ». Le propos ne peut donc consister simplement à « dissoudre l'homme » comme le préconisa Levi-Strauss, c'est-à-dire à projeter notre logique sur le monde archaïque, de manière à montrer que l'homme a « toujours aussi bien pensé », même si sa pensée est vide. Il s'agit bien plutôt d'ouvrir la raison et

---

1. M. Heidegger, *Acheminement vers la parole*, p. 30.

toutes nos conceptions à la vérité, encore inouïe, de la générativité primitive – adamique – du génie symbolique de/en l'homme. En accueillant l'arcane transhistorique du *nihil*, il s'agit non seulememnt de radicaliser l'œuvre de désacralisation et de démystification contemporaine, mais d'éprouver à nouveau le mystère divin de l'homme, de comprendre comment l'épreuve thanatogénétique aura inspiré et façonné jusqu'à notre logique formelle et nos sciences mêmes. Par delà l'échéance de notre dissolution, il en va alors de la prise de conscience du Drame immémorial de l'homme, c'est-à-dire du paradoxe de notre naissance mortelle. Au demeurant, une telle conception n'est pas sans rejoindre certaines des intuitions philosophiques ultimes de Levi-Strauss relativement au mythe :

> « *L'opposition fondamentale, génératrice de toutes les autres qui foisonnent dans les mythes [...], est celle même qu'énonce Hamlet sous la forme d'une encore trop crédule alternative. Car entre l'être et le non être, il n'appartient pas à l'homme de choisir. Un effort mental consubstantiel à son histoire, et qui ne cessera qu'avec son effacement de la scène de l'univers, lui impose d'*assumer les deux évidences contradictoires dont le heurt met sa pensée en branle *et, pour neutraliser leur opposition, engendre une série illimitée d'autres distinctions binaires qui, sans jamais résoudre cette antinomie première, ne font, à des échelles de plus en plus réduites, que la reproduire et la perpétuer : réalité de l'être, que l'homme éprouve au plus profond de lui-même comme seule capable de donner raison et sens à ses gestes quotidiens, à sa vie morale et sentimentale, à ses choix politiques, à son engagement dans le monde social et naturel, à ses entreprises pratiques et à ses conquêtes scientifiques ; mais en même temps, réalité du non-être dont l'intuition accompagne indissolublement l'autre puisqu'il incombe à l'homme de vivre et lutter, penser et croire, garder surtout courage, sans que jamais le quitte la certitude adverse qu'il n'était pas présent autrefois sur la terre et qu'il ne le sera pas toujours...* »[1].

1. Cl. Lévi-Strauss, *L'Homme nu*, Plon, 1971, p. 621, dernier paragraphe du « Finale », je souligne.

Le seul infléchissement que j'apporte, mais il est de taille, est de déplacer le motif du paradoxe de la conscience individuelle vers les conditions de la genèse collective (hasardeuse *et* nécessaire) du sens *et* du sacré. Il s'agit de re-connaître partout les symptômes d'un Drame invariant, en particulier dans le sens vital (précisément méconnu par l'anthropologie structurale) attribué par les archaïques à leurs mythes et à leurs rites. Ainsi, en un premier moment, à l'instar de toute approche anthropologique ou « scientifique » classique, l'explication thanatogénétique visera-t-elle à briser la logique du monde archaïque, à dissoudre la symbolique du *voir* idolâtre au profit de son élucidation « iconoclaste » ; pourtant, en un second moment la perspective s'inverse : il y a rétroaction en boucle, déchiffrement généalogique des antécédents symboliques et mythiques de notre propre logique rationnelle. Réaccomplir la rupture du *mythos/logos* en connaissance de cause conduirait ainsi à mettre au jour ce qui ne le fut jamais : l'enracinement en soi indépassable de la pensée rationnelle dans le « mythe » conçu en son fondement comme ritualisation de la mort.

LA LECTURE MAGIQUE

A l'issue de l'épreuve du deuil, les reliques du mort font l'objet d'une intense attention et vénération communautaires. La sub-stance inaltérable, la *forme* pure qui est pro-duite, est exhibée aux yeux de tous. La monstration ostentive d'un reste, dissocié de l'informe, est ce en quoi se cristallisa la *valeur* par excellence (*ualere* renvoie à la notion de puissance et de force). Le *caput mortuum* devient pierre philosophale, diamant, astre, le « joyau des morts ». Il est en effet l'instance prépotente qui régit tout ce qui est en puissance de phénomène.

Or devenus ainsi la Chose (la Cause) primordiale qui fascine et fixe le regard, les reliques-signes, tacitement indexés, désignés ou dits (tous ces vocables ont la même étymologie), font l'objet d'un revirement merveilleux. La « chose » signifiante s'évanouit comme chose. Une éclipse se produit, l'invisible se donne à voir en un clin d'œil. Le vif saisit le mort et se l'assimile. Ce qui distingue du tout au tout le signe testamentaire – matrice du signe linguistique – de toute trace dans le monde animal, ce sont précisément ce clignotement miraculeux, cette défaillance et ce retournement qui régissent toute cohérence sensée. Car le signe est ce qui, au terme d'une « lyse » extrême (*luo* signifie dissolution), rend possible une recréation et une identification idéales. La décomposition funèbre, l'analyse du « noir mélange » (S. Mallarmé), est au principe de toute (re)composition, de toute (re)constitution et synthèse. Il est cette instance magique qui au terme d'une distillation sublime suscite l'Autre, *l'esprit* (l'Ancêtre) volatil et subtil : le paradigme de tout signifié transcendantal. On sait, du reste, que le signe est associé notamment dans les traditions hébraïque et arabe à la fois au miroir et au miracle (c'est-à-dire, ainsi qu'en atteste cette fois la racine latine et indo-européenne de ces mots, au *mirum,* au sacré).

Mais à la fonction signe s'associe aussi intimenent la fonction image. Mu par un enthousiasme *(entheos)* tout-puissant, chacun exprime, aux yeux de tous, la visitation transcendante qui le bouleverse : le fait être. Il est à l'image de cet Autre qui, venant au devant des vivants leur donne la vie. L'effervescence de la fête est en effet l'occasion d'une transfiguration contagieuse et sublime grâce à laquelle l'Invisible s'incarne « ... de un à tous et de tous à un » (S. Mallarmé). Possédé par l'Autre, chacun donne *teneur* et *contenance* à *son* être (dans toute l'ambiguïté ici de ce possessif), à grand renfort de mimiques, de danses et de chants. La communauté s'entre-appartient en l'ostension réciproque de cette vie plus haute qui mystérieusement (re)jaillit en elle, cette *Begeisterung* qui la transit. La fête coïncide avec la source même de toute création esthétique (la *vision* s'objective en tout masque, effigie ou image). Elle inscrit l'artifice – l'art : l'article de la mort qui co-ordonne tout (la racine indo-européenne d'art est *ar, er : articulum*) – au fondement même de l'existence humaine. Elle est le site épiphanique, mitoyen ou intercalaire, toujours perdu de vue, d'une co-naissance (Claudel) symbolique qui est condition de l'hypostase de l'Autre.

Enfin, ce défaillir (fonction signe) et cet enthousiasme contagieux (fonction image) coïncident aussi avec le coup d'envoi de la prime temporalité : la synopsis des horizons du temps. La commotion tour à tour pathétique et jubilante induit les ek-stases du temps : la synthèse de la pré-vision identifiante ou de la re-connaissance a priori et de la post-vision ou de la reproduction du passé. Elle est donc une Dia-chronie ou un Événement a-temporel qui fomente toute re-présentation. L'odyssée du corps social se trouve en effet ob-jectivée par les métamorphoses de l'*autre,* du Double qui n'est encore ni une chose ni un *alter ego.* La syncope qu'impose le rite devance et synchronise les horizons du temps vécu, il est la condition de sa « formation » ou de sa composition transcendantales, c'est-à-dire conformément à la conception kantienne, préalablement à toute intuition empirique en général. Un Événement dans le temps, hors du temps est source du temps « vulgaire ». Tendue entre la recognition anticipée de l'Invisible et son ressouvenir (ce qui suppose un arraisonnement de la mémoire), une existence schématisée (idéelle-réelle) *paraît,* toujours et déjà conservée à la faveur d'un reste. On voit que le bouclage matriciel du temps qui tient à l'entre-vision (ou à l'intuition « pure ») d'une dimension d'éternité (c'est-à-dire d'un Événement qui ne passe pas) repose paradoxalement sur la relance d'une métamorphose collective « dans » le temps, « avant » ou « hors » temps.

Ainsi le saut qualitatif extraordinaire du visible à l'invisible – l'ouverture d'un œil de l'esprit – qui fait l'originalité même du « phénomène humain » s'avère-t-il tributaire d'un primordial travail d'interprétation qui est la condition a priori de toute com-préhension, partant de toute com-munication. Ce qui donne à voir, annonce ou fait savoir – *semainô* – est aussi ce qui scelle un originel contrat (c'est la double signification du vocable). L'Initiation poétique doit demeurer tacite, elle est seulement au service des solennités re-ligieuses, des pratiques du sens-sacré. Interdite, elle est ce qui fait du leurre de la mort entr'aperçue – de la vision *et* du déni de l'abîme – une fiction vraie. Une illusion souveraine (une métamorphose de l'œil) nous projeta hors de la vie animale, elle *fixa* la *Gestalt* transhistorique de la sur-vie humaine. A cette turbulence et à cet entraînement sémiogènes dans les affres et les triomphes de la ritualisation primitive de la mort répondent d'innombrables intuitions et interrogations. Celle par exemple de Chateaubriand qui rapporte l'origine des pratiques et des croyances religieuses symptomatiquement à la « voix de la conscience », c'est-à-dire à la prime complicité en nous du sens et du sacré :

> « *La bête connaît-elle le cercueil, et s'inquiète-t-elle de ses cendres ? Que lui font les ossements de son père ? ou plutôt sait-elle quel est son père, après que les besoins de l'enfance sont passés ? D'où nous vient donc la puissante idée que nous avons du trépas ? Quelques grains de poussière mériteraient-ils nos hommages ? Non sans doute : nous respectons les cendres de nos ancêtres, parce qu'une voix nous dit que tout n'est pas éteint en eux. Et c'est cette voix qui consacre le culte funèbre chez tous les peuples de la terre : tous sont également persuadés que le sommeil n'est pas durable, même au tombeau, et que la mort n'est qu'une transfiguration glorieuse* »[1].

La ritualisation silencieuse de la mort entérina en effet avant tout l'idée primitive du divin (de l'Autre). Pure illumination du visible, cet Autre primitif fut, en son idéalité même, au principe de toute idolâtrie parce qu'il institua une solidarité sociale à la fois oblative *et* violente (la forclusion de l'*autre-mort* est en même temps ce qui fait passer ce mort et la communauté avec lui dans le Royaume de la sur-vie). L'accession primitive au symbolique fut en effet inséparable du *site* de la ritualisation grégaire. Elle préserva un lien de complicité, une motivation inéliminables avec la dualité de l'impur et du pur. La déhiscence de la signifiance y demeura indiciblement subordonnée à la désignation de la « chose » sacrée ou à l'idole en lesquels ne cessèrent de se cristalliser la révélation d'un sens comble et ineffable dès l'origine.

Un point de méthode mérite d'être souligné pour finir : l'hypothèse de l'ancrage du génie religieux *et* poétique primitif dans la ritualisation de la mort n'implique nullement quelque suprématie accordée aux seuls rites de la mort. Elle embrasse bien plutôt *pars pro toto* l'ensemble des pratiques et des croyances religieuses primitives (notamment les rites de purification, de possession, de passage, les rites sacrificiels, le shama-

---

1. F. R. de Chateaubriand, *Le génie du christianisme*, Garnier-Flammarion, 1966, T. 1, p. 204.

nisme, le totémisme, etc.). Dans *La vision et l'énigme* j'ai pris appui en particulier sur les travaux de R. Hertz, A. Van Gennep, J.-G. Frazer et E. Durkheim. Une enquête plus étendue des données réunies par l'ethnologie devrait permettre d'étoffer plus encore l'hypothèse de la « compétence » mythopoïétique de la mort ici introduite.

Anticipant la troisième partie du présent essai (cf. « Soir »), tout ceci conduit à pressentir ce que pourrait être l'Événement du « retournement natal » (Höderlin) capable de *porter à la parole* le non-dit matriciel. Quel péril ou quelle chance extrêmes nous ferait encourir l'aveu du néant générateur, la profération de la parole internée, la théâtralisation achevée de notre Drame.

LA PAROLE INTER-DITE

Toute parole est le lointain reflet des foudroiements de la mort. Une couronne de langage se sera tressée à la périphérie profane de la déflagration du sacré. Elle en demeure un indice patent. Les catégories linguistiques sont toutes dictées par la matrice qui exerce un rôle in-formant tant au plan de la dénotation (dans le rapport des mots et des choses) qu'à celui des structures linguistiques proprement dites (au niveau de la formation du signifiant phonique et des monèmes dans la phrase). Or la dynamique qui intima et intime le langage aura toujours dû demeurer inter-dite, occultée sous l'efficace inexpressible des pratiques religieuses sémiogènes.

Pourtant, dérivée ou secondaire en fait, l'élaboration du langage fut contemporaine en droit de la ritualisation de la mort. Les rites n'auraient en effet pu se fixer, en tant que pratiques génératrices ou re-productrices de l'humain, sans le déploiement concomitant du langage. Le champ du profane sécrété par le sacré fut donc lui-même récursivement la condition de l'institutionalisation des pratiques religieuses. Sans l'élaboration d'un domaine linguistique, tout repérage des différences, c'est-à-dire des places et des fonctions au sein d'une culture, aurait été impossible. D'où se déduit, pour nous, l'idée d'un coup double, à la fois d'*une rupture radicale* – l'Adam primitif offre le visage définitif de l'humain – et d'*une élabo-*

ration lente et progressive des données culturelles. Réitéré au long du temps, l'Événement-du-verbe façonna l'histoire, il en dicta les scansions princeps (cf. « La fin commençante »).

Au foyer divin de la parole, le drame archétypal de l'homme – l'accueil *et* le déni de la mort – traça le motif unique *et* pluriel du sens. Il commande le co-engendrement tripartite : 1) du monde et de l'empirie vécue ; 2) des langues dites naturelles et 3) du sujet parlant-conscient que nous sommes nous-mêmes. Nous avons vu en effet que le logos sacré est en soi une création endogène, sui-référentielle. Dans l'expérience paroxystique du deuil et de la fête, l'homme est à la fois proto-objet *et* proto-sujet : il est le mort *et* il est intimement transformé par la rencontre compréhensive de l'*autre*. Sous-jacente à toute expression linguistique, l'assomption de la mortalité en l'homme commande tout à la fois l'institution de la parole, la mondanéisation du monde comme monde et la subjectivation du locuteur-conscient. Depuis la nuit des temps, par delà les phases de l'hominisation, notre humanisation fut dictée par cette corrélation intime de l'expérience de la parole et de la mort.

Une telle approche se conçoit comme une méta-physique anthropologique. Elle prend appui sur les données de l'ethnologie (et de la préhistoire) *et* elle s'inscrit dans le prolongement de la problématique kantienne de la transcendance finie dont elle outrepasse les prémisses. Elle rapporte en effet le problème de la finitude (centré par Kant sur la conscience de l'ego) aux conditions de la déclosion du jeu auto-réflexif anonyme du symbolique lui-même. Convoquée non seulement dans ses aspects intellectuels et perceptifs mais aussi affectifs (comme *Befindlichkeit* dans l'expérience du deuil et de la fête) et dans sa dimension communautaire (comme obligations religieuses, initialement infrangibles), l'insistance de l'ego participe ici du co-engendrement du logos et du monde.

D'une part, l'approche thanatogénétique reconduit de la sorte la perspective kantienne (notamment pour ce qui est du statut fini *et* pur, réceptif *et* donateur de l'intuition). Mais d'autre part, elle la subvertit et vise à l'élargir, car elle rapporte la faculté de l'entendement elle-même à la déhiscence (contingente *et* nécessaire) d'un jeu sui-référentiel, extra-conscient. En bref, c'est parce qu'elle s'avérera capable d'élaborer une authentique anthropologie philosophique que la thanatogenèse pourra prétendre radicaliser la révolution kantienne. En inscrivant la question du langage au cœur même des conditions de possibilité de l'expérience, elle pourra répondre à l'interrogation de Heidegger dans *Kant et le problème de la métaphysique* où l'auteur de *Sein und Zeit* s'efforça de conférer un rôle recteur à l'imagination transcendantale, aussi bien qu'à celle développée dans *Acheminement vers la parole* où Heidegger se proposa de mettre en lumière l'instance formatrice tierce du langage : « Le mot est-il un Rien *(ein Nichts)* ? Comment pourra-t-il alors aider la chose à être ? Ne faut-il pas que ce qui octroie l'être « soit » d'abord lui-même avant tout autre, qu'il soit ce qu'il y a de plus étant, plus étant que les choses qui sont[1] ? »

Or la « profération » du logos sacré (la projection du logos matriciel comme logos « proféré ») aura substitué au *signifiant testamentaire scopique* (à la vision des ossements du mort ou, par extension, de toute instance sacralisée et pure) *le domaine de la voix* ou du « texte » phonique, c'est-à-dire le champ de l'ouïr-dire. Cet échange des médiums signifiants, la substitution d'un domaine sensoriel à un autre emporta des conséquences décisives. Participant désormais de deux registres distincts de la perception, les fonctions du signe et de l'image (mais aussi du texte et du temps) *se trouvèrent dissociées de facto* : elles acquirent une relative autonomie. La vision de l'invisible fut désormais détachée par principe du site du sacré et put donner lieu à des intuitions pures.

Tributaire de « l'inscription » et de la « lecture » des phonèmes, le déploiement du champ de la parole aura donc imposé une démotivation complète des signes linguistiques eu égard aux signes testamentaires religieux. Il restait en effet quelque chose de motivé – une identité limite – dans ces derniers, cause du caractère idolâtre des épiphanies primitives du sacré. En revanche, avec l'instauration du langage (du fait du déploiement d'un champ diacritique pur) *ce furent, dès l'origine, les conditions d'une mise sous rature potentielle du sacré idolâtre* qui furent offertes. Inséparable de l'investissement et de la subversion du sacré primitif muet par la parole et donc de l'éman-

---

1. *Op. cit.*, p. 175.

cipation de l'individu, nous verrons comment l'exploitation de ces potentialités ne firent qu'un avec les débuts de l'histoire (cf. « La fin commençante »).

Assumant cet héritage, notre tâche est de *dire* enfin *explicitement* le logos tacite dans les termes du logos « proféré » donc de « proférer » entièrement la « profération ». Cela requiert un renversement essentiel : la reconnaissance pour la première fois du statut médiateur, princeps, du logos. Il n'y a plus alors simple transfert d'une perception à une autre. La subversion radicale de l'idolâtrie exige l'hypostase plénière du texte, de la voix et du chaos (de la mort), c'est-à-dire l'explicitation expresse de la parole qui prodigue. Elle déjoue tous pouvoirs effrayants et asservissants, elle donne l'occasion à chacun et à tous de pro-clamer l'avènement du verbe comme sphère transcendantale, ni divine ni mondaine (ni spiritualiste ni matérialiste). Condition de possibilité finie (abyssale) d'un être-conscient achevé, elle recèle toute chance de liberté et de salut (cf. *infra* « L'homme extasié », p. 52).

Dans cet horizon général, les traits saillants de la co-détermination circulaire langage/monde/sujet se présentent comme suit : 1) Puisque le langage procède du logos sacré, tout en lui témoigne de l'ombilication matricielle. Le signifiant phonique déploie les potentialités de la ritualisation de la mort dans le cadre de la double articulation des phonèmes et des monèmes. Le phonème lui-même est en effet cette instance pure qui n'étant assimilable ni au son ni au signifié est condition de l'avoir-lieu du langage. Quant à son élaboration, elle est le fruit d'un travail d'ascèse, de délimitation et de fixation simultanément aux deux plans du signifié (des formes lexicales et grammaticales) et du signifiant (des articulations phoniques). Cette appropriation, d'emblée totale, bien que progressive, est l'un des traits transculturels permanent de l'accession de l'homme (de l'enfant) au symbolique[1]. Elle est inséparable notamment de la renégociation du pur et de l'impur par la maîtrise du corps *propre* (ainsi que le vit Freud).

Car la nature du signe linguistique, telle qu'elle fut définie par F. de Saussure comme son *et* « image accoustique du

---

1. Cf. *La vision et l'énigme*, Cerf, 1989, pp. 239-253.

son » demeure entièrement opaque tant que son phénomène n'est pas rapporté à l'inscription-lecture d'une trace pure. Par delà l'écart entre sensible et intelligible, l'entente évanouissante du signe linguistique (de tout mot) prolonge en effet la différenciation sémiogène primitive (l'apparaître et la syncope d'un « pur » sacré). Elle renouvelle, en toute énonciation linguistique, l'épiphanie physio-logale elle-même (cf. *infra* « Testament poétique », p. 112). Ainsi, l'intuition du fantôme de la chose (du signifié) qui reproduit le saut vers l'invisible aura-t-elle constamment (ré)accompli la vérification de notre condition méta-physique.

2. « L'art caché » au fondement de l'expérience n'est pas seulement rapporté comme chez Kant à la synthèse a priori du sensible et de l'intelligible « schématisé » par « l'aperception transcendantale », il est le fruit de la dynamique (de l'*energeia*) a priori du verbe envisagé comme milieu réfléchissant extra-conscient. Or, il appartient précisément à la poésie depuis toujours d'exprimer ce tresaillement originel des mots dans les choses, inversement de célébrer l'appel des choses par les mots (hors de toute idolâtrie puisqu'il doit y avoir inversion du rapport du *voir* au *dire*). C'est seulement quand poétiquement-métaphoriquement se brisent les cadres que point une insolite pré-sence, fleur fragile au bord du gouffre.

Il n'y a donc pas d'autre réalité que cette résurrection permanente du sensible qu'épelle silencieusement en nous la naissance du verbe. Je ne connais pas de plus bel héritage que le miracle de cette présence mourante/naissante accordée aux paysages juvéniles de la Terre. Le renversement thanatogénétique retrouvera ici, certes, des intuitions naïves immémoriales, mais elle les situera dans un nouvel horizon : celui d'une célébration proprement poétique – ni théologique ni ontologique – du sens-du-mystère (cf. « Le testament poétique »).

3. Tout sujet accède à la conscience en accédant au langage. C'est par l'événement de la prise de parole (l'invention de la voix) que le sujet approprie en son nom le jeu de la signifiance. Comme le dit Heidegger, sans insister sur le rôle insigne joué par la voix : « Avec le fait de parler vont ceux qui parlent mais pas seulement comme la cause va à l'effet. Ceux qui parlent viennent bien plutôt en présence dans le fait de

parler »[1]. Le moi se présentifie en effet pour soi-même et pour autrui comme un quasi Autre dans l'acte d'énonciation qui accomplit l'intériorisation du jeu réflexif matriciel. Nous verrons que cet accès à la conscience qui participe d'une dimension inter-subjective toujours préalable se trouve vérifiée par l'exceptionnel destin du Poète qui (ré)invente sa voix et le monde en *se concevant autre* (cf. *infra* « Mallarmé : La Figure que Nul n'est », p. 206).

Car le sujet fut toujours en quête d'une parole qui lui permette de *faire face,* de se donner *contenance,* enfin de conquérir sa liberté. Parce qu'il est fomenté par le verbe qui fait de lui un champ d'inter(ré)férence des concepts, des affects et des perceptions, l'être humain est d'emblée une existence inspirée. C'est d'abord par la sourde naissance de ma voix dans ma gorge (qui conditionne mon être-dans-le-langage *et* me signifie en retour) mais aussi par la conscience de ma langue dans ma bouche que je suis initié à ma présence évanouissante. Langue est entendu ici non seulement comme le flux naissant dans mon corps des phonèmes maternels, mais aussi comme l'organe qui, dans la cavité buccale, est le siège d'une étrange capacité proprioceptive. Dans ma bouche déjà, puis, par amplification, à travers tout mon corps, s'opère en effet une étonnante réversibilité. Agent par excellence de l'entrelacement du logos et de la chair (de l'âme et du corps dans un horizon physio-logal toujours et déjà enveloppant), la langue (dans sa double acception) pourrait être le site privilégié de cette « réflexivité du corps sur lui » qui fascina tant Merleau-Ponty (cf. en particulier *Le visible et l'invisible*). D'elle procède toute relation perceptive de moi comme *autre* et donc toute possibilité de rencontre, en particulier érotique, d'autrui.

GÉNÉALOGIE DE LA MÉTAPHORE

La métaphore est le témoin permanent de l'affleurement du logos sacré dans le langage, elle ne fait qu'un avec « le démon de l'analogie » (S. Mallarmé), le génie humain lui-même. Elle brise l'illusion d'une parole classificatrice, dispo-

---

1. *Acheminement vers la parole, op. cit.,* p. 237.

nible et manipulable, bâtie sur des valeurs sémantiques défini-
tives. Symptôme de l'origine, elle est au principe de toute poésie, elle reconduit le langage à ses sources sacrées : elle offre à
chacun l'outil d'une remise en question du monde et de toute
idée reçue. Puissance d'insurrection et de recréation, irréductiblement double, claire et obscure, elle re-suscite en nous le
goût de l'Infini.

Pour le discours philosophique elle fut l'énigme même,
que celui-ci chercha constamment à exploiter et à maîtriser :
moins à éclairer qu'à réduire, moins à accueillir qu'à asservir.
Elle est un désordre fécond, une dynamique vitale. De fait, la
métaphore étant plus vaste et complexe que la métaphysique
elle-même, toutes ses approches, d'Aristote aux théoriciens
contemporains, demeurent partielles. Seule une exploration des
effets de la méta-phore de la mort dans le langage, est suscep-
tible d'associer asymptotiquement l'illusion et la vérité, la plénitude et l'absence, la poésie *et* la pensée, bref d'engager
l'enquête généalogique qui fait défaut.

Centrée sur quelques remarques indicentes de Heidegger
sur la métaphore[1], une controverse s'est développée ces dernières années à propos de la métaphore, entre P. Ricœur[2] et
J. Derrida[3]. Cette polémique revêt pour nous ici un tour particulièrement symptomatique. Elle révèle en effet une césure
entre herméneutique et « déconstruction » qui ne pourrait être
« outrepassée » que dans l'horizon plus vaste d'une réouverture
de notre monde de culture à l'unité du *mythos* et du *logos*.

Toute la force de « La mythologie blanche » tient à la corrélation que Derrida soupçonne d'emblée entre méta-physique
et méta-phore. Après Nietzsche et Heidegger l'auteur de *De la
grammatologie* décèle un étrange parallélisme entre le procès
de « relève » idéaliste du sensible par le non-sensible (l'invention de l'intelligible qui élève l'âme du visible à l'invisible) et
le transfert métaphorique du propre au figuré : « ... le mouve-

---

1. Cf. *Le principe de raison, op. cit.,* pp. 112-128.
2. P. Ricœur, « Méta-phorique et méta-physique » in *La métaphore vive,* éd. du Seuil, 1975, pp. 356-374.
3. J. Derrida « La mythologie blanche » in *Marges,* éd. de Minuit, 1972, pp. 247-324 et « Le retrait de la métaphore » in *Psychè,* Galilée, 1987, pp. 63-93.

ment de la métaphorisation (origine puis effacement de la métaphore, passage du sens propre spirituel à travers le détour des figures) n'est autre qu'un mouvement d'idéalisation »[1]. Le coup d'audace de l'auteur c'est alors de rapporter le mouvement d'ascendance idéaliste dans la formation des concepts au travail *et* à l'usure des métaphores : « La métaphore est moins dans le texte philosophique (et dans le texte rhétorique qui s'y coordonne) que celui-ci n'est dans la métaphore[2] ». La genèse des concepts est ainsi rapportée au phénomène très général de la lexicalisation ou de l'oubli des métaphores dans le langage.

Or Ricœur a beau jeu de montrer que l'extension de la dynamique des images et de la lexicalisation à l'engendrement des concepts ne saurait inquiéter en soi le statut d'une systématicité conçue explicitement en son autonomie eu égard à toute expression linguistique :

> « *Il n'est donc pas besoin d'une métaphysique du propre pour justifier la différence du littéral et du figuré ; c'est l'emploi dans le discours, et non je ne sais quel prestige du primitif ou de l'originel, qui spécifie la différence du littéral et du métaphorique [...] Ainsi, une meilleure analyse sémantique du procès métaphorique suffit à dissiper la mystique du* « *propre* », *sans que la métaphorique succombe avec elle* »[3].

Enfermé dans les limites de l'univers du langage au sein duquel toute sa problématique se cantonne, tout se passe en effet comme si l'auteur de *Marges* avait éludé tant le problème de l'origine de la référence que celui des sources du procès de sublimation lui-même (pour nous avant tout religieux) qui est l'âme de toute relance méta-phorique *et* méta-physique. Tout se passe donc comme si, pointant l'oubli des métaphores dans la philosophie, il avait prolongé, de fait, lui-même les effets de la « mythologie blanche » qu'il dénonce : « Mythologie blanche – la métaphysique a effacé en elle-même la scène fabuleuse qui l'a produite et qui reste néanmoins active, remuante, inscrite à l'encre blanche, dessin invisible et recouvert dans le palimpseste »[4]. Cela

---

1. *Marges, op. cit.*, p. 269.
2. *Ibid.*, p. 308.
3. *La métaphore vive, op. cit.*, p. 369.
4. *Marges, op. cit.*, p. 254.

d'autant plus qu'il aura délibérément écarté toute investigation généalogique de nos ressources mythiques et sacrées et notamment des antécédents religieux cachés de la métaphore.

A l'inverse de Derrida, Ricœur entend mettre en lumière le jeu du langage et de la poésie dans sa plus grande extension, c'est-à-dire à l'intersection de la référence et du concept. Mais il s'enferme d'emblée dans les limites de la conceptualité métaphysique classique qui se sera toujours efforcée de conjurer le « privilège [...] du primitif ou de l'originel », partant du *mythos* ou de toute « mystique du propre »[1]. Soumise à la loi de la *mimèsis,* le travail de la métaphore est pour lui non une création mais une « redescription » du réel. Complémentairement, le propos de l'auteur est de garantir la subordination continuée de la poésie ou de la « vérité métaphorique » à la loi de la spéculation rationnelle, c'est-à-dire en dernière instance à l'*eidos* qui n'est pour lui nullement assimilable à une fiction vraie : « Ce n'est donc pas la métaphore qui porte l'édifice de la métaphysique platonisante ; c'est plutôt celle-ci qui s'empare du procès métaphorique pour le faire travailler à son bénéfice »[2].

De fait, ni l'une ni l'autre perspective n'interroge ce qui confère sa force d'entraînement et de conviction à la métaphore : la reviviscence sacrée d'une signification soudain abîmée. La nouveauté dans l'entreprise d'« aggiornamento » herméneutique se heurte aux limitations métaphysiques qu'elle reconduit. Réciproquement, J. Derrida assume une position radicale, certes, mais, enfermé dans les limites d'un langage dont il méconnaît la provenance religieuse, il ne peut se donner les moyens de la radicalité revendiquée. Par delà le mot d'ordre de la « déconstruction » qui reste, malgré l'acuité des analyses menées, un parasitage des organismes anciens, la tâche serait d'assumer pleinement le paradoxe d'une « déconstitution » d'ensemble de notre tradition qui est évoquée par l'auteur de *De la grammatologie,* mais jamais comme ambivalence ultra-métaphysique.

---

1. Cf. *La métaphore vive, op. cit.,* pp. 387-397.
2. *Ibid.,* p. 374.

> « *Cette auto-destruction* aurait encore la forme d'une
> généralisation *mais cette fois, il ne s'agirait plus d'étendre
> et de confirmer un philosophème ; plutôt, en le déployant
> sans limite, de lui arracher ses bordures de propriété. Et
> par conséquent de faire sauter l'opposition rassurante du
> métaphorique et du propre dans laquelle l'un et l'autre ne
> faisaient jamais que se réfléchir et se renvoyer leur rayon-
> nement* »[1].

Car la dissimulation du jeu des métaphores dans la genèse
des idées permet au mieux de pressentir la méta-physique
d'une transposition « métaphorique » beaucoup plus fondamentale et globale, celle accomplie notamment par le platonisme eu égard au logos sacré (cette question sera évoquée plus
loin). Plus essentiellement encore, ce qui est ici soupçonné,
c'est l'unité matricielle foncière entre la générativité du langage, « le rêve terrible mais divin »[2] qu'elle fomente et les ressources de la pensée rationnelle.

De son côté, l'enquête de Ricœur, très éclairante sur bien
des points, vise à circonscrire le mystère même de la vivacité
métaphorique. Toutefois, pour autant qu'il refuse d'envisager
toute inversion du rapport hiérarchique classique de dépendance entre pensée spéculative et poésie (« … c'est dans le discours spéculatif que s'articule le sens dernier de la référence du
discours poétique… »[3]), pour autant donc qu'il entérine la
subordination « mythique » de la parole au « réel » (voir section suivante), son souci, qui est de redonner vie à la générativité métaphorique, tourne court et se voit contredit par la
reconduction de catégories qui furent justement l'objet d'une
suspicion féconde depuis Nietzsche. De fait, l'approfondissement concomitant des perspectives de nos deux auteurs, le
souci conjugué d'une subversion *et* d'une relance radicales de
notre tradition serait cela même qui conduirait à fomenter
l'Événement-du-verbe. A la jonction de l'illusion et de la
vérité, seule la révélation de l'art, et spécifiquement de la

---

1. *Marges, op. cit.,* p. 323, je souligne.
2. Hölderlin, *Œuvres complètes,* trad. fr., Gallimard, 1967, p. 652.
3. *La métaphore vive, op. cit.,* p. 389.

poésie en tant que « plus haute puissance du faux », est en mesure de concilier des aspirations encore antinomiques au sein de la modernité. L'entrée en scène de l'immémorial Événement-du-verbe (la déclosion du logos) permettrait notamment de répondre à une interrogation de Heidegger sur la métaphore-du/des-sens dans *Le principe de raison* qui, au demeurant, est le point de départ du débat (et déjà un objet de litige) entre Ricœur et Derrida. La pensée en tant que vue *et* entente pures détachées de toute perception sensible peut être soustraite paradoxalement à l'emprise de la dichotomie métaphysique du sensible/non-sensible dès lors qu'est mise en place la problématique inédite de l'Épiphanie du verbe. Hors de toute référence aux « arrières mondes », la fusion *et* la sublimation de tous les sens fut à la fois la condition et la conséquence de la transe sémiogène qui fit de nous des animaux conscients, parlants, capables de néantifier et donc de (re)construire le monde de l'expérience vécue.

Ce qu'une généalogie de la métaphore permet d'appréhender, c'est, avant tout, la force innovatrice du surgissement de l'im-propre dans le langage, l'expiration mortelle du sens comme source d'inspiration. Derrida note, du reste, au passage que : « C'est depuis l'au-delà de la différence entre le propre et le non-propre qu'il faudrait rendre compte des effets de propriété et non-propriété »[1]. Car l'impact de la métaphore ne tient pas seulement à l'effet d'impertinence, d'inconvenance, voire d'incongruité qu'elle suscite, ou plutôt si tout cela se produit bien c'est en raison de l'initiale défaillance et vertige sémiogène qu'elle fait alors affleurer en nous. Toute la complexité inépuisable de la métaphore et tout son mystère tiennent à l'impulsion sacrée qui transparaît dans l'étoilement premier du logos « proféré » en tant que langage/monde/sujet. C'est ici le statut de l'imagination créatrice indissociable du « voir comme », si justement mis en vedette par Ricœur à la suite de Wittgenstein, qui peut être éclairé[2].

---

1. *Marges, op. cit.,* p. 273.
2. Cf. *La métaphore vive, op. cit.,* p. 269 et suiv.

« Voir comme » c'est d'abord affirmer « l'*être*-comme ». L'œuvre proprement métaphorique de la copule renvoie à la source de l'analogie, à l'implosion matricielle des différences (ni « être » ni « n'être pas », ni « animé » ni « inanimé ») dans la rencontre de l'autre-moi-même anéanti (Ricœur note que « Dans la métaphore, le « même » opère *en dépit* du « différent »[1]). Mais cette analogie est aussi *vue,* elle « fait image » pour un sujet qui est lui-même pro-duit par cette intuition native. La métaphore est vive parce qu'elle est une méta-phore de la mort dans le langage (ou comme langage), la relance ostensive, à chaque fois, de ce qui est sa limite ou sa source et donc des chances de notre sur-vie. Elle est la forme que revêt le déploiement du symbole (l'unité tétradique coïncidante du signe, de l'image, du temps et du texte) dans l'ordre de la parole. En tant qu'elle « institue [...] une relation entre les images exactes (pour) que s'en détache un tiers aspect fusible et clair présenté à la divination... »[2], elle renouvelle *l'alètheia* ou l'hymen physio-logal des mots et des choses. Elle institue donc et développe par avance ce « milieu juste » (Hölderlin) du symbole que vise à épanouir l'Événement-du-verbe. Ainsi circonscrite, la problématique de la métaphore récuse toute instance antérieure au verbe (comme dans la conception herméneutique qui prolonge sur ce plan la métaphysique classique), de même que toute clôture du langage sur lui-même (comme dans l'idée d'un formalisme vide s'épuisant à déconstruire ses propres ressources).

Le dessein est de libérer la métaphore de son rôle ancillaire et du même coup d'inscrire la poétique au cœur de notre monde de culture. La métaphore ne sera plus alors au service des idées ou d'une apophantique présupposée et elle ne sera pas davantage mise au compte de l'inspiration divine, au sens d'une régie causale a priori. Elle sera toujours pour elle-même une claire *et* obscure flambée du mystère. Elle pourra apparaître comme une hantise immémoriale de l'Événement-du-verbe, une fête de la vie qui annonce le renversement

---

1. *Ibid.,* p. 250.
2. S. Mallarmé, Œuvres complètes, *op. cit.,* p. 365.

iconoclaste du *voir* au *dire* (la thanatogenèse est en soi une métaphore généralisée : une expérience de la parole naissante au risque de tout perdre). Car il faut que le comble du sens montre, en une ostension infiniment suspendue, comment l'image demeure sous la coupe d'une vierge et chaotique conception-du-mystère (cette remise en question se conçoit avant tout comme subversion des métaphores de la vision et de la lumière, c'est-à-dire de la métaphore du phénomène : cf. « Soleil noir, le renversement baudelairien »). En effet si elle perle, ce ne sera plus désormais dans le registre des muettes fascinations collectives du sacré, mais dans l'horizon de la co-naissance poétique du monde, du logos et du sujet, pour une humanité intimement transfigurée par l'advenue du verbe, c'est-à-dire par la prise de conscience du néant de l'origine. Fleur fragile, elle apparaîtra alors comme le seul garant de notre paradoxale transcendance, par delà l'effondrement des a priori théologiques et ontologiques.

LE MYTHE INTERCALAIRE

Corrélativement au rôle intralinguistique de la métaphore, c'est aussi le mythe qui, au chiasme du sacré et du profane, préfigure transhistoriquement l'intégration des deux logos (la « profération » du logos sacré « interne », par le logos profane). A première vue la position d'entre-deux du mythe paraît contredire la césure archaïque du tacite sacré et du profane verbal : le mythe est une évocation par le discours des origines sacrées, il narre comment les choses furent dans les premiers commencements : « C'est [...] toujours le récit d'une « création », on rapporte comment quelque chose a été produit, a réellement commencé à *être* »[1]. Mais précisément *le mythe creuse* lui-même *la distance* entre l'*in illo tempore* fabuleux et l'actualité déchue d'où procède son énonciation. En jetant un pont entre les deux mondes, il entérine la *subordination* de fait de la parole au sacré idolâtre.

---

1. M. Éliade, *Aspects du mythe,* Gallimard, 1963, p. 15.

Du point de vue de notre hypothèse, le mythe (et plus largement le récit) apparaît donc comme le mode de mythification par excellence de la poétique des origines. Il rapporte l'activité différenciante première, non au surgissement hasardeux *et* nécessaire du verbe, mais à un primordial combat des dieux. Le travail générateur de l'inscription et de la lecture d'une trace testamentaire (l'œuvre poétique de la ritualisation de la mort) passe en effet inaperçu au profit de l'hypostase du théâtre d'ombres de la geste des dieux. L'extraction du « pur » hors de l'« impur » est affabulée comme affrontement des forces surnaturelles, démoniaques et tutélaires. (Le sacré primitif est essentiellement ambivalent : sa notion elle-même recèle une double valence, est *sacer* ce qui est tout à la fois ou tour à tour objet d'exécration *et* de vénération, ce qui est dévastateur *et* régénérateur). Les formes classiques de la théogonie et de la cosmogenèse évoquent toutes en effet une *gigantomachia* grandiose. La germination primitive est toujours la conséquence d'une lutte agonistique entre des puissances antagoniques surhumaines. Même le mythe biblique de création *ex nihilo* qui s'inscrit pourtant dans un registre bien particulier peut être assimilé aux récits de la victoire d'un dieu ou d'un titan civilisateur sur le chaos qui est la forme abstraite ou générale des puissances du désordre. Dans tous ces contextes, la fantasmagorie mythique contribue à l'occultation de l'activité sémiogène des pratiques rituelles concrètes. Elle a donc pour fonction de rendre pérenne l'édifice culturel archaïque. Elle entérine la déchéance de l'humanité profane actuelle eu égard à un sacré dont le règne glorieux est censé être entièrement révolu. En sa mitoyenneté même, le mythe fixe la secondarisation de la parole et situe le rite lui-même dans l'horizon d'une répétition qui n'est en soi jamais conçue comme effectivement contemporaine de l'origine. La fonction du mythe s'avère donc éminemment paradoxale : il évoque l'origine mais c'est pour entériner, au moyen du récit, la subordination de la parole à l'égard du sacré, c'est-à-dire d'un Événement depuis toujours perdu de vue. D'où la malédiction qui pèsera sur ce qu'énonce le récit : reconduisant la parole au constat de sa secondarité imitative, tout événement y intervient trop tard dans un monde trop vieux.

Court-circuitant les développements ultérieurs sur les conditions historiales de notre reconquête de l'origine, nous pouvons, dès à présent, circonscrire la configuration du « mythe » thanatogénétique démythifié des origines qui prolonge le rêve romantique (en particulier mallarméen) d'une littérature affranchie du mythe, c'est-à-dire non plus imitative mais essentiellement poïétique[1]. L'entrée en scène de la parole en ce site matriciel qu'elle hanta dès les premiers commencements mais dont elle fut déboutée depuis toujours requiert d'abord la subversion de toutes les hypostases du divin. L'iconoclastie des hiérophanies idolâtres dans l'histoire (y compris dans notre propre tradition onto-théo-logique) rend seule possible l'irruption d'un « impur » démythifié : la prise en compte à la fois de l'expérience de la mort abyssale au foyer générateur du sens et d'un « travail » d'interprétation auto-réflexif toujours perdu de vue. L'origine ne peut plus alors être projetée sur quelque passé fabuleux. Elle fut et elle demeure contemporaine de toute activité langagière et par extension de tout acte culturel en général.

Ainsi, la « démonstration » du non-lieu de l'origine qui déploie les pleines potentialités métaphoriques et poétiques du langage (comme fiction-vraie, assomption du néant et émancipation de la personne) peut-elle, dans le prolongement des œuvres de la modernité, devenir acte, réaliser l'Événement-du-verbe (porter à la parole le secret de la parole : réfléchir son origine, la néantifier). Anhistorique (et an-archique) en soi, elle ne peut y parvenir sans prendre appui, paradoxalement, sur un « récit » constatif qui doit se faire performatif et qui ainsi suspend l'écart imitatif (la *mimèsis*) entre Fiction (origine) et Réalité (déchue). D'une part, elle projette la scénographie apparemment tardive et fortuite de l'invention de l'écriture au cœur du logos originel lui-même. D'autre part, elle démontre comment l'histoire, qui n'est en soi qu'un avatar profané du récit mythique, peut et doit révéler son chiffre secret comme « mythe » démythifié (« fable » thanatogénétique), comment elle accueille l'Irruption d'une origine sans origine (et sans

---

1. Cf. T. Todorov, « La crise romantique » en particulier « La fin de l'imitation » in *Théories du symbolique,* éd. du Seuil, 1977, pp. 179-259.

terme) qui suspend la synchronisation « narrative » ou mythique du temps « vulgaire ». Ce sont à présent ces thèmes dictés par les circonstances de la dérive post-archaïque du logos que nous éclairerons. Cette entreprise est indissociable du destin de la littérature. La réunion hyperbolique de la pensée *et* de la poésie (de l'art) pointe vers un Événement qui est simultanément assomption du langage et révélation du Poème.

DEUXIÈME PARTIE

JOURNÉE

« … il suffit d'un jour à l'homme pour connaître tous les bonheurs »

Dostoïevsky

Comment Eurydice – la parole – peut-elle être arrachée aux enfers, si ce n'est parce qu'une irrémédiable nostalgie, la douleur d'un exil natal servent de guide à Orphée, le penseur-poète qui n'est personne en particulier ? Comment pourrions-nous aller à la rencontre du site utopique-exstatique capable de faire de nous une communauté affranchie des obsessions mortifères du passé, si ce n'est en transgressant l'interdit, c'est-à-dire en choisissant précisément de nous tourner vers Eurydice. Car il y aurait aussi forfaiture à ne pas tenter de la voir, non comme une femme de chair, mais comme l'ombre qu'elle est :

« … *ne pas se tourner vers Eurydice, ce ne serait pas moins trahir, être infidèle à la force sans mesure et sans prudence de son mouvement, qui ne veut pas Eurydice dans sa vérité diurne et dans son agrément quotidien, qui la veut dans son obscurité nocturne, dans son éloignement, avec son corps fermé et son visage scellé, qui veut la voir, non quand elle est visible, mais quand elle est invisible, et non comme l'intimité d'une vie familière, mais comme l'étrangeté de ce qui exclut toute intimité, non pas la faire vivre, mais avoir vivante en elle la plénitude de sa mort* »[1].

---

1. M. Blanchot, *L'espace littéraire*, Gallimard, 1955, p. 228.

Le projet d'Orphée est en effet d'imposer à la réalité le fantôme d'Eurydice, de forcer l'interdit et donc, par l'entrevision de l'*autre,* de transfigurer notre monde même.

Cette tâche est pressante bien qu'elle ne soit pas nouvelle. Nous sommes à chaque fois le premier et le dernier homme : nous devons accomplir le destin de l'Adam primordial. Un acte de dévotion est requis qui perpétue le souci vital, assume le devenir d'une humanité en souffrance dès les premiers âges. Au crépuscule du temps, nous sommes en attente de l'homme enfin, c'est-à-dire aussi d'une communauté affranchie des terreurs et des fureurs ancestrales.

LA FIN COMMENÇANTE

La question de savoir comment peut être retracé l'oubli qui gît au plus secret de la parole concerne le bon usage du temps qui ne peut alors être seulement temps de la perte mais du retour, méditations sur « les travaux et les jours », examen de conscience le soir venu en vue d'une aube. Car selon Nietzsche seul « celui qui est pleinement instruit des antiques origines finira par s'enquérir aussi des sources de l'avenir et des nouvelles origines »[1]. De tous les récits, le plus bouleversant est celui des migrations de notre âme, l'odyssée de « l'immortel souvenir » (Baudelaire) qu'exprime sur un mode particulièrement obvie la « double évolution solaire, quotidienne et annuelle (qui est) le grand et perpétuel sujet de la Mythologie »[2]. Nous sommes, certes, des mortels mais notre dignité est d'échapper à l'entropie, c'est-à-dire à « l'ainsi de suite » ou à cette érosion des jours à laquelle nous n'opposons aujourd'hui que la prolifération d'un savoir éclaté : un affairisme technicien, archiviste ou muséographique.

Il faut donc une révolution dans la conception du temps : interroger le déroulement de l'histoire comme histoire *du* sens, comme Drame de l'homme, succession d'actes déployant une

---

1. F. Nietzsche, *Ainsi parlait Zarathoustra,* trad. fr., Aubier-Flammarion, 1969, T. 2, p. 135.
2. S. Mallarmé, *Œuvres complètes,* Gallimard, 1945, p. 1169.

« unité de temps ». Car l'Événement-du-verbe est un événement *dans* le temps *hors* (du) temps : c'est paradoxalement le privilège de tout événement authentique d'échapper à *chronos*. Du reste, l'apparition de la conscience de l'histoire qui suppose l'assomption de l'idée de changement n'eut jamais d'autre projet que la sortie du temps. L'impératif fut de lutter contre la dégradation par une mutation capable de faire pièce à la perte et donc de renouveler une vision des origines et des fins (au double sens du vocable).

Eu égard à l'histoire, la thanatogenèse institue un rapport à double entrée, elle trace une figure doublement bouclée en 8. Elle élucide réflexivement l'ordre de succession du devenir, le palimpseste des cultures *et* en déduit l'Idée d'un verbe capable de se lover sur soi, d'échapper au temps. D'une part, en effet, la déflagration matricielle serait la condition de tous les événements « monumentaux » de l'histoire; d'autre part, la possibilité d'une telle narration de l'histoire comme récit *et* destin légitimerait l'hypothèse de la thanatogenèse, le reploiement, abyssal, du logos sur lui-même. Ainsi se vérifierait que « ... n'existe à l'esprit [...] qu'un compte exact de purs motifs rythmiques de l'être, qui en sont les reconnaissables signes... »[1]. Puisque l'histoire est à la fois condition et milieu de pensée, il s'agit non seulement d'interpréter mais de réeffectuer le passé, d'en révéler le paradoxal « principe » transhistorique (s'effaçant sitôt qu'entrevu).

Toute l'histoire viendrait alors à se plier à l'exigence de la démythification ana-chrono-logique d'un mythe qui ne pourrait viser l'origine qu'à partir de son dépassement, en vue d'une fragile espérance. Le temps comme *milieu* de la réflexion finirait alors par révéler « ... la Fable, vierge de tout, lieu, temps et personne sus [...] celle inscrite sur la page des cieux et dont l'Histoire même n'est que l'interprétation, vaine, c'est-à-dire un Poëme, l'Ode »[2] ou plus brièvement et plaisamment :

> « *Toute l'âme résumée*
> *Quand lente nous l'expirons*

---

1. *Ibid.*, p. 647.
2. *Ibid.*, pp. 544-545.

Dans plusieurs ronds de fumée
Abolis en autres ronds »[1].

Le miroir matriciel à la fois unifié *et* brisé capte une image claire *et* obscure du Drame de la mort (et) de Dieu (cf. *infra* « L'homme extasié », p. 135). Cette thématique évoque, du reste, également tel projet tardif de Hölderlin : « La fable, aspect poétique de l'Histoire et architectonique du ciel, m'occupe tout particulièrement en ce moment… »[2].

La thanatogenèse distingue ainsi quatre âge du monde (elle déploie un Drame en quatre actes) qui ne sont du reste nullement exclusifs de tout un jeu complexe de chevauchements par anticipation et rémanence. La tâche est avant tout de construire des plages synchroniques à partir de l'invariance postulée du sens-religieux et ainsi d'offrir une explicitation, non plus historique mais historiale des faits enregistrés. Il s'agit de comprendre comment les diverses cultures et leurs conceptions religieuses ou idéologiques dominantes confisquèrent le secret primordial, comment elles l'exprimèrent et le travestirent tout à la fois. L'ethnocentrisme atavique des cultures tient à ces compréhensions totalisantes, d'emblée partielles et partiales.

1) L'âge archaïque est l'âge de la constitution de l'univers du sens, de l'élaboration du langage et des institutions sociales élémentaires. C'est par le jeu d'une reproduction permanente du sens-sacré dans le creuset des exaltations primitives que l'homme put acquérir ses traits permanents. 2) L'âge post-archaïque, caractérisé par le dépérissement du sens primitif de l'impur, fut essentiellement celui d'un sevrage symbolique à l'égard de l'origine, sa compensation par l'institution sociale de la mémoire : l'invention de l'écriture et de l'histoire. 3) L'âge de l'onto-théo-logie ouvre la phase du retour à l'origine par une tentative de réunification du sens et du sacré sous l'égide de la parole : la conversion du *voir* (idolâtre) au *dire* (l'explication du secret divin de l'homme). 4) Enfin, l'âge

---

1. *Ibid.*, p. 73.
2. Lettre à L. von Seckendorf du 12 mars 1804, in *op. cit.*, trad. fr., Gallimard, 1967, p. 1014.

poétique, sous-jacent à l'âge de l'onto-théo-logie même, est celui de la plénière advenue de l'Événement-du-verbe, la prise de conscience entière de notre nativité mortelle. De prime abord la réinterprétation thanatogénétique de l'histoire, ainsi esquissée, paraît européano-centrique, car elle se présente avant tout comme une explicitation de notre propre tradition. Pourtant avec un certain recul, on s'aperçoit que c'est l'inverse qui est vrai. L'exigence de repenser de fond en comble la tradition occidentale (de délivrer la poétique qui transcende nos deux héritages : grec et judéo-chrétien) nous ouvre entièrement à l'*autre*. La thanatogenèse offre une perspective symbolique *une* et *multiple*. Elle vise à rendre justice à l'identité et à la dignité de chaque tradition qui offre à chaque fois une expression unique de l'homme. Elle institue un dialogue entre toutes.

Le rôle transhistorique de la matrice doit être vérifié par l'élucidation de son incidence pérenne sur chaque phénomène culturel majeur, chaque « monument » dont le texte épigraphe demeure encore partiellement indéchiffré. Il s'agit de comprendre comment les diverses conceptions traduisent le secret primordial, d'où résulte à la fois la vérité insigne de chacune et son exclusivisme. Quant à l'élaboration du « mythe » thanatogénétique, elle est inséparable du développement historial polymorphe de notre propre tradition, en particulier de la complémentarité, latente depuis le Moyen Age, entre raison et foi.

NAISSANCE DE LA LITTÉRATURE

L'évolution post-archaïque est d'abord caractérisée par la concentration sur soi et la stabilisation de chacune des entités culturelles de l'humanité. Avec le temps, la matrice put exercer une action sur de nouveaux compartiments de la vie sociale, elle généra des structures inédites et les agrégea au sein d'un tout à la fois solidaire et labile. Les inventions techniques, circonstancielles, qui rendirent possibles la « révolution néolithique » trouvèrent à s'épanouir dans le cadre d'une complexification sociale toujours amplifiée. C'est ainsi que le jeu matriciel put essaimer dans les domaines relativement adventices de l'économie (par la spécialisation du travail, la complémentarité ville/campagne, l'apparition de la monnaie titrée, etc.), de la vie juridique et politique. Complémentairement, cet étoffement du lien social imposait un ordre de moins en moins paroxystique, à la fois un désinvestissement et une transposition symbolique de l'impur, plus essentiellement une « profération » ou une explicitation du logos « interne », c'est-à-dire de l'expérience religieuse génératrice.

De fait, toute l'évolution post-archaïque dut demeurer inscrite sous le signe d'une contradiction latente entre la quête d'un ordre homogène, cohérent et intelligible (dominé par l'idée de loi) et les ambivalences primitives du sacré. Le conflit entre l'impératif de l'ordre, le besoin de relations réglées et pacifiées entre les hommes et le caractère aberrant, voire absurde du divin, écartelé entre des postulations antagoniques (démoniaques *et* bénéfiques), aboutirent à des solutions diverses. L'hypothèse thanatophanique permettra de renouveler ici en profondeur l'étude comparée des mythologies et des religions. A l'édulcoration de l'idée du mal dans l'Égypte ancienne (son assimilation au Chaos, c'est-à-dire à un démonisme abstrait, d'ampleur cosmique), il conviendrait d'opposer la conception pessimiste des anciens Mésopotamiens (les hommes sont au service de dieux méchants, ils se doivent donc d'aménager leur esclavage), puis celle du mazdéisme de la Perse ancienne (les hommes sont le jouet d'une rivalité divine qui les dépasse : la victoire du dieu salutaire est seulement une lointaine espérance), etc. Enfin la « solution » hellénique pourrait apparaître dans ce cadre dans toute son originalité. Loin d'être monolithiques, les conceptions « théo-logiques » des anciens Grecs frappent à la fois par leur diversité, leur labilité et leur cohérence d'ensemble. Elles accordaient, en effet, les unes aux autres des formes religieuses relativement hétérogènes, mais complémentaires de fait : la religion des cités, les cultes à mystère, l'orphisme, le pythagorisme. Cette configuration polymorphe, qui laissait une certaine latitude à l'individu et offrait des possibilités d'évolution inédites, pourrait être l'une des causes principales de l'extraordinaire liberté et inventivité dont ce monde fit preuve dans l'ordre spirituel.

Or l'éloignement des dieux – la perte de l'origine – fut compensée avant tout par l'assomption de deux innovations capitales : l'invention de l'histoire et celle de l'écriture. En garantissant l'émancipation de la parole au moyen d'une réflexion expresse du logos « interne », ce sont elles surtout qui autorisèrent l'apparition tant de l'onto-théo-logie (des religions du verbe et de la rationalité) que des premières œuvres proprement littéraires.

1. L'assomption de l'idée de changement consomma la rupture avec l'archaïque. Le fait que les événements du passé aient pu être conservés ou archivés (recueillis comme chronique des hauts faits héroïques) n'est en soi qu'un symptôme superficiel. Le trait essentiel est que le changement ait pu être assumé comme perte, qu'il ait pu donner naissance à l'attente d'un retour. La quête d'une intégrité nouvelle par la lutte contre l'oubli et le souci de la mémoire dut nécessairement épouser la forme du mythe. Mais du coup, l'explicitation des causes premières ne revêtit plus la forme des théogonies ou des cosmogonies traditionnelles, elle donna lieu de plus en plus à la narration des antécédents héroïques, puis simplement historiques, de l'humanité.

2. L'innovation capitale fut celle de l'écriture. Ses répercussions furent considérables car c'est elle qui permit le plein épanouissement de la pensée-du-retour : le développement de l'onto-théo-logie. A un premier niveau, la transcription graphématique des phonèmes (des traces audibles) imposa l'idée d'une purification plus subtile. L'extraction par l'analyse *et* la synthèse du sub-strat pur de la langue offrit des perspectives infinies à l'archivation et à l'accumulation du savoir. Mais l'invention de l'écriture permit surtout la thématisation de la scénographie de l'inscription et de la lecture inhérente au logos parlé lui-même. Cette exhumation du fonds tacite du logos recelait en effet la possibilité d'une (ré)intégration nouvelle du sacré et du profane. Elle préfigurait toute *transposition* cohérente, voire toute fusion du jeu archaïque des deux logos : le *voir* rapporté au *dire*, l'expression linguistique du sacré tacite. Sans doute faut-il souligner ici que les premiers faits d'écriture décelés par l'archéologie (notamment l'apparition de l'écriture cunéiforme dans la Mésopotamie ancienne) paraissent avoir été la conséquence de circonstances fortuites, purement techniques (relatives à des impéra-

tifs administratifs et politiques), mais déjà l'apparition des hiéroglyphes qui participa de la refonte proprement post-archaïque du religieux dans l'Égypte ancienne semble avoir joué un rôle décisif dans la révolution culturelle qui marqua la fondation de l'Ancien Empire (elle coïncide avec les prolégomènes d'une religion du verbe, cf. plus loin « La parole de Yahvé »).

La littérature est la conséquence la plus immédiate et la plus visible de toute cette évolution. L'épopée de Gilgamesh, l'un des tous premiers textes littéraires de l'humanité, qui jouit d'une fortune remarquable de par sa diffusion géographique et son influence durant des millénaires, offre un motif exemplaire du phénomène. Par la narration des liens premiers d'hostilité puis d'amitié indéfectible, voire de quasi dédoublement entre les deux héros emblématiques – Enkidu et Gilgamesh – dont elle célèbre les exploits, l'épopée propose comme un initial « roman d'apprentissage » de l'homme à sa condition mortelle. Empreint d'abord de sauvagerie et d'outrecuidance, le comportement de Gilgamesh subit une métamorphose remarquable au moment où il prend conscience de la mort d'Enkidu, son double. Dans une ambiance culturelle où se fait ressentir déjà le retrait des dieux et où pointe un doute relativement à l'immortalité, affleure une première expression de la personne. La quête d'un rapport inédit au verbe (dont atteste l'existence de l'œuvre elle-même) paraît ici contemporaine du surgissement d'une voix capable de parler de solitude et de mort. La crise de l'individu permet en effet d'avouer – de *dire* – ce qui ne le fut jamais. Sans doute la quête de l'immortalité par Gilgamesh aboutit-elle à un échec, pourtant ce constat de faillite est contrebalancé déjà par le succès magnifique qu'est sa mise en œuvre littéraire elle-même. On pourrait avancer ainsi, sans trop d'exagération, que ce premier récit contient en germe les motifs futurs de la littérature. L'énonciation ininterrompue d'un récit capable de différer la mort, ne se trouve-t-elle pas en effet reprise et prolongée d'abord dans des œuvres comme *Les mille et une nuits,* puis, au terme de plus de 4 000 ans d'histoire, par la conquête proprement littéraire de l'immortalité, dans le cycle notamment de *La recherche du temps perdu ?* La conversion du narrateur à

« la vraie vie [...] réellement vécue »[1] n'aura-t-elle pas eu pour motif de prouver, à l'issue d'une lente métamorphose réflexive (à la fois existentielle *et* narrative), qu'en dernière instance, la littérature seule a la capacité de faire pièce à la loi de l'universelle entropie ? Que l'homme puisse accepter de mourir pourvu qu'il ne lui soit pas donné de périr tout entier et avant terme : « Heureux ceux [...] pour qui, si proches qu'elles doivent être l'une de l'autre, l'heure de la vérité a sonné avant l'heure de la mort »[2] confère ici à l'accomplissement littéraire une finalité quasi rédemptrice : « ... laissons se désagréger notre corps, puisque chaque nouvelle parcelle qui s'en détache vient, cette fois lumineuse et lisible, pour la compléter au prix de souffrances dont d'autres plus doués n'ont pas besoin, pour la rendre plus solide au fur et à mesure que les émotions effritent notre vie, s'ajouter à notre œuvre »[3].

Une archéologie de la littérature ne saurait donc être confondue avec l'histoire littéraire traditionnelle : elle vise avant tout à confronter le phénomène des Lettres à celui de l'émancipation historiale de la parole individuelle (centrée sur la conscience personnelle de la mort). Certes, les sources du langage poétique furent éminemment religieuses. C'est dans les hymnes à la gloire des dieux, les incantations, les paroles oraculaires et prophétiques qu'affleura le souci d'un style et d'un langage créateurs affranchis du profane. Mais c'est seulement là où la parole échappe à l'emprise des dieux, là où s'éprouve le tourment de l'exil relativement à l'unité du sens-sacré que put prendre son essor l'invention libre par l'écrivain de sa propre voix. Le mythe alors se fait mensonge-vrai ou Fiction, car l'œuvre ne conquiert sa pleine autonomie et authenticité qu'en transgressant (ou brouillant) l'écart entre le réel et l'imaginaire. C'est lorsqu'elle (re)crée le monde à

---

1. M. Proust, *A la recherche du temps perdu*, vol. XV, *Le temps retrouvé*, T. 2, Gallimard, 1963, p. 43. Le projet d'exhumer cette histoire ou ce destin de la littérature est développé dans la 4e Partie du présent essai : « La Poésie – unique source ».

2. *Ibid.*, p. 61.

3. *Ibid.*, p. 57.

sa guise qu'elle déploie un fragile et glorieux pavois de mots capables de désarmer la mort[1].

Dans l'univers grec, c'est à l'interface de la quête individuelle du salut par la mémoire *et* de la célébration du monde au nom des dieux par la transposition du chant que germa la fonction poétique[2]. L'expression lyrique de la plainte transgresse l'interdit du silence, elle *dit* la douleur recluse. Elle fut un aveu qui transfigura les rapports humains car elle exprima et communiqua ce qui ne le fut jamais, le : « ... passé brisa son sépulcre, plus d'une douleur enterrée vive s'éveilla »[3]. D'autre part, l'invention de l'épopée qui se présente comme la commémoration poétique de héros légendaires (en particulier dans *L'Iliade* son modèle) témoigne de la transposition par la parole des célébrations de la mort (voir notamment le célèbre Chant XVII : la douleur d'Achille à la mort de Patrocle et les funérailles de ce dernier, Chant XXIII). Enfin l'efflorescence la plus accomplie de la littérature dans la Grèce antique coïncide avec la naissance de la tragédie. Parce qu'elle se présente comme une transposition patente des rituels religieux, parce qu'elle met en scène un débat inédit entre le héros, les dieux et la communauté incarnée par le chœur, parce qu'elle coïncide, en particulier chez Sophocle et Euripide, avec les prémisses d'une prise de conscience éthique de soi, la tragédie est une illustration exemplaire de la mise en cause de l'interdit par le verbe. Cette éclosion magnifique dont l'originalité fut méconnue par l'onto-théo-logie (ainsi que le perçurent, chacun à sa manière, Nietzsche et Artaud) atteste surtout de ce que les formes les plus hautes d'expression littéraire de la faute et de la liberté tendent à faire vaciller la frontière entre la fiction et le réel. Pour la cité grecque du VIe siècle la tragédie offre en effet non le spectacle-reflet de la vie sociale courante, elle est bien

---

1. Dans un ouvrage récent, *La fiction et l'apparaître,* Albin Michel, 1993, E. Clemens interroge l'expérience littéraire à la suite de M. Blanchot d'un point très proche de celui esquissé ici (notamment pp. 143-147. Les affinités sont du reste nombreuses et remarquables entre les thèmes développés par Clemens dans son livre et le projet de la thanatogenèse.

2. Cf. Jean-Pierre Vernant « Aspects mythiques de la mémoire et du temps » in *Mythe et pensée chez les Grecs,* Maspero, 1965 et Marcel Detienne *L'écriture d'Orphée,* Gallimard, 1988.

3. Nietzsche, *op. cit.,* p. 31.

plutôt la révélation de la crise latente vécue par chacun et par tous : «... la symphonie (qui) fait son remuement dans les profondeurs, (vint) d'un seul bond sur la scène »[1]. Exprimant l'indicible, elle portait en germe la promesse d'un lien social nouveau fondé sur une renégociation explicite du sacré[2].

Cette rapide caractérisation des formes inaugurales du phénomène littéraire illustre combien l'évolution de la poétique fut indissociable du devenir culturel dans son ensemble. Pour toute la suite de l'histoire, le destin de la poétique au sein de notre propre tradition fut directement dicté par l'évolution des formes *princeps* de l'onto-théo-logie. La tâche de la thanatogenèse est ici, en premier lieu, de mettre en lumière la logique poétique cachée qui rendit possible, après l'invention du judaïsme, l'efflorescence de la rationalité grecque puis la naissance du christianisme. Comprendre comment la poétique fut constamment écartée et secondarisée en sa dynamique révélante, c'est décrire la face cachée de notre histoire, c'est montrer comment les grands événements qui façonnèrent notre tradition découlent de l'occultation renouvelée de la poétique des origines. Au terme d'un cycle de l'histoire, une méta-physique du verbe doit être en mesure de prouver que les édifices de foi et de raison ne sont rien de moins, en leur fond, que d'extraordinaires textes littéraires.

POÉTIQUE DE LA RAISON

Il ne saurait y avoir de meilleure introduction à une étude de la renégociation proprement philosophique du fonds religieux archaïque que l'examen de l'élaboration platonicienne de la question du langage, particulièrement dans le *Cratyle*. Tout se passe en effet comme si le débat entre Cratyle et Hermogène n'avait d'autre finalité que de concéder à la *poèsis*-du-langage un statut seulement instrumental et accessoire au profit du dégagement du « mythe » rationnel de

---

1. A. Rimbaud, *op. cit.*, p. 270.
2. Cf. « L'éthique du théâtre tragique » in *La vision et l'énigme, op. cit.*, pp. 399-409.

la *theoria* centré sur la co-naturalité « divine » ou « pure » de la vision et de la lumière.

On sait que pour Hermogène le langage est une convention (il est un pur système de signes), tandis que pour Cratyle il y a dans la parole le secret d'une rectitude intrinsèque : « ... en disant la chose qu'on dit, comment ne dirait-on pas la chose qui est ? »[1]. Or, au cours du débat contradictoire, tout se passe comme si la question cardinale de l'être-dans-le-langage ne cessait d'être éludée (à la question de Cratyle ci-dessus reproduite Socrate se dérobe par une assez piteuse fin de non recevoir : « Argument trop subtil pour moi, et pour mon âge, camarade ! »). Car le philosophe est soucieux moins d'accueillir l'arcane du dire que d'accréditer la thèse d'une réalité (ou d'une phénoménalité) indépendante en soi d'un langage tenu pour imitatif : « mais tu es [...] d'accord, que le nom est une imitation de l'objet »[2]. La parole n'a en effet d'autre fonction que de rendre accessible à l'expression une évidence qui en soi se passe de passer par les mots. Bref, il s'agit pour le platonisme d'affirmer la possibilité de la *théorie pure,* ce qui suppose une appréhension du sensible indépendamment de tout détour par la parole, cela même si le langage est *aussi* « l'œil de l'âme »[3], un truchement indispensable à la délivrance dialectique des idées.

Dans cette perspective qui prolonge les thèmes de l'interprétation critique du *Cratyle* par H.G. Gadamer (dans *Vérité et méthode,* perspective elle-même inspirée par le diagnostic heideggérien de « l'oubli » de l'avoir-lieu du langage dans la métaphysique), il est donc légitime de dire que Platon secondarise la puissance dévoilante du langage réduite à un rôle seulement descriptif, nullement constitutif : « ... en découvrant les Idées, Platon a dissimulé l'essence propre de la langue plus fondamentalement encore que ne l'avaient fait les théoriciens sophistes qui avaient développés leur propre art (technè) en usant et en abusant de la langue »[4].

---

1. *Crat.* 429d.
2. *Ibid.,* 430a.
3. *Rép.* 533d.
4. H.G. Gadamer, *Vérité et méthode,* trad. fr., éd. du Seuil, 1976, p. 257).

Or nous avons vu que toute l'énigme ontologique du langage tient précisément au fait que la moindre énonciation linguistique remet en jeu à chaque fois rien de moins que l'intégrité symbolique primordiale du signe, de l'image, du temps et du texte, c'est-à-dire la méta-physique du sens en son intégralité. Nous soupçonnons ainsi le rôle considérable joué par la secondarisation du langage, et partant, par la préservation de la fonction mythique (au sens restreint que nous lui attribuons : cf. « La fonction intercalaire du mythe ») dans l'édification du platonisme. Car tout procède ici de ce que l'on pourrait appeler la révélation de la scène du visible (l'élaboration notamment du mythe solaire dans *La République*). Elle conduit à réserver un statut subalterne au langage, à minimiser le rôle de la poésie qui est « dénuée de sérieux » et « ne s'entend à rien d'autre qu'à imiter »[1]. Réciproquement, on constate que l'exhumation de la poétique sous-jacente au platonisme ne fera qu'un avec la subversion « iconoclaste » du primat *théorique* assigné au *voir*.

L'hypothèse thanatogénétique fournit en effet les linéaments d'une généalogie et donc d'une déduction eidétique du platonisme (que j'ai esquissée dans *La vision et l'énigme*[2] où j'ai omis toutefois de centrer ma critique sur « l'idolâtrie » rémanente de la vision dans la *theoria*). L'architectonique platonicienne résulterait d'une transposition impensée des données archaïques du *mythos* : il y aurait eu exploitation *et* occultation des sources. Cette situation définirait en profondeur « l'oubli de l'être » dans l'énoncé même de la question de l'être tel que le repéra Heidegger. Plus précisément, nous dirons qu'il y a oubli du *sens* de l'être, c'est-à-dire « oubli » paradoxal de la puissance dévoilante du logos sacré dans l'élaboration platonicienne restrictive d'un logos rationnel.

C'est donc précisément parce qu'elle exploita *et* occulta la puissance révélante du langage que la métaphysique, issue de Platon, resta enfermée dans l'enclos d'une conception essentiellement aporétique. Tout renouvellement de la métaphysique aura été entravé, et de fait rendu impossible, par des

---

1. *Rép.* X 600-604.
2. *Op. cit.*, § 14, pp. 274-296.

contraintes intrinsèques qui durent demeurer nécessairement inobjectivables. Or, s'il est vrai que l'impératif de la philosophie moderne est depuis Kant et plus encore depuis Nietzsche, de penser les limites de la métaphysique elle-même, on admettra que seule une volte radicale puisse mettre au jour l'oubli de l'oubli inhérent à l'institution philosophique depuis ses origines, c'est-à-dire le dévoilement de la dimension du *mythos* ou du religieux archaïque « impur » sous-jacent au logos grec.

La prégnance propre à la conceptualité platonicienne découle du double geste de thématisation *et* de « profanation » du logos « interne » (du schème de la ritualisation de la mort). Prolongeant l'œuvre des premiers philosophes qui cherchèrent une explication profane à la genèse du monde, la philosophie de Platon fut, en l'occurrence, avant tout l'héritière des religions du salut – du pythagorisme et de l'orphisme – pour lesquelles le monde naturel ainsi que la cité étaient réputés essentiellement impurs[1]. Échapper à un univers tout entier vicié, inscrit sous le signe du deuil, chercher la délivrance de l'invisible à la faveur d'une visée pure, tels devaient être le souci de l'adepte ou du myste. Platon reprit cette thématique et lui imprima une extension et une cohérence nouvelles. Il proposa une méthode capable de transcender entièrement la quête individuelle du salut. L'objectif fut désormais de purifier toute donnée sensible de manière à pénétrer le secret de l'essence immuable des choses mêmes, bref à confronter les apparences à l'univers des idées.

De fait, cette transposition repose sur la « profanation » des données religieuses traditionnelles, « idolâtres » au sein du monde grec ancien au profit de conceptions tributaires du verbe, en particulier le désinvestissement de la notion d'*eidôlon* comme puissance de déclosion d'un monde du divin, comme « double fantomatique, présence ici-bas d'une réalité surnaturelle » au profit de l'élaboration complexe de l'image

---

1. Platon a reconnu, on le sait, sa dette à l'égard de la tradition mystique notamment dans *Mén.* 81ac, *Crat.* 400c, *Phéd.* 69c et dans *Lois* IX, 870d.

ou du visible et notamment de la notion d'*eidôlon* comme « artifice imitatif, faux-semblant au sens où l'entend Platon »[1]. Tout est en effet comme si Platon avait théorisé la renégociation des épiphanies « idolâtres » du sacré déjà largement attestée par l'évolution religieuse et esthétique du 6e au 5e siècle, précisément en élaborant un mythe abstrait de la lumière comme milieu éminemment pur – ir-réel – préalable à toute manifestation[2]. En édifiant ainsi une théorie inédite de la signifiance basée sur le *chôrismos* des *idées* et du *sensible,* Platon ouvrait la voie à une révision philosophique intégrale, il inaugurait une méthode promise à d'infinis progrès.

La schématisation matricielle (le traitement du mort) étant désormais appliquée aux données sensibles im-propres (à la fois cohérentes *et* amorphes), la tâche philosophique consiste à extraire de cette donnée brute le substrat de son intelligibilité intrinsèque, donc à *théoriser* le sensible du point de vue de l'invisible. Or, c'est grâce au langage que ce travail d'extraction et d'apurement peut se faire. La ressource diaïrétique inhérente au langage offre en effet le principe de toute analyse, de toute décomposition de l'impur – l'extraction d'un quotient ou d'un reste pur, d'un *upokeimenon* irréductible – et de toute recomposition ou synthèse[3]. Intimement associé au logos « interne », le langage joue donc dorénavant un rôle de médiation essentielle mais, ainsi qu'il en va de la poétique dans la ritualisation de la mort, son œuvre doit *s'évanouir dans son propre fonctionnement.* Seule prime la *vision* – la *theoria* – de l'au-delà en soi distincte explicitement du langage qui la rend possible.

Cet effacement de la teneur symbolique matricielle, qui entérine la subordination « mythique » du *dire* à l'égard du *voir,* re-produit, tout en le sublimant, l'écart archaïque des deux logos. L'expérience tacite de la vue ou de l'intuition

---

1. Jean-Pierre Vernant, *Figures, idoles, masques,* Julliard, 1990, p. 12.
2. Sur plusieurs aspects de cette mutation voir *Figures, idoles, masques,* pp. 24, 34 et 36 ; sur le statut de la « vue pure » voir « La fondation platonicienne de la philosophie. Le phénomène et le logos » in M. Loreau, *La genèse du phénomène,* éd. de Minuit, 1989.
3. Cf. *Crat.* 388bc, *Rép.* V, 454a.

pure est en effet l'*ultima ratio* du système (elle implique la théorisation de l'image comme *eidos*). Impuissant à interroger, et encore moins à subvertir, le jeu archaïque des deux *logos* inhérent au *mythos,* le platonisme appréhende donc l'ordre symbolique matriciel sous une perspective congénitalement éclatée : l'*image* pure de l'Autre – l'*eidos* – est en soi dissociée du *signe,* c'est-à-dire du langage dont la dynamique ontologique demeurera ainsi impensable pour la métaphysique tout au long de son histoire. La problématique du *temps* est appréhendée du point de vue de l'anamnèse, c'est-à-dire uniquement de l'unification de la conscience par le souvenir, tandis que la cohésion rationnelle est rapportée non au *texte-miroir* (c'est-à-dire à la déclosion du logos lui-même) mais à la capacité du génie philosophique à percevoir la vérité divine derrière les apparences. C'est ainsi l'éclatement du logos sacré intime qui conféra à la fois sa cohérence *et* ses limitations internes à l'édifice rationnel. La symbolique complexe de l'image, du temps, du signe et du texte demeura secrète (on peut noter en passant l'importance que revêtent dans cette configuration les tentatives d'intégration au sein de la conceptualité philosophique des approches linguistiques du signe et du texte, c'est-à-dire des élucidations proprement phénoménologiques du sens-de-l'expérience, en particulier depuis Husserl).

En resaisissant et en travestissant la problématique archaïque des deux logos, l'économie platonicienne apparaît donc comme le fruit d'un travail latent d'interprétation, c'est-à-dire de relecture et de transposition d'un « texte » inconscient. Centré sur le logos « interne » qui schématise l'impur, elle thématise cependant le logos « proféré » qui est dédoublé et projeté à un niveau décalé, d'abstraction seconde. La tripartition monde/parole/sujet se trouve en effet déplacée au plan d'une purification ou d'une absolution supérieures. L'œuvre créatrice et révélante du langage est exploitée en même temps qu'elle *est perdue de vue* puisque la co-génération du monde et du sujet dans l'*alètheia* est désormais en soi entièrement occultée (ainsi que l'a montré Heidegger : voir plus bas « La co-naissance du verbe »).

Le platonisme propose donc une interdéfinition tripartite, seconde ou ab-straite du logos « proféré ». 1) Le monde de la donnée sensible peut faire l'objet d'une intuition immédiate, dénuée en soi de toute interférence langagière. Élaborant la fiction d'un sensible muet, antérieur à la parole, le platonisme reconduit, de fait, la fonction archaïque du mythe au sens restrictif défini plus haut. En conséquence, de Platon à Husserl et à Merleau-Ponty, la question de l'é-vidence dut demeurer nécessairement obscure : la tache aveugle et la pierre d'achoppement de la métaphysique. Complémentairement, l'élaboration du motif de la re-présentation requiert une théorie de la *mimèsis*. 2) Exploité en ses potentialités dialectiques, apuré dans ses catégories, le langage qui est au principe de toute élaboration logique est désormais relégué au rang de simple truchement, indispensable, certes, à la délivrance de l'invisible. Une science formelle pure peut se construire dont la filiation linguistique et mythique est passée sous silence[1]. Corrélativement, la puissance révélante de la poésie est rejetée et incomprise[2]. 3) C'est seulement en vertu d'une ascèse conjuguée de l'intelligence et des mœurs[3] que le sujet-philosophe, dont Socrate est le modèle, peut pénétrer l'essence cachée des choses. Mais plus encore, conformément aux exigences mêmes de la ritualisation de la mort, c'est seulement par l'exercice de la mort[4], le fait de prouver par sa/la mort l'authenticité de l'Idée que le sage est à même de jeter les bases de l'édifice métaphysique. Dans l'optique de la thanatogenèse, la mort de Socrate aura dû jouer, pour toute l'histoire de la philosophie, le rôle d'une inoubliable scène fondatrice. En l'exemplarité de son trépas, le sage prouve *dans les faits,* la suprématie du verbe sur la mort qui garantit à la fois le passage du visible à l'invisible et la pérennité immortelle de l'âme. Socrate succombe en parlant mais jusqu'au bout son verbe triomphe de l'angoisse de la mort[5].

---

1. Sur les ressources de la « prôtê symplokè » : *Théet.* 202b et *Soph.* 253bc, 254bd et 262a.
2. *Rép.* X, 601a, 605b., 607bc, *Gor.* 502cd, *Prot.* 347c.
3. *7ᵉ Lettre* 344a et *Phéd.* 67b.
4. « *Mélétè thanatou* », *Phéd.* 80c, 81a.
5. *Phéd.* 118a.

En réalisant le chevauchement intégrateur des deux logos, Platon sera donc parvenu à partiellement rétablir l'unité originelle du logos et du sacré. D'une certaine manière son œuvre récapitule toute l'histoire : elle renouvelle et radicalise la rupture avec l'archaïque (le dépassement du *mythos*) *et* elle accomplit le retour à l'origine, la transposition post-archaïque du logos primitif. La métaphysique platonicienne se présente donc comme une création sui-generis qui transcende toutes ses conditions préalables. C'est bien pourquoi elle ouvrit des perspectives illimitées à la théorie et à l'action. Cela d'autant plus qu'en dépit de ses sources authentiquement religieuses, voire mystiques, elle s'affirme d'emblée comme une doctrine du pouvoir-savoir-faire. Elle est tournée entièrement vers l'appropriation de ce qui *est* au détriment de ce qui est réputé n'être pas : l'impropre, la part nocturne et irrationnelle en l'homme. Elle instaure d'emblée le primat de l'aléthique (de la vérité entendue comme adéquation) sur l'esthétique et l'éthique. Il appartient en effet à chacun de *se rendre* à l'évidence philosophique (qui est, nous l'avons vu, une évidence construite), toute autre attitude est réputée empreinte de perversion ou de mauvaise foi.

Ainsi, pour exemplaire que demeure sa conquête d'un surcroît de conscience, le platonisme, qui demeura contraint et entravé par sa constitution mythique interne, ne fut qu'une « solution de compromis ». Le renversement du soubassement archaïque n'est pas accompli sur un mode explicite. La scission *et* le retour ne sont pas consommés. A vrai dire, mue par un projet d'arraisonnement des étants, la philosophie reste minée par l'impensé en elle du *nihil*. Reconnue par Nietzsche puis Heidegger comme question de la non-vérité au cœur du vrai, l'anamnèse platonicienne est viciée par un oubli fatal. Cette lacune ou ce défaut de mémoire, il convient finalement de les rapporter à l'insistance de l'impur primitif dans la métaphysique du pur, c'est-à-dire à l'incidence, en dernière instance jamais reconnue, du *mythos* au cœur même du *logos* (au sens d'un logos rationnel apte à promouvoir notre maîtrise).

La question est dès lors de savoir s'il est possible de subvertir l'« idolâtrie » rémanente dans la phénoménologie

métaphysique et jusque dans les tournures du langage ordinaire. La rétrocession (le pas en arrière) ne se bornera pas
seulement à élucider la généalogie cachée du platonisme
mais, plus essentiellement, à bouleverser l'idée de la phénoménologie même (et donc l'idée de la science en général) en
montrant que toute la conceptualité philosophique est déjà
incluse dans l'énigme méta-physique, tout à la fois aléthique,
esthétique et éthique – poétique et symbolique – du mot. La
tâche de la thanatogenèse est ici d'un seul trait d'ex-poser la
crypte archaïque (de *dire* le silence immémorial de la ritualisation de la mort) *et* d'opérer, à la suite de la poésie (cf. « La
Poésie – unique source ») le renversement iconoclaste du
voir par la parole. Dès lors, une phénoméno-logie complexe
pourra être accueillie dans l'horizon de la coïncidence physio-logale, réfléchie, du logos et du monde (c'est-à-dire dans
l'horizon d'une *alètheia* générale : cf. plus loin « Le testament poétique »). Au sein du jeu matriciel, le phénomène-du-
monde ne fait qu'un avec la déclosion du logos dont le
déploiement, en soi insignifiable (irréductible à toute explicitation dernière), rend possible, réciproquement, une épipha-
nie-sensée, claire *et* obscure, à jamais mystérieuse. Pour la
thanatogenèse, la relance de l'exigence de purification dans
notre tradition (comme Événement-du-verbe), n'est nullement exclusive de l'impur : de l'expérience abyssale du néant
ou de la mort, du retour à la crypte ou à la caverne primitive.
L'originalité de la thanatogenèse consiste justement à renouer
avec l'ambivalence poétique primordiale de la vie et de la
mort à un tout autre niveau de complexité et de conscience en
associant ce qui ne le fut jamais : le pur et l'impur. Par delà le
souci grec du vrai sous l'emprise du regard, nous devrons
reconnaître qu'il n'est alors d'autre possibilité de renouvellement qu'une prise de conscience esthétique et éthique sans
précédent (cf. « L'homme extasié » et « La communauté de
l'A-Dieu »).

LA PAROLE DE YAHVÉ*

C'est en un lieu incendié, au sommet du Sinaï, que se fait entendre la voix de Dieu. Cette parole est empreinte de silence et de vertige, en elle s'é-loigne, c'est-à-dire s'approche l'Absent. Dès l'abord, le buisson ardent offre une toute autre scénographie du feu-sacré que celle de la conquête solaire dans le platonisme. Pour le judaïsme naissant, le monde n'est le lieu d'aucune rencontre tangible. Car l'homme est touché par la seule Parole, il est mis face à un choix éthique bouleversant de vie ou de mort (Dt 30, 15). Seul importe désormais le dialogue avec Celui qui sauve. Celui dont le Nom, certes, est puissance et création mais Celui aussi qui ne se conçoit que du fond de la plus absolue déréliction.

Nous avons vu comment l'homme est retranché de la vie animale par l'épreuve de la mort, comment il s'en dégage jusqu'en son corps même. En l'intuition de l'autre-moi-même anéanti, l'Adam primitif *se conçoit* comme su-jet parce qu'il s'ob-jective spéculairement en l'Autre. Une Rencontre dévastatrice *et* régénératrice transfigure tout, grâce à elle le visible s'abolit et bée vers son Principe. Or le retrait hors du paganisme environnant reproduisit précisément, pour le judaïsme primitif, l'Événement de la primordiale naissance de l'homme (à) lui-même. Le peuple juif fut (ré)initié à l'origine, il fit du haut fait de l'Entente, la source d'une humanité renouvelée. En célébrant l'Alliance, Israël commémore en effet l'Élection *d'un* Dieu unique (au sens objectif *et* subjectif du génétif) : un Dieu personnel affranchi du visible en même temps que des ambiguïtés archaïques du sacré. En l'irruption de la Parole de Yahvé, c'est l'intégration « dialogique » du logos « interne » (tributaire de la ritualisation tacite de la mort) et du logos « proféré » (du langage ordinaire qui relève initialement du champ du profane) qui tend à se parfaire. Car il y a maintenant

---

* Une première version des trois sections suivantes (« La parole de Yahvé », « Le Verbe chrétien » et « Le cristal symbolique ») a été publiée sous le titre : « Les mutations post-archaïques de la mort : le judaïsme et le christianisme » in *Iris*, « Bible & Imaginaire », Centre de Recherche sur l'Imaginaire, Université de Grenoble, nº 11, 1991.

un *renversement* effectif de l'ordre idolâtre, une subrogation radicale du *dire* au *voir*. Désormais, la parole prime tout ce qui est figurable. Corrélativement, l'expérience de l'impureté se trouve entièrement transposée, la souillure n'est plus liée à l'horreur cadavérique et à ses avatars démoniaques, elle revêt une expression seulement morale : elle correspond uniquement au mal dont je suis capable.

Or, pour extraordinaire qu'elle soit, la révolution mosaïque n'en procède pas moins d'antécédents qui sont fidèlement rapportés par la Bible. L'Exode est une évasion du « Royaume de la mort » (le judaïsme résulte d'une rupture totale avec le paganisme mortifère), le peuple d'Israël est « sorti d'Égypte », c'est-à-dire d'une pensée du logos vieille de plus de 1500 ans. On peut dire en effet que dès la fondation de l'Ancien Empire, la ritualisation matricielle de la mort fut magnifiée et subit une transposition symbolique remarquable. C'est l'interférence de plusieurs domaines de faits qui conféra à l'initiale fondation ses traits originaux. D'une part, l'euphémisation de l'impureté sacrée par la momification (dont les premiers témoignages apparaissent un ou deux siècles après le couronnement de Ménès, le premier pharaon) permit d'attribuer au mal une connotation plus abstraite et plus cosmique. Les puissances démoniaques de la destruction furent alors assimilées au Chaos, à un désordre insidieux contre lequel les hommes et les dieux se devaient de lutter de conserve. Du coup, le monde du sacré perdit de son ambivalence. Les dieux assumèrent avant tout une fonction tutélaire (excepté Seth dont la démonialité revêtira plus tardivement un rôle essentiel dans le cycle de la Passion d'Osiris). Complémentairement, c'est la connotation proprement religieuse revêtue d'emblée par l'apparition de l'écriture en Égypte ancienne qui assuma une fonction rectrice remarquable. Les hiéroglyphes, bien nommés, réalisèrent en effet la synthèse post-archaïque du sacré et du profane (du logos tacite « interne » au logos « proféré »). Reprise dans le creuset d'une purification seconde, plus abstraite – celle de l'invention des lettres – la parole pouvait à nouveau, mais sur un mode plus sublime, participer de l'ordre du sacré. Tous ces faits convergents permirent de porter à un niveau d'abstraction plus haut le schème de la ritualisation de la mort. Enfin, les traits caractéristiques de l'Ancêtre vinrent à se focaliser sur la figure de Pharaon, le Médiateur en qui pouvait ainsi se manifester l'unité première de l'homme, du mort et du dieu (de l'Ancêtre). En la personne de Pharaon se réaccomplissait en effet la transformation du visible à l'invisible : le roi-dieu était lui-même à la fois l'objet *et* l'agent privilégié de toute régénération[1].

La religion mosaïque doit donc être conçue comme la sublimation « dialogique », après coup, de la religion pharaonique (« dialogique » désigne l'unification des deux logos : l'explicitation du logos « interne » par le logos « proféré »). Transcendant toute référence aux rites de la mort et de la fécondité païens, elle est centrée uniquement sur l'*Écoute* du Dieu-parole (sur l'*Événement* d'une *Compréhension* plus sublime du divin) par un peuple mortifié-purifié-transi (soustrait aux affres de la mort), c'est-à-dire capable de rejeter expressement l'idolâtrie environnante. L'impureté, c'est à présent la perversité innée de l'humanité archaïque (l'atavisme païen) dont il faut sans cesse se déprendre ; plus généralement, c'est la propension humaine à faire le mal (cf. la « chute » d'Adam et l'épisode d'Abel et de Caïn dans la Genèse). En réitérant ainsi l'origine, le premier judaïsme répétait simultanément l'entrée *dans* et la sortie *de* l'histoire, la perte de l'archaïque *et* sa transposition sublime à la faveur d'une transfiguration symbolique *et* morale sans exemple. Car cet Événement fut d'emblée eschatologique, il contenait en germe la Révélation finale du rôle insigne d'Israël parmi les Nations : la conversion universelle de l'homme.

La grande innovation judaïque ce fut donc le renversement du rapport de subordination immémoriale du verbe au voir (de la parole à l'idole). A la purification d'*un mort* (à la métamorphose ritualisée) se substitua la conversion à la fois ponctuelle *et* permanente du peuple d'Israël tout entier qui, mortifié, rencontre l'Autre, la Parole vivifiante qui sauve.

---

1. J'ai exposé plus en détail cette mutation dans « Des religions du verbe » in *Revue d'Histoire et de Philosophie Religieuses,* vol. 72, 1991/2 pp. 169-182.

Comme dans l'avènement de la rationalité grecque, l'instance ab-solue se confond désormais avec la parole elle-même. Pourtant, il n'y va ici nullement des rapports de l'homme et du monde mais uniquement de ceux de l'homme et de Dieu. Le judaïsme put donc accomplir ce qui jamais n'avait pu l'être au sein de l'héllénisme : le renversement de l'ordre idolâtre (de l'impureté primitive) au bénéfice de l'hypostase de la parole. Car le peuple juif est sauvé par la voix du Très-Haut, par la grâce d'une parole vivifiante qui ouvre à l'humanité les voies d'une délivrance inespérée. Du coup, l'au-delà est réalisé dès ici-bas, la mort et l'immortalité personnelles sont non seulement dévaluées mais démystifiées.

Alors que l'avènement de la rationalité grecque avait eu pour contrepartie la fracture de l'unité matricielle (tétradique) de l'image, du signe, du temps et du texte, la Révélation mosaïque en déploie la puissance spéculaire et resplendissante comme Vision sublime, avant tout tributaire de l'Entente de la Parole. D'une part, l'homme est à « l'*image* de Dieu » (cf. Genèse 1, 26), non seulement dans les ivresses paroxystiques du sacré, mais dans le dégrisement quotidien d'une vie sacramentelle entièrement dédiée à sa quête de la transcendance. D'autre part, aucune effigie, aucune incarnation esthétique n'est plus en soi le réceptacle ou le site manifesté du divin, seule l'est la Révélation de ce Dieu personnel, unique *qui parle notre langue*. La fonction *signe* n'a donc d'autre support que la voix *et* le texte, d'où se déduit la fameuse iconoclastie judaïque qui est avant tout une conversion du *voir* au *dire*. Du coup, le silence de Dieu est un oxymore qui s'inscrit au fondement abyssal de la Parole : il est en soi doté d'une aura mystique qui transcende toute énonciation explicite. Complémentairement encore, l'irruption de la Parole instaure une Diachronie radicale qui bouleverse la continuité du *temps* « vulgaire ». C'est un Événement qui répète l'origine (constitue une mémoire, réeffectue le passé), anticipe la fin, articule intimement temps *et* histoire. De fait, en projetant l'histoire dans le cadre d'une conception archétypale de la ritualisation de la mort, la Révélation judaïque répète l'entrée de l'homme *dans* l'histoire (l'histoire en tant qu'histoire sainte est vectoriellement tendue entre une origine jamais révolue et une fin toujours et déjà advenue sur un mode virtuel). C'est donc finalement la transcription explicite du *texte*-miroir matriciel qui confère sa cohérence, son intelligence et sa grâce rayonnantes à la théo-logie judaïque. Désormais une spéculation ou un commentaire infinis priment tout phénomène (tout événement de l'histoire), ils sont au principe d'une Vision de Dieu qui transfigure et sublime la vie.

Parce qu'elle rend manifeste la possibilité pour l'homme d'entrer en dialogue avec l'Infigurable, de faire pièce à la déchéance et à l'abandon par le seul éveil en lui d'une conception plus haute de sa sur-vie, la naissance du judaïsme originel demeure donc le témoignage exemplaire d'une extraordinaire émancipation de la personne. La possibilité d'exprimer le secret de la douleur et de la joie, toujours partiellement inavouables jusque-là, transforma toutes les perspectives, qu'elles fussent collectives ou individuelles. C'est donc dans le contexte judaïque que les premiers témoignages égyptiens relatifs à la responsabilité personnelle (les fameux jugements des morts qui apparaissent à partir du Moyen Empire) trouvèrent un terrain propice à leur plein épanouissement. Enfin, ainsi que l'attestent maints passages de la Bible (Le Cantique des Cantiques, Le Livre de Job, l'Ecclésiaste), l'épiphanie de la parole, indissociable d'une prise de conscience de la dignité individuelle, ne put manquer de coïncider avec la pleine déclosion du génie poétique de l'homme.

Pourtant, à l'instar de la ritualisation primitive de la mort, la transformation vécue, projetée sur l'Autre, demeura le fruit d'une interprétation ignorée. Le verbe générateur, assimilé à la Figure du Dieu personnel, ne put être conçu en son mystère entièrement paradoxal (Yahvé demeure empreint d'archaïsmes, c'est un Dieu jaloux et vengeur, le Dieu des armées qui garantit la suprématie temporelle d'Israël). Partielle, encore inaboutie, la levée de la forclusion originelle de l'abîme mortel suscita un débat sans issue au sein du premier judaïsme entre les exigences de la liberté individuelle et les contraintes de la rétribution et de la culpabilité collective[1]. C'est ainsi qu'émergèrent peu à peu des revendications et des thèmes nouveaux, dont le

---

1. Cf. J. Bottéro, *La naissance de Dieu*, Gallimard, 1986, pp. 90-135.

plus considérable, parce qu'il eut un retentissement décisif sur la genèse du mythe chrétien, fut celui de la survie personnelle, c'est-à-dire de la résurrection.

LE VERBE CHRÉTIEN

De la Révélation mosaïque à la diaspora, qui prit un tour définitif une cinquantaine d'années après la destruction du second Temple, l'histoire du judaïsme, né de la déréliction, fut un approfondissement constant de l'identité et du destin spirituels du peuple juif. Les vicissitudes de l'histoire, l'asservissement d'Israël à des hégémonismes successifs (la captivité à Babylone, l'emprise grecque puis romaine) ne furent pas seulement éprouvés comme des scandales, ils furent l'occasion d'une réinterprétation mystique du sens de l'Élection d'Israël. Pour le peuple juif, l'histoire des Nations n'aura cessé de porter témoignage de la perversité foncière de l'humanité païenne. La méditation des Prophètes aura permis en effet une prise de conscience de plus en plus aiguë de la corrélation intime entre l'impur idolâtre et l'extermination de l'*autre* : la violence et l'injustice. Réciproquement, elle aura donné lieu à une méditation sur l'exigence morale qu'impose la Rencontre du Très-Haut, le Dieu personnel, juste et bon. Pour la communauté judaïque, l'ascèse individuelle et collective, le dépassement de la souillure cadavérique et l'affirmation d'un projet éthique devinrent la condition même de la Révélation du Dieu unique, affranchi des ambivalences païennes.

Entre Israël et les Gentils la mécompréhension fut donc totale et réciproque. Pour les nations païennes, la prétention du peuple juif à se distinguer absolument de l'humanité commune ne pouvait manquer d'être tenue pour une revendication absurde, voire une folie. Inversement, pour Israël, l'emprise des Gentils se devait d'être conçue comme une étrange contradiction et elle ne put manquer d'être interprétée, d'un point de vue spirituel, comme une épreuve envoyée par Dieu soit pour châtier Israël soit pour exercer ses vertus et l'amener à approfondir le sens de son Élection.

C'est dans ce contexte que s'imposa l'idée de la mission

sacrificielle et expiatoire d'Israël à l'égard des Nations. Quoique le thème fût présent sur un mode latent avant lui, il appartint à Isaïe surtout de le développer dans les célèbres « Chants du Serviteur de Yahvé » (Is 42-55). Sous une forme énigmatique, Israël y apparaît comme le peuple messianique qui doit être immolé pour le salut eschatologique de ceux-là même qui le persécutent. C'est ce motif, centré sur l'idée d'une mission rédemptrice secrète, qui, selon toute vraisemblance, fut la cellule-mère du mythe chrétien. Tout se passa en effet comme si le destin sacrificiel du peuple juif à l'égard des Nations avait été alors retourné contre Israël même. Le moment décisif, ce fut celui d'un renversement radical de perspective : le Messie attendu était déjà venu, il n'avait pas été reconnu par les siens. Ainsi, de même qu'Israël devait souffrir violence du fait des Nations, de même le Messie attendu avait-il non seulement été ignoré par son peuple mais, ignominieusement mis à mort, il avait rédimé par avance ce crime et cet aveuglement même. Tout désormais s'inscrivit dans l'ordre dédoublé d'une rétro- et d'une pro-spection nécessaires. Le couplage d'une conversion, après coup, et d'une pré-vision de la Parousie furent en effet au principe de l'invention d'une intrigue nouvelle, bouleversante du sens.

C'est donc au moyen de ce puissant levier que le christianisme naissant parvint à déraciner les données du judaïsme originel et à les recristalliser dans l'horizon d'une universalité eschatologique déjà advenue. Intimement subverti, le judaïsme institutionnalisé put paraître d'un seul coup disqualifié : un Ancien Testament caduc eu égard au Testament Nouveau qui venait de le supplanter. Ainsi que l'attestent les Épîtres de saint Paul, les premiers chrétiens se conçurent eux-mêmes comme un « reste »[1], « les rescapés du peuple d'Israël »[2], le « germe » d'une rénovation générale, non plus restrictivement du peuple juif, mais de l'humanité entière.

Or si le christianisme pouvait se présenter comme l'après coup du judaïsme, l'accomplissement de l'attente messianique et eschatologique d'Israël, c'est surtout parce qu'il réinscrivait

---

1. Rm 11, 5.
2. Is 4, 12.

l'expérience immémoriale de la mort au cœur d'une conception rénovée de l'unité du sens et du sacré. Comme dans le travail du rêve, c'est en effet la figure de l'Ancêtre médiateur – l'homme, le dieu, le mort – le trait d'union du ciel et de la terre qui réapparut au cœur du message. Transposé par le verbe, le schème de la ritualisation de la mort se trouva tout à la fois explicité et sublimé. En effet, l'expérience de la mort ne fut plus focalisée sur la purification du cadavre, elle donna lieu à une prise de conscience spéculaire de la mort personnelle et de sa sublimation. Car le lecteur-chrétien s'identifie tour à tour au Christ en croix, puis au Christ ressuscité : le passage d'une vision à l'autre est médiatisé, non par une instance idolâtre mais uniquement, j'y reviendrai, par le logos « proféré », c'est-à-dire par l'inscription et la lecture d'une trace pure (le tombeau ouvert, l'équivalent du *texte* évangélique tout entier). Il faut souligner que cette remarquable transposition du schème primitif est essentiellement centrée sur une métamorphose du sens de l'impur qui acquiert à présent une acception tout à la fois morale et anagogique (qui suppose le passage du sens littéral à une compréhension vivifiée par l'Esprit).

Le récit de la Passion qui se présente donc comme un exposé quasi explicite du schème matriciel réaccomplit l'unification originelle du sens et du sacré au plan du logos « proféré ». Jésus-Christ est l'Homme-Dieu, le mort, la « victime pure et sans tache » qui vaut comme le sub-strat secret (« la pierre rejetée par les bâtisseurs ») d'une humanité promise à la régénération. Il est le « second Adam »[1] qui récapitule les données de l'histoire, abolit le pouvoir de la mort, ainsi qu'il avait été annoncé par les Prophètes[2], fait entrer l'humanité dans l'ère eschatologique de la réconciliation.

En réinscrivant dans le contexte judaïque la scène archétypale du mort transfiguré par le verbe, le mythe chrétien accomplissait donc, ce qu'en élargissant la notion freudienne, on pourrait appeler un « retour du refoulé ». Il parvenait non seulement à intégrer divers thèmes épars dans le judaïsme, il

---

1. Rm 5, 17 et I Co 15, 45.
2. Cf. Dn 12, 2, Nb 16, 33, Ps 16, 10 et Ps 49, 16.

accueillait, en outre, des motifs proches du paganisme : notamment le salut par l'initiation et l'accès à une immortalité personnelle. La force de conviction du mythe chrétien, en même temps que sa prégnance de portée universelle procèdent justement de cette remise en scène du haut fait de l'origine matricielle et c'est cela qui autorisa simultanément le passage d'une problématique collective du salut à l'émancipation du sens-de-la-personne. Nous avons vu que l'Élection du peuple juif, sa sortie du Royaume de la mort et sa Rencontre du Très-Haut étaient inséparables d'une mortification collective. Dans le christianisme, ce même schéma se déploie au seul plan de la conversion personnelle. Tout à présent repose sur la décision du seul individu. L'émergence d'un nouvel homme, affranchi de l'idolâtrie atavique, ressortit dorénavant d'une conversion intime du cœur. L'Événement-du-verbe ne fait qu'un avec le foudroiement d'une compréhension inouïe – une expérience inédite de la foi et de la grâce qui est à chaque fois une Élection privée.

On conçoit que cet Événement, qui s'inscrivit par nécessité dans un contexte historique ou temporel, fut aussi conçu, en soi, comme atemporel. Foyer de générativité utopique, il est source permanente de grâce. De même en effet qu'Israël était l'agent et l'objet d'une conversion jamais acquise, le lecteur-chrétien entre dans le jeu d'une dramaturgie sublime qui ne cesse de le captiver et d'exiger de lui une conversion toujours renouvelée. Pourtant, à la différence des événements fondateurs de l'identité judaïque qui demandaient seulement à être liturgiquement commémorés, la Passion du Christ demeure toujours actuelle pour le Chrétien. Comme le dit Pascal, « Jésus sera en agonie jusqu'à la fin du monde : il ne faut pas dormir pendant ce temps-là »[1].

Cette inchoativité principielle permet de mieux rendre compte de la genèse du mythe. Inséparable d'une conception théo-logique (d'une vision nouvelle du Dieu-Verbe), le Kérygme originel, la cellule-mère du récit, dut revêtir d'abord une forme elliptique, brève et condensée, celle-là même que

---

1. *Les Pensées,* frg. 553-919.

révèlent les plus anciens témoignages chrétiens : les Épîtres de saint Paul et les Actes des Apôtres.

Le point de départ, ce fut donc d'emblée l'appréhension d'un sens d'ores et déjà porté à son comble. La prise de conscience de l'intrigue émergeante par laquelle se trouvait résolues toutes les contradictions actuelles dut ainsi être vécue comme un bouleversement ineffable : une illumination de l'âme, une vision dans la foi. En son principe, elle ne fut nullement une mystification mais une authentique Révélation. Car, ainsi que le texte évangélique le thématise explicitement, c'est ici la compréhension (le *dire*) qui prime tout phénomène (tout *voir*) : « Heureux ceux qui croiront sans avoir vu »[1]. Pour saint Paul notamment, pénétrer le mystère divin « ... une sagesse de Dieu [...] demeurée cachée, celle que dès avant les siècles Dieu a par avance destinée pour notre gloire... »[2], c'est être touché par une grâce (une compréhension) qui transfigure notre identité la plus intime (Daniel déjà parlait d'un « homme-céleste présent dès avant le temps »). Du coup, la réalité historique vient à s'inscrire sous l'égide du mythe. Focalisée sur l'absence, le manque et le vide attribués à l'amnésie pécheresse atavique de l'homme, cette prise de conscience après coup explique en quoi la naissance du christianisme fut d'emblée une communion, l'émergence d'une « communauté du secret » (Levinas).

Or il est remarquable que la scène de l'invention du mythe soit justement thématisée dans le texte en tant qu'Irruption de l'Esprit Saint : Événement de la Pentecôte. Cette évocation en abyme est d'ailleurs symptomatique de la réflexion dialogique du logos « intime » tacite (du schème matriciel) par le logos « proféré ». J'étudierai ici en parallèle deux séquences du récit : l'épisode des disciples d'Emmaüs[3] et celui de la descente des langues de feu sur les disciples le jour de la Pentecôte[4]. Dans ce contexte, il conviendrait aussi d'évoquer le long passage sur la venue du Paraclet c'est-à-dire sur la néces-

---

1. Jn 20, 29.
2. I Cor 2, 7.
3. Lc 24, 13-32
4. Actes 2, 1-7.

saire absence *et* sur la compréhension a posteriori qui précède la narration de la Passion dans saint Jean.

Dans une ambiance de désolation et de ruine, des disciples devisent des événements dramatiques qui viennent de se dérouler à Jérusalem (on peut penser à l'assujettissement toujours aggravé des Juifs sous le joug romain). Ils examinent, à la lumière de cette actualité tragique, ce qui a été annoncé par les Prophètes. Et voici qu'un étranger chemine parmi eux, un inconnu qui leur explique les textes et s'évanouit au moment même où ils le reconnaissent. Le ressouvenir vient de fixer une compréhension qui est déjà attente de la Parousie. A la faveur d'un examen de conscience, les disciples admettent qu'une faute considérable a été commise, un impardonnable oubli. Le Messie attendu, le descendant du roi David, promis par les Prophètes, a été immolé par les siens. La prise de conscience de cette méprise tragique impose le repentir, le ressouvenir en esprit de la scène toujours et déjà occultée. Le moment crucial du jaillissement du mythe, ce fut cette reconnaissance de la responsabilité du lecteur-chrétien dans la mort de l'*autre* primordial. Cette conversion de perspective provoqua une véritable implosion du sens : toute signification s'abolit dans un douloureux évanouissement de la conscience et c'est du fond de ce gouffre même qu'elle put renaître plus pure et plus sublime. Car la vision du Christ en croix impose spéculairement la prévision de la mort personnelle : elle ouvre les yeux de tout lecteur-chrétien au sens-de-l'abîme.

Or cette dramaturgie fictive, il suffit à présent de l'accueillir pour en être intimement transfiguré. Foudroyé par le feu de l'Esprit, un « petit reste » d'humanité se trouva soudain investi de la Proclamation de la Bonne Nouvelle. Une commotion souveraine bouleversa le petit nombre des premiers convertis, elle leur donna la force d'affronter tous les dangers, de faire entendre jusqu'aux confins de l'univers la Parole intelligible par tous les peuples et dans toutes les langues de la terre. C'est donc cette irruption formidable du Drame de l'Homme, cristallisé dans un récit à la faveur du renversement de l'ordre idolâtre du *voir* au *dire,* qui fut l'événement de l'Incarnation : thématisé comme Nativité de l'homme-dieu d'abord, plus radicalement encore, comme Mystère de l'humanité de Dieu dans la vision du Christ en croix.

LE CRISTAL SYMBOLIQUE

Ayant relevé les traits saillants de la genèse du mythe, il nous appartient d'en pénétrer mieux encore l'arcane symbolique. La tâche de l'analyse est ici de révéler la face cachée du mythe, d'exhumer sa poétique ignorée. S'il est vrai que le récit de la Passion est un texte-miroir qui capta et rendit explicite (« proféra ») le schème matriciel de la ritualisation de la mort, il faut pouvoir montrer comment il mit en œuvre, sur un mode organique, quasi littéraire, les quatre algorithmes du signe, de l'image, du temps et du texte. Le récit évangélique se présentera alors comme un cristal symbolique incomparable ou un miroir resplendissant dont l'ignition de feu intérieur est source de la divine lumière illuminant le lecteur-chrétien. D'une certaine manière, c'est ici l'hypothèse thanatogénétique elle-même qui doit trouver sa confirmation dans l'élucidation de la configuration tétradique du récit de la Passion dont les motifs « ... s'exaltent à mainte facette [...] tant que dure leur mobilité ou principe, étant ce qui ne se dit pas du discours... »[1]. A l'instar de la ritualisation primitive de la mort, un travail d'interprétation inaperçu, « ... une réciprocité de feux distante ou présentée de biais comme contingence »[2], c'est-à-dire comme « faits » historiques ou anecdotes sous-tendit l'hypostase de la Figure christique, de sa transcendance abolie à sa transcendance (r)établie. Alors que dans le judaïsme, l'économie tétradique, source de l'étonnante cohérence de la méditation qui va de Moïse aux derniers Prophètes, demeura à la fois latente et diffuse, nous devons montrer comment le texte-miroir évangélique inscrit, sous les yeux du lecteur-chrétien, la scénographie quadripartite (que je développe ci-dessous en deux volets : signe *et* temps puis image *et* texte).

1. La mise en œuvre sublimée du signe linguistique (comme graphème *et* parole) concerne la séquence centrale du récit : l'enchaînement mort-résurrection. C'est évidemment « l'invention » de cette séquence – le couplage des thèmes

---

1. S. Mallarmé, *Œuvres complètes,* Gallimard, 1945, p. 386.
2. *Ibid.*

relatifs au « Serviteur de Yahvé » au motif de la résurrection, courante dans le judaïsme tardif – qui fut l'acte de naissance du christianisme. A la différence de la ritualisation archaïque de la mort dans laquelle « l'inscription » et la « lecture » des reliques demeurèrent latentes au sein de la liturgie globale, la séquence de la résurrection offre une mise en abyme de l'Événement-du-verbe. La compréhension après coup de la tragédie de la Passion se trouve en effet réfléchie et fondée par la thématisation de l'Événement du matin de Pâques.

En tant que la trace d'un manque – l'équivalent de la lettre et du texte tout entier – la figure du tombeau ouvert inscrit une Diachronie qui commande la genèse de l'intrigue narrative : la scrutation des horizons rétrospectif et prospectif d'une histoire sacrée (re)composée. Par le truchement des paroles de l'ange, l'événement de la résurrection est en effet re-vu depuis ses annonces prophétiques et pré-vu comme parousie anticipée : « Mais l'ange prit la parole et dit aux femmes : "Ne craignez point, vous ; je sais bien que vous cherchez Jésus, le Crucifié. Il n'est pas ici, car il est ressuscité comme il l'avait dit. Venez voir le lieu où il gisait, et vite allez dire à ses disciples : 'Il est ressuscité d'entre les morts, et le voilà qui vous précède en Galilée ; c'est là que vous le verrez' " »[1]. C'est donc à la faveur d'un travail d'interprétation qui restitue une mémoire et ouvre un horizon eschatologique que le tombeau ouvert devient un signe intelligible. Il vaut désormais comme pivot de l'intrigue *in statu nascendi*. Corrélativement à l'événement de la Pentecôte qui marque, du point de vue de notre hypothèse, le coup d'envoi même du mythe, c'est ici la déflagration de la compréhension qui, pour les premiers « témoins » (les premiers « lecteurs d'horizon », S. Mallarmé) du matin de Pâques, donne à voir le Christ ressuscité. Mais il est remarquable que cette intelligence du message soit référée principiellement au déchiffrement d'une quasi lettre (d'un quasi hiéroglyphe) : le tombeau ouvert.

Cette Figure emblématique est en effet doublement surdéterminée. En premier lieu, elle se présente comme la manifes-

---

1. Mt 28, 5-7.

tation patente du dépassement ou de la « profération » du schème primitif de la ritualisation de la mort. L'effraction de l'enceinte archaïque du tombeau, couplée sur l'exhibition du néant de son contenu rend en effet possible l'exploit de l'outre-passement de la mort par l'Événement du Verbe seul. D'autre part, on passe de la monstration de la « chose » sacralisée et pure (les reliques purifiées ou l'idole) à sa forme entièrement démotivée comme texte *et* parole (trace *et* témoignage). Le tombeau vide renvoie en effet, circulairement, à l'événement de la résurrection qui est la preuve de la puissance du Verbe divin seul. Il requiert seulement un déchiffrement par les premiers « témoins » qui sont les vecteurs de la Parole. Enraciné dans un temps et un site particuliers (ce qui « motive » l'irruption du Verbe qui est ainsi rapporté à un événement *dans* le monde *hors* du monde), le chiffre paradoxal que trace le tombeau est en soi l'équivalent du récit évangélique lui-même en son intégralité. Le vocable « chiffre », emprunté à l'arabe, signifie du reste « zéro » , il correspond, comme le tombeau brisé, à cette *marque de rien* ou à ce *signe linguistique archétypique* qui rend possible le *un*, l'affirmation de l'Être. Or, c'est la sublimation de cette trace comme métaphore-de-la-mort qui délivre, pour les premiers lecteurs-chrétiens l'idée d'une absence-présence d'au-delà : l'idée même de la Résurrection.

Car la vision de la résurrection ne fait ici que reproduire et magnifier l'acte poétique par excellence qui est celui de la simple nomination. « Je dis : une fleur! et, hors de l'oubli où ma voix relègue aucun contour, en tant que quelque chose d'autre que les calices sus, musicalement se lève, idée même et suave, l'absente de tous bouquets »[1]. Mallarmé désigne-t-il ici autre chose que la résurrection, hors du tombeau de la lettre, d'un Être sublime (« musicalement se lève ») par remémoration (« hors de l'oubli où ma voix relègue aucun contour ») *et* vision prospective (« l'absente de tous bouquets ») ? La *conception* par la parole *vive* d'un ordre idéal ne fut-elle pas toujours déjà une victoire sur la corruption et la mort ? Or, ainsi qu'il en fut tout au long de l'histoire religieuse de l'huma-

---

1. S. Mallarmé, *Œuvres complètes,* Gallimard, 1945, p. 368.

nité, quand ce jeu symbolique primordial est perdu de vue, quand la puissance poétique est captée par l'immémoriale Cause divine, c'est l'apothéose du verbe (la déclosion du logos comme chaos ordonné) qui d'elle-même s'efface et se fait théogonie d'un Dieu.

Quant aux porte-parole de l'événement de la résurrection, il est remarquable que ce soient ici des femmes qui, les premières, se rendent au tombeau. Certes, le souci de visiter dès l'aube le sépulcre pour oindre le corps mort de Jésus traduit leur fidélité à sa personne, même s'il dénote aussi l'oubli de sa parole (à l'instar notamment de l'épisode de la trahison de Pierre). Plus essentiellement, l'accueil par les saintes femmes du message de la résurrection renouvelle l'une des séquences les plus mystiques de la narration évangélique : celle de l'Annonciation. De même en effet que Marie accède à la demande de l'ange et reçoit la Parole de Dieu qui donne naissance au Sauveur, de même les femmes au tombeau sont les premières à acquiescer au jeu de la sublime compréhension divine. Accordant créance à la parole de Celui qui déjà est ressuscité, ce sont elles, à l'instar de Marie, qui donnent naissance au Verbe.

2. Quant à la fonction de l'image, elle se distribue entre la vision du Christ en croix et ses apparitions après sa Passion. Originellement forclos, expulsé-interné par le travail archaïque du deuil, la rencontre de l'autre-moi-même anéanti acquiert ici droit de cité. La déploration du Vendredi Saint donne en effet à *voir* ce qui toujours dût passer inaperçu : à la fois *ma* responsabilité dans la mort de l'*autre* et la prise de conscience sans réserve de *ma fin* imminente. On comprend que l'iconoclastie de toute image idolâtre prenne ici un tour particulier de par la renonciation à l'extermination violente de l'*autre*, couplée à la reconnaissance de l'humanité de Dieu (le sacrifice de sa divinité jusqu'à la mort). Subordonnée désormais à l'ordre de la parole, donnant lieu à une idée plus haute du divin affranchi des ambivalences primitives du sacré, l'image est à la fois imaginaire *et* réelle. Elle est imaginaire parce qu'elle met sous les yeux de tout lecteur-chrétien la préfiguration de son propre trépas *et* l'oubli toujours déjà consommé de la douleur de l'*autre*. Elle est réelle ou mieux sur-réelle parce qu'elle est cette

Fiction première (tributaire de la déflagration d'un sens comble) qui fonde toute idée de réalité en général. Du reste, l'accueil dans le texte de la vision vertigineuse de l'autre-moi-même propose plus qu'une simple scénographie de la mort de l'homme-Dieu, elle induit une implosion du sens même. C'est en effet rien de moins que l'irruption de l'absurde ou de l'inane qui conditionne ici, pour le lecteur-chrétien, l'Événement-du-verbe comme paradoxale genèse mortelle, c'est-à-dire comme thanatogenèse. Car la « profération » de la ritualisation de la mort requiert la « lyse » ou la dissolution du sens (le désarroi du cœur et de l'esprit) dont elle fait la ressource d'une flèche plus sublime du sens.

Jointe à cette image de l'abîme mortel, immémorialement interdite mais ici exhibée, le texte évoque, avec les apparitions du Ressuscité, l'image non moins paradoxale du Christ en gloire. On sait combien les interventions du *sôma pneumatikos* dans le déroulement narratif auront suscité l'embarras des exégètes et des théologiens. Ces apparitions du Christ vainqueur de la mort sont en effet entachées d'une ambivalence qui affecte, au demeurant, tous les motifs principaux du message évangélique. En tant qu'il remythifie et masque l'initial jeu poétique, le récit demeure en effet enraciné dans les conceptions archaïques ; en ce qu'il « profère » en revanche, quasi explicitement, la symbolique de la ritualisation de la mort, il réalise l'Événement-du-verbe et accomplit une innovation toujours inouïe. Par certains côtés le Christ ressuscité rappelle, certes, le fantôme : il est doté d'un corps subtil qui lui permet d'échapper à toute contrainte de temps et de lieu : il traverse les murs, il peut être présent simultanément dans des lieux distincts, etc. Mais sa présence ne suscite aucune terreur, bien au contraire, elle est source de paix et de joie.

Car la présence du Christ en gloire subvertit l'écart même de l'ici-bas et de l'au-delà en un sens très différent des irruptions du mort-vivant dans les cultures primitives. En premier lieu, ses apparitions sont toujours subordonnées à la reconnaissance, déjà acquise, de la résurrection, sauf dans la séquence de Thomas, exception qui confirme la règle puisqu'elle semble avoir eu pour fonction d'entériner, à la faveur d'une indexation récursive, la facticité de l'événement de la résurrection. Car c'est ici l'irruption du message évangélique lui-même, c'est-à-dire du verbe victorieux de la mort, qui vaut comme miracle permanent. La Proclamation de la Bonne Nouvelle est en effet l'événement eschatologique qui transfigure le monde. L'Adam régénéré foule dès maintenant une terre surnaturelle, affranchie des vicissitudes anciennes de la corruption et de la mort. Le *sôma pneumatikos* ne surimpose donc pas une idéalité spirituelle au monde matériel, il métamorphose plutôt la nature de ce dernier. Par lui « le temps viendra et il est déjà venu »[1] d'une vie humaine entièrement renouvelée et divinisée.

En transposant les données originelles de la ritualisation de la mort, le texte évangélique institue un rapport spéculaire explicite entre le chrétien et le Christ. Le drame fictif de la mort et de l'apothéose de l'Autre prend valeur de réalité en proportion de l'exhaussement du croyant qui passe d'une conception commune (celle du « vieil homme ») à la vision de sa destination surnaturelle (celle de la filiation divine du « nouvel homme »). De par l'assomption du jeu spéculaire immémorial de l'autre-moi-même, d'abord anéanti puis régénéré, chaque lecteur-chrétien devient lui-même le tenant-lieu du Christ. Le bouclage récursif d'un constatif sur un performatif, inhérent au jeu matriciel, se déploie ici comme une projection identificatoire explicite. Le Christ comme ob-jet et point de mire unique de la communauté des croyants a pour contrepartie la conversion de chacun en tant que su-jet. Du reste, en raison de ce tournoiement spéculaire de l'image, chaque converti vaut comme une incarnation même de Jésus pour l'ensemble de la communauté des croyants. Cette réversion, « de un à tous et de tous à un », met en relief le rôle insigne assumé dans la configuration chrétienne par le témoignage ou le martyr. Nous avons vu comment cette fonction du porte-parole est mise à profit, au plus près de la source du message même.

Au sein du christianisme, l'instance du visible, l'image comme telle, assume donc un statut dévalué parce qu'elle procède d'une compréhension d'emblée comble. C'est la conviction intime et le *dire* explicite qui donnent à *voir* en une visée

---

1. Jn 16, 32.

suspensive, toujours subordonnée à l'Intelligence du mystère (à l'Intervention de l'Esprit). Pour autant que l'apparaître de l'Autre (la réalité historique et divine de Jésus) résulte du dépassement d'une méconnaissance première, tout dans le récit ressortit au déploiement d'un « théâtre mental » (Mallarmé), c'est-à-dire à l'exploitation pensive (« proférée ») du fonds matriciel.

Cet état de chose fournirait, du reste, un principe explicatif à l'étoffement progressif des récits évangéliques à partir de l'émergence du Kérygme. Sous-tendu par la cohérence matricielle, latente, un « instinct » créateur « spontané » aura élaboré un récit de plus en plus circonstancié à la faveur des compilations des prophéties de l'Ancien Testament et par la constitution d'un répertoire des *logia* (des paroles) prêtées au Christ. Que toute élaboration imaginaire soit nécessairement subordonnée, spécialement dans le christianisme, à une intuition spirituelle enveloppant le sensible y réserve une place insigne à la poétique et plus généralement aux performances esthétiques. Celles-ci doivent en effet rendre tangible et partageable l'irruption de la foi dans la grâce. Toujours exposé au soupçon d'idolâtrie, ce recours obligatoire aux arts est alors conçu comme la marque de notre finitude. Il renvoie à la fatalité d'une perception « obscure et par énigme » que contrebalance la promesse de l'ultérieur face à face absolu dans la Parousie.

Cet examen de la fonction de l'image (et du texte) nous conduit enfin à interroger le statut particulièrement complexe de l'institution eucharistique au sein de l'économie narrative d'ensemble des récits de la Passion. La « profération » évangélique de la ritualisation de la mort impose en effet un étonnant couplage du rite et du mythe. Transposée au plan du discours, l'activité rituelle devient mythopoïèse du Verbe. L'odyssée de l'Ancêtre – de l'homme, du mort, du dieu – acquiert une dimension poétique qui n'en préserve pas moins un irréductible aspect mythique puisqu'il s'agit de reconstruire après coup l'événement originel qui toujours fut perdu de vue. Mais, réciproquement, la fonction de mémorial de la messe (la commémoration de la Passion instaurée par le Christ lui-même) est aussi une célébration poétique du miracle de la « présence réelle ». On constate qu'il y a complémentarité parfaite entre la fonction commémorative de la liturgie eucharistique qui déploie une scénographie poétique collective et les narrations de la Passion qui réalisent, dans un horizon mythique toujours démenti, l'incarnation historique effective de Jésus aux yeux du lecteur-chrétien. Ainsi mythe et rite échangent-ils leur rôle mais sans parvenir à fusionner absolument, sans donner lieu à une assomption intégrale de la Fiction poétique. Dans les Évangiles en effet, si le *voir* est subordonné à la *compréhension* (perçue comme phénomène flagrant de la grâce dans la foi), il n'est pas encore entièrement détaché de sa référentialité mythique immémoriale.

On peut montrer encore comment, du fait de la réflexivité évoquée entre rite et mythe, le sacrement de l'Eucharistie redouble et, de fait, récapitule les traits principaux de la narration de la Passion. En premier lieu, l'acte sacramentel – le performatif – par lequel l'officiant accomplit la transmutation du pain et du vin est une figuration patente du mystère de l'Incarnation. Il atteste la suprématie du Verbe sur toute réalité sensible, il entérine cette puissance magique de la parole sur le monde qui se trouve ici vérifiée par la cohérence inégalée de l'inspiration matricielle du message chrétien.

Cette perspective permet, du reste, de rendre compte des hésitations de l'interprétation chrétienne entre les désignations « symbolique » ou « réelle » du mystère eucharistique. Conçue en ses ressources primordiales, sur-naturelles, l'interprétation ne peut conclure qu'à la « présence réelle », en revanche, envisagée dans l'optique de la « profération » linguistique, c'est le thème de l'immotivation qui vient au premier plan et seule la conception allégorique paraît alors adéquate.

Si la *consécration* eucharistique réitère le mystère de l'incarnation, la *communion* récapitule, quant à elle, les actes du drame de la rédemption. En effet l'absorption de l'hostie consacrée peut être mise en corrélation avec les deux phases princeps de la ritualisation de la mort : la dissolution du corps de l'*autre* dans « une bouche où sa forme se meurt » (P. Valéry), puis son intériorisation par la lecture. On conçoit en particulier comment l'ingestion transfigurante du corps de l'Autre coïncide étroitement, pour le lecteur-chrétien, avec le jeu en projection identificatoire commandé par la « profération » du drame de la victoire du verbe sur la mort. De ce point de vue encore, l'enchaînement du don à son acquiescement, puis à la prestation en retour d'un contre-don (qui se confond ici avec l'identification au Christ) réinaugure la loi qui fonde toute socialité ainsi que M. Mauss en a développé la théorie dans son célèbre *Essai sur le don*.

Il y aurait finalement beaucoup à dire sur les analogies, souvent notées, entre la liturgie eucharistique et la communion totémique. Dans l'optique de l'hypothèse matricielle, ces analogies acquièrent une teneur plus précise et nécessaire. On peut remarquer en effet que la cérémonie d'immolation et de consommation solennelle de l'Ancêtre ou du totem s'inscrit toujours déjà à la charnière du rite et du mythe. A la fonction mythique elle emprunte, en effet, le thème de la commémoration emblématique de la fécondité des origines, tandis qu'elle se réfère au rite par la dramaturgie sacrificielle de la mise à mort et de la communion sacramentelle de la victime. On peut donc admettre qu'en sa complexité et sa vérité symbolique insignes, le repas totémique ait été chargé, par les archaïques, de connotations quasi théologiques qui ne sont pas sans rapport avec la conception chrétienne, beaucoup plus évoluée. Du repérage de telles proximités « anachroniques », on ne saurait cependant conclure que les cérémonies totémiques aient pu échapper en soi à l'économie idolâtre du religieux primitif. La religion totémique ne fut en effet nullement exclusive de conceptions magiques et démoniaques de la souillure ou de l'impur. Corrélativement, l'institution du totem y fut d'emblée culturelle, elle ne ressortit jamais à quelque Consécration explicite dans une liturgie du Verbe.

On constatera, pour finir, que la perspective thanatogénétique fait apparaître le texte évangélique sous un jour particulièrement ambigu. A l'instar du judaïsme, depuis la Révélation mosaïque jusqu'aux apocalypses juives, le christianisme se présente en effet comme une « solution de compromis ». Malgré son caractère d'innovation radicale, la « profération » de la matrice archaïque n'y est pas encore entièrement libérée du poids des références mythiques primitives. En un premier moment, ces ambivalences doivent donc être pleinement reconnues par l'exhumation de la poétique impensée qui intima l'une et l'autre formation. Mais en un second moment, ce travail critique, qui ne saurait être assimilé à un simple « démontage impie de la fiction » (S. Mallarmé), doit se dépasser lui-même et se parachever comme Événement-du-verbe. A titre de prolégomènes, je tenterai de discerner le jeu de ces équivoques sous deux rubriques successives.

1. Dérivé du thème sacrificiel des « Chants du Serviteur de Yahvé », le Kérygme évangélique développe d'emblée le motif de l'expiation d'une faute considérable, commise quasiment à l'insu des protagonistes. Dans ce contexte qui réalise, de fait, l'innocentement du Dieu primitif par le transfert du mal et de la culpabilité à l'homme, il va de soi que le Père puisse exiger la mort sacrificielle du Fils, ce qui perpétue précisément l'impératif « idolâtre » de la mort d'« un seul pour le salut de tous ». Il est admis également, ainsi que l'attestait déjà le mythe de la Chute dans la Genèse, que le libre arbitre puisse naître d'une incrimination a priori et de la prise de conscience d'une faute toujours et déjà fatale. Du reste, une étude historique du phénomène atteste que « l'esprit de vengeance » fut bien le moteur de l'émancipation de l'individu. La dichotomie primitive princeps de l'interdit et de la transgression fut en effet réexploitée dans le contexte post-archaïque : interprétée comme faute et obligation de la rétribution, la transgression fut la condition de la restauration de l'interdit comme éveil à l'idée de Loi et naissance du libre arbitre[1]. Mais à cette thématique patente s'oppose, dans le texte évangélique, une conception seconde, tout autre : celle d'une assomption de la responsabilité *sans culpabilité*. L'impératif est bien alors de reconnaître la propension atavique au mal en moi, mais cette prise de conscience, corrélative de l'éveil du sens de la liberté tend vers la Délivrance. Elle n'est pas incriminante, elle ne repose pas sur le principe d'une culpabilité préalable.

A cette première ambivalence s'en rattache une seconde qui lui est proche. D'un côté, le déroulement de la tragédie de la Passion exige l'exclusivisme : elle repose sur ce que l'on

---

1. Cf. *La vision et l'énigme*, pp. 393-399.

pourrait appeler le postulat de « la violence logique ». Selon celui-ci, l'*autre* peut et, de fait, doit toujours être convaincu de mauvaise foi : si le message chrétien est vrai, il faut en particulier que le judaïsme soit, sinon faux, du moins disqualifié (on pense aux yeux bandés et au sceptre brisé de la Synagogue figurée au portail sud de la cathédrale de Strasbourg). C'est la règle intransigeante du tout ou rien : « Qui n'est pas avec moi est contre moi »[1] et « qui n'amasse pas avec moi dissipe »[2]. Mais cette loi d'airain est contrebattue, dans le texte même, par une tout autre morale. Car, par delà la simple tolérance, l'idée d'une transcendance une *et* multiple, inhérente au Mystère de l'homme, n'exclut pas l'accueil des différences, voire des divergences. L'idée du verbe divin (la gloire du Symbole) est en soi assez prégnante pour s'imposer en dehors de tout esprit de domination et de contrainte.

2. Un second type d'ambivalence traverse le texte, il concerne la référence à l'au-delà. D'un côté, le message évangélique suspend tout renvoi aux « arrière mondes ». Il conduit l'individu à renoncer aux faux-fuyants, il l'accule à une prise de conscience sans réserve de sa mortalité. Le projet de salut proposé, conformément au choix offert par Yahvé dans le Deutéronome (30, 15-20) est celui d'une transfiguration spirituelle de la vie. La possibilité existe d'une humanité entièrement régénérée par la prise de conscience tragique de sa finitude même. Mais, réciproquement, les textes évangéliques véhiculent aussi une conception qui, à la différence du judaïsme originel, revalorise les consolations de l'au-delà, le rêve d'une immortalité personnelle.

En dernière instance, ce vacillement dans le christianisme entre les aspirations humaines aux illusions d'une vie posthume et leur déception féconde au bénéfice d'une conversion ici et maintenant unanime concerne l'idée de Dieu. Dieu doit-il être conçu, conformément à la conception archaïque du temps cyclique, comme une Cause première, un Principe fondateur et l'homme n'a-t-il d'autre ressource que de se soumettre à sa

---

1. Lc 11, 23, Mt 12, 30.
2. Mc 9, 40.

Loi intangible ? Ou bien l'accomplissement plénier de l'humanité-de-Dieu fait-elle voler en éclats jusqu'aux cadres traditionnels du temps ? La vocation de l'homme n'est-elle pas de rompre avec le passé, d'inventer librement le *tout autre*, d'œuvrer à l'Événement unique – l'*hapax* – jamais entièrement accompli, d'une création *ex nihilo*, c'est-à-dire de participer, en dernière instance, dans toute l'ambiguïté de l'expression, à la Création-de-Dieu même ?

La tâche est celle d'une démythification sans réserve du christianisme. Elle passe par une clarification proprement poétique (cf. « La Poésie – unique source ») des équivoques de la lumière et du verbe, qui furent l'une des causes principales de la collusion, jamais démentie, entre l'hellénisme et le judéo-christianisme (entre la foi et la raison). Cette exigence, entièrement accordée à l'esprit évangélique, doit aujourd'hui, bien au-delà du mot d'ordre bultmanien de la démythologisation, mettre en question jusqu'aux fondements même du Kérygme. Le projet visant à affranchir le judaïsme *et* le christianisme des ambivalences qui en hypothèquent la lecture, permettra d'en mieux faire valoir les complémentarités secrètes. Il prend un tour pressant au moment où l'évolution du nihilisme contemporain paraît lui-même hâter l'entrée en scène de l'Événement-du-verbe.

ORPHÉE CHRÉTIEN

Dictées par les conditions matricielles, les trois formations que nous venons d'étudier (l'hellénisme, le judaïsme et le christianisme) sont tout à la fois complémentaires et antagoniques. Tout au long de l'histoire, l'auto-reproduction symbolique de l'homme aura exigé un exclusivisme culturel radical : l'ethnocentrisme aura été un trait atavique fondamental. Or, l'assimilation des pratiques et traditions étrangères à l'impropre et à l'immonde fut à la fois renforcée *et* dépassée par le caractère « logique » ou « dialectique » de l'intégration de l'*autre* au sein des trois figures de l'onto-théo-logie. A la différence des formations culturelles plus anciennes, l'hellénisme, le judaïsme, le christianisme sont nés en effet de l'exclusion-inclusion de l'*autre* : soit du monde barbare du *mythos*, soit des cultes et des croyances idolâtres, soit de toutes conceptions partielles au bénéfice d'une Vision eschatologique ou universelle.

Complémentaires en leurs visées, homologues du fait de leur réélaboration dialogal d'un même fonds impensé, les trois formations de l'onto-théo-logie furent et demeurent rivales. Larvée, sournoise, leur intolérance réciproque est indépassable tant que demeure inélucidée leur filiation mythique commune. Tiraillée entre des conceptions hétéronomes, pourtant secrètement complices, l'histoire de l'Occident s'inscrit donc sous le signe d'une étrange malédiction. Même si elle atteste aussi d'une extraordinaire fécondité et résilience, la pensée occidentale ne parvint qu'à des solutions de compromis batardes, d'emblée partielles et partiales. La chronique de nos espérances et de nos déceptions témoigne d'une tragique impuissance. Depuis ses lointaines origines médiévales, la dualité de la foi et du savoir, en particulier, est entachée d'apories rédhibitoires dont les effets se perpétuent jusqu'à nos jours.

Or la multiplication des tentatives éphémères de ressourcement et de synthèse aura fini par susciter l'épuisement des intuitions fondatrices. Souvent déçu, l'espoir cède le pas au scepticisme et au doute. Vouée dès ses origines à la passion démystificatrice et à la désacralisation, l'onto-théo-logie aura fini par retourner contre elle-même le poison de l'analyse. Il ne lui reste aujourd'hui, semble-t-il, d'autre alternative que de se livrer sans réserve aux passions mortifères du désenchantement.

Ainsi le nihilisme – l'impuissance à donner consistance à la vie, l'abandon à un affairisme vide qui veut passer pour de la vigueur – se révèle-t-il être le trait fondamental de notre monde. La science elle-même participe à cette inertie fébrile, car elle « ne pense pas », conformément à la formule souvent citée, mais mal comprise, de Heidegger. En tant qu'elle est une pratique théorétique détachée de son soubassement symbolique, elle se développe en effet selon la seule loi de ses finalités internes, indépendamment de tout projet culturel véritable : elle fragmente et disperse. En dernière instance, ayant fait de la maîtrise et de la domination de l'*autre* le principe ultime de l'action, *nous jouissons de détruire*. Incapables de prendre conscience de la menace que nous exerçons sur la vie, nous habitons désormais une terre dévastée.

L'heure peut-elle sonner encore d'une insurrection poétique, c'est-à-dire d'une confrontation salutaire avec le *nihil* que nous portons en nous ? Nous sera-t-il donné d'accomplir une fois encore l'épreuve du souvenir et de la palingénésie ? Saurons-nous briser avec cette vie factice et insensée que nous nous sommes faite, fuir cette terre sans naissance et sans mort où nous errons ? Saurons-nous sauvegarder l'héritage de nos traditions multiples *et* une, retrouver, à la source de toute communion humaine, le goût des émerveillements élémentaires et pacifiés ?

Dans les interstices d'une tradition dès longtemps ruinée, seules les efflorescences de la pensée et de la poésie (de l'art) donnèrent le sentiment fugace d'une Renaissance possible. Les exemples heureusement fourmillent. Ils nous permettent de concevoir ce qu'eût pu être la « vraie vie enfin vécue » (Proust). Pour illustrer à la fois la puissance authentique de renouveau inhérente à notre culture et le caractère composite, fragile, souvent éphémère de ses créations, je choisirai l'exemple de Bossuet. Par certains côtés, l'œuvre de Bossuet (comme celle de Poussin que j'évoquerai plus loin) coïncide avec l'apogée du classicisme, le moment critique, fécond, du « conflit des anciens et des modernes ». Confrontant le mystère de l'identité pérenne des choses au scandale de la mort, elle puise en effet rétrospectivement dans une symbolique immémoriale (celle du tombeau et du sacrifice) tandis qu'elle explore prospectivement les ressources secrètes, éminemment « modernes » de la poésie chrétienne du texte et de la voix.

La force symbolique de l'oraison funèbre procède en effet des célébrations archaïques de la mort. Nous décelons ici et là une même intention : l'affrontement à la fois individuel et collectif du deuil pour le faire passer, certes, mais plus essentiellement pour renouveler le bond de l'humanisation même. Dans le contexte de l'épiphanie du Verbe chrétien, c'est la parole nue qui doit se mesurer à la mort et relayer les pratiques du sacré.

L'oraison funèbre donne voix au silence, elle accomplit spectaculairement le triomphe du Verbe dans un contexte existentiel concret, celui du décès d'un grand personnage de la

Cour. Le corps du défunt est là, à la fois exposé et dissimulé sous l'apparat funèbre, il fait d'emblée l'objet d'une attention et d'une identification unanimes. Dans les grandes oraisons, celle notamment d'Henriette d'Angleterre, à laquelle nous donnons une valeur de paradigme, la prédication vise à fomenter *et* à orchestrer l'émotion collective : elle en fait la matière d'une apothéose. Le prédicateur ne se contente pas de susciter le spectre de l'agonie ; par le récit des derniers instants, il ne craint pas de dévoiler l'horreur de la souillure cadavérique elle-même. Il va jusqu'à *provoquer* la mort. L'audace est en effet sans exemple, qui exhibe « ce qui n'a de nom dans aucune langue ». En cette levée du déni immémorial de la mort, devant l'auguste assemblée, tout chavire. L'esprit de rivalité et de superbe est mortifié. Voici qu'à l'occasion du trépas d'un seul être la nuit descend sur le monde. Voici que l'univers convoqué s'enténèbre devant la fosse ouverte. Chacun est frappé de stupeur par la puissance dévastatrice du deuil et plus encore, s'il était possible, par le téméraire exploit d'une parole complice de la mort.

C'est pourtant l'occasion que saisit l'orateur pour briser le charme qu'il vient de susciter. Il donne voix à ce qui gît par delà le tombeau. C'est à présent l'évocation du destin posthume du défunt qui exerce un puissant attrait, un recueillement unanime. Après avoir laissé entrevoir les échéances mortelles, la prédication délivre l'identité immortelle du trépassé. « Le temps viendra et il est déjà venu » d'une gloire post-mortem que tout chrétien anticipe par la foi. C'est sur le spectacle de ce qui abolit toutes choses que s'édifient les vraies grandeurs humaines. Les cendres aperçues mortifient les aspirations mondaines, d'elles pourtant germe la contemplation d'un ordre plus sublime.

Or comment se fixe la scène grandiose de la mort provoquée et vaincue par le Verbe ? Avant tout par le souci de tracer le portrait du défunt, à quoi excelle le talent de l'orateur. Le biographe brosse le tableau d'une vie, il en évoque les mérites mais sans trop atténuer les ombres, s'il en fut. Tout dans cette cérémonie de l'éloge est question de bienséance, de nuance et de pondération. Il s'agit de révéler la *consistance* secrète d'une vie depuis le point de vue unique de la mort. Délivrée de toute contingence, la personnalité est campée en sa complétude immuable. Au tribunal de l'éternité, l'orateur dégage le *caractère* du mort, il en trace la figure exemplaire. Par ses fastes et ses prestiges, le récit est ici lui-même ce qui vaut comme substrat et « reste pur ». Car la mort fait du chrétien un témoin, mieux une émanation et un tenant-lieu du Christ même. Habilement, le discours met en avant l'œuvre de mortification accomplie par le défunt dans sa vie et par son trépas. L'apologie prend valeur d'apologétique pour une assistance conviée à renoncer aux fausses gloires de ce monde. Mais d'autre part, la prédication saisit aussi l'occasion de cette vision rétrospective pour peindre la fresque des grands événements contemporains *sub specie aeternitatis*. Dans les déconvenues comme dans les succès des grands personnages et des peuples, l'orateur décèle la main de Dieu. Il se donne partout le privilège de dévoiler la version providentielle de l'histoire. En délivrant le sens unitaire d'une vie sanctifiée par la mort, l'oraison s'autorise donc à élargir les perspectives jusqu'à embrasser le destin universel. La conscience chrétienne du monde prend ici son essor, elle donne forme à la mémoire collective. Car la réinterprétation des événements contemporains n'est pas gratuite, elle est une leçon et une invitation à la conversion.

En récapitulant des données ancestrales, l'oraison mime donc l'origine dans un contexte tout autre. Tout ici repose sur le ministère de la parole qui contre et sublime l'horreur. Le souffle de la prédication élargit l'horizon jusqu'aux splendeurs entrevues par delà la fosse. La parole mobilise les ressources du génie poétique. Exceptionnelle, unique, elle emporte la conviction par sa capacité à éveiller l'émotion. Elle frappe par sa pertinence démonstrative autant que par la justesse de ses images. Prenant valeur de leçon atemporelle, elle est le support d'une méditation exemplaire.

Or, pour réussir ce tour de force, le prédicateur doit assumer pleinement la fonction de prêtre-poète de la religion du Verbe. Car, en sa facture et sa visée, le cérémonial de l'oraison funèbre reproduit, point par point, celui de la messe. Tout chrétien étant un substitut du Christ, la parole sacramentelle divulgue, pour la communauté unanime, le sacrifice accompli par l'un de ses membres. La vérité chrétienne se concentre ici sur l'idée d'une purification morale apte à provoquer la conversion poétique de l'assemblée ecclésiale *in statu nascendi*. Mais, d'autre part, le Verbe s'incarne aussi *dans* et *par* la voix d'un officiant, anonyme *et* éminemment personnelle. L'orateur associe les cadences les plus amples et les plus solennelles aux expressions les plus familières, l'improvisation aux effets les plus concertés. Il étonne par ses audaces autant que par sa maîtrise. L'orphée-chrétien assume ainsi avec humilité et magnificence son rôle qui est d'être le porte-parole du Verbe.

Parce qu'elle prolonge les célébrations muettes de la mort dans le contexte des sublimités chrétiennes, l'oraison funèbre se double aussi d'une dimension sociale et politique patente. Cela confère au genre une aura et des caractéristiques bien particulières. L'orateur peut se permettre d'interpeller le roi, de suspendre pour un temps les hiérarchies les plus révérées. Mais s'il dégrade les puissances, c'est pour accréditer au bout du compte la légitimité même du trône qu'il feint d'ébranler. C'est en faisant passer sur l'assemblée le spectre du néant tout-puissant qu'il instaure un ordre d'autant plus invulnérable qu'il est moins relatif. C'est sans doute ici l'aspect le plus daté, voire le plus profane de la prédication de la mort à l'époque classique. Elle joue sur deux plans : elle contribue à la délivrance de l'âme *et* elle vise à renouveler les solidarités communautaires et politiques du moment. Rien d'étonnant, dès lors, qu'après être apparue à la faveur de circonstances historiques particulières, elle ait vu son déclin hâté par l'irruption d'événements hétéronomes.

On peut constater, en conclusion, que les oraisons funèbres de Bossuet demeurent exemplaires de la spectaculaire victoire du Verbe chrétien sur la mort :

> « *Bossuet poète se distingue de tous les poètes en ce que son Eurydice un instant arrachée à la nuit, c'est la mort elle-même : telle est la singularité et la grandeur de son entreprise poétique, qu'elle n'a pas d'autre objet, au plus secret, que d'installer le verbe au cœur même de la mort* »[1].

---

1. M. de Diéguez, *Essai sur l'avenir poétique de Dieu,* Plon, 1965, p. 157, j'emprunte notamment à l'admirable démonstration de M. de Diéguez le titre d'« Orphée chrétien ».

Pourtant, subordonné au modèle christique, l'art poétique n'a point encore conquis ici son entière autonomie. Il faudra attendre la mise en cause de toute référence au divin pour que, deux siècles plus tard, des poètes (au premier rang desquels Baudelaire, Rimbaud et Mallarmé) tentent, dans une ambiance d'esseulement extrême, l'im-possible exploit d'une sépulcrale Résurrection poétique *du* néant. Envisagé du point de vue de l'épiphanie du logos (c'est-à-dire de l'iconoclastie de toute idolâtrie latente), l'écart entre athéisme et foi perd alors toute pertinence : le Drame de la mort de l'homme-Dieu s'avère être la forme la plus sublime de l'advenue du silence.

Malgré les apparences, la magnifique flambée de la célébration chrétienne de la mort se décompose donc d'emblée en une déploration funèbre de consonance archaïque et une transmutation poétique de la mort affranchie des références primitives. Explorant ses possibilités créatrices ultimes, la poésie tente ici de rejoindre, mais sans pouvoir s'y égaler, le texte « littéraire » incomparable (le texte évangélique) qui pour le lecteur-chrétien accomplit « la présence réelle » du Christ dans ce monde. Tout au long de notre histoire, la narration biblique et plus particulièrement évangélique n'aura en effet cessé d'exercer un puissant attrait. Témoins de la prévalence du verbe dans nos vies, une pléiade d'« Orphées-chrétiens » – de saint Augustin à Claudel et à Bernanos en passant par Dante, saint Jean de la Croix, Pascal et Chateaubriand – se sera efforcée d'approcher le secret divin de la voix. Aucun sans doute n'aura exprimé avec plus de pertinence et de vigueur le thème thanatogénique de la « co-naissance » mortelle que Claudel dans son *Art poétique* :

> « *J'ai retiré mes pieds de la terre, à toutes mains mes mains, à tous les objets extérieurs mes sens, à mes sens mon âme. Je ne suis plus limité que par le ressentiment de moi-même, oreille sur mon propre débit. Je suis comme une roue dételée de sa courroie. Il n'y a plus de mouvement, il n'y a plus qu'une origine. Je souffre naissance. Je suis forclos. Fermant les yeux, rien ne m'est plus extérieur, c'est moi qui suis extérieur. Je suis maintenu : hors du lieu j'occupe une place. Je ne puis aller plus avant ; j'endure ma source* »[1].

---

1. P. Claudel, *Art poétique*, Mercure de France 1907, Gallimard, 1984, p. 108.

TROISIÈME PARTIE

SOIR

> « ... le grand Midi, c'est l'heure où l'homme, parvenu au milieu de la voie qui va de l'animal au Surhumain, célébrera comme sa plus haute espérance le chemin déclinant du soir ; car c'est le chemin d'un nouveau matin. »
>
> F. Nietzsche

On sait que les Anciens (les Pythagoriciens, les Stoïciens, Sénèque) préconisaient qu'un temps fût accordé chaque soir à la méditation des événements du jour. Tout homme soucieux de sagesse se devait de réserver un moment, à l'approche de la nuit, à la remémoration de l'itinéraire vécu des heures. Ce retour sur soi, cet examen de conscience supposaient une réflexion hors (du) temps : le rebroussement du chemin vers les mystères de l'éveil, un acte de consignation, de secrète récitation. Après la dispersion des heures d'affairement et de fièvre, chaque chose était appelée à comparaître dans l'image tremblée du souvenir. Pour que l'âme enfin se recueille et s'apprête à la nuit, il fallait que s'apaise le cumul rougeoyant à l'horizon des révélations du jour. Cet instant était éminemment littéraire.

Au moment où s'obscurcit le sens du retrait des dieux et s'approfondit la crise des origines, l'emprise de l'idolâtrie se fait d'autant plus pernicieuse qu'elle est dépouillée de toute aura sacrée. Le langage lui-même paraît voué à la dispersion. Pourtant jamais peut-être le contre-feu littéraire ne brilla d'un plus vif éclat. Car, ainsi que le souligna M. Foucault, la dislocation et bientôt l'effacement de l'image de l'homme sous l'accumulation d'un savoir oppressant a pour contrepartie :

> « *l'apparition de la littérature [qui] rompt avec toute définition de « genres » comme formes ajustées à un ordre de représentations, et devient pure et simple manifestation d'un langage qui n'a pour loi que d'affirmer – contre tous les autres discours – son existence escarpée ; elle n'a plus alors qu'à se recourber dans un perpétuel retour sur soi, comme si son discours ne pouvait avoir pour contenu que de dire sa propre forme... »*[1].

Face à l'incroyable complaisance pour un ordre social dévoyé, l'insurrection poétique exhibe les preuves de notre inhumanité croissante : elle tend à notre monde le miroir de son néant. Elle en dévoile l'horreur, la monstruosité, le goût du malheur. Mais son propos n'est pas seulement critique, iconoclaste ou vengeur. En sa nudité désarmée, elle est un défi plus conséquent encore jeté au monde : elle témoigne seule, face à l'étiolement du religieux, d'une foi en un renouveau possible. Elle prouve en de « solitaires crises » (S. Mallarmé) que l'œuvre poétique elle-même a vocation à transfigurer le monde. Car sa destination est d'être création *ex nihilo*, sursaut et permanente renaissance : thanatogenèse. Certes, elle risque l'illisibilité et plus gravement encore, sous prétexte d'exposer l'inanité du monde, il peut lui arriver d'embrasser la destruction. Héritier des ivresses primitives, l'art n'est pas en soi éthique, ou plutôt il ne l'est assurément que par l'entier sacrifice consenti par chaque artiste à l'accomplissement de l'Œuvre : le renoncement à toute satisfaction et souvent à toute reconnaissance.

Pour que la poésie révèle sa puissance d'insurrection et nous redonne le goût de la sur-vie, il faut que parvienne à son terme « l'autre gestation en cours » (S. Mallarmé). Le dur et désespéré labeur des hommes, les chances d'une pensée capable de scruter nos antécédents, le déchiffrement des archives de la mémoire. Enfin conjuguées, poésie *et* pensée

---

1. M. Foucault, *Les mots et les choses,* Gallimard, 1966, p. 313.

pourraient alors révéler ce point de fuite à l'infini où le plein épanouissement mortel de la beauté viendrait à coïncider avec le libre engagement éthique de tous.

CO-NAISSANCE DU VERBE

La pensée qui entend désencombrer le savoir doit céder le pas à la poésie : voici donc en guise de transition, et mieux de témoignage (avant de consacrer la dernière partie du présent essai à l'exégèse des œuvres) le poème d'une emblématique thanatogenèse.

> *Une dentelle s'abolit*
> *Dans le doute du Jeu suprême*
> *A n'entr'ouvrir comme un blasphème*
> *Qu'absence éternelle de lit.*
>
> *Cet unanime blanc conflit*
> *D'une guirlande avec la même,*
> *Enfui contre la vitre blême*
> *Flotte plus qu'il n'ensevelit.*
>
> *Mais, chez qui du rêve se dore*
> *Tristement dort une mandore*
> *Au creux néant musicien*
>
> *Telle que vers quelque fenêtre*
> *Selon nul ventre que le sien,*
> *Filial on aurait pu naître.*

Une croisée, un rideau de dentelle : un veilleur insomniaque assiste à l'apparition (au paradoxal retrait) de la lumière et de toutes choses. Le Poème décrit un vertige, la spirale d'une hésitation prolongée entre réalité et fiction. Tout ici est réversif jusque dans l'ordre du temps, comme si l'aube blême et douteuse était un crépuscule à rebours (on note la même incertitude entre l'évanouissement vespéral *et* matinal dans *Hérodiade*).

Les deux premiers vers nous initient en effet à un terrifiant suspens : la possibilité limite d'un *arrêt du sens*. De fait, son in-dicible dissolution s'accomplit sous nos yeux. Allégorique du sonnet lui-même, la dentelle s'efface. La parole ou le texte (la guirlande) devenus diaphanes, laissent entr'apercevoir le néant. Cet événement insolite coïncide avec l'annulation de toute transcendance (le « blasphème » exprime cette idée de transgression radicale). Il commande le dédoublement et peu à peu l'effacement des choses : le manque ou bien l'excès de la lumière annulent le fragile prodige. Un tourment lancinant, un ineffable vertige révèlent la coïncidence majorée – la Fiction de l'être et du non-être. Car, jusqu'à ce Jour, ce Phénomène extrême fut toujours occulté. Par quoi ? Par le simple déroulement régulier du dis-cours. « L'absence éternelle de lit » livre alors une définition de l'homme. C'est un être des confins – auroral et crépusculaire – sans feu ni lieu, sans juste milieu.

Le second quatrain offre quelques précisions. Cette crise ne semble intéresser qu'un unique « voyant » : l'homme du permanent éveil que volatilise l'acuité de son pur regard. Pourtant, elle est moins solitaire qu'il n'y paraît. Le phénomène de l'évanouissement conscient a pour corrélat une confusion générale. Dans cette chambre claustrale, abandonnée de l'univers, il se pourrait qu'une vérité culmine et parvienne à quelque improbable dénouement. Le second quatrain s'achève sur le constat, prévalant depuis l'entame du sonnet, de la « flottaison », c'est-à-dire de « l'absolution » du Jeu répercuté *entre la mort* aperçue (« plus qu'il n'ensevelit ») et *la naissance*, elle aussi suspendue, voire avortée, évoquée en final (« on aurait pu naître »).

Le « mais » charnière, qui suit, marque moins une objection que la reprise proprement musicale (une transition du texte à la voix) du même motif, ainsi encore dédoublé. Le sonnet évoque en premier lieu une passivité, une inaction, cause de tristesse, mais qui eût pu avoir pour contrepartie l'éveil d'un chant sublime, car : « ... la douleur s'en vient de telle sorte au cœur des mortels que ce cœur reçoit d'elle son poids de gravité. Voilà ce qui, au milieu de tous les flottements, tient les mortels dans le repos de leur manière d'être »[1]. Une arabesque fluide non seulement émane du silence (du néant) mais le donne à entendre.

---

1. *Acheminement vers la parole, op. cit.*, pp. 220-221.

Or, par un nouveau renversement, l'impuissance évoquée, se métamorphose en un ventre fécond capable d'accoucher du chant pur rêvé « vers quelque fenêtre »[1]. Au drame de l'équivoque parfaite dans les quatrains répond à présent la libération possible d'une transcendance d'un nouveau genre dans les tercets. Ephémère, fugace, indéfiniment suspendue à une condition douteuse, pourtant incontestable, une improbable création symbolique pourrait prendre corps. Affranchi de toute astreinte naturelle ou biologique, abolissant jusqu'à l'ordre successif du temps et de la génération, un exploit verbal suprême est entrevu, une création *de* la parole *ex nihilo* : « une conception spirituelle du Néant »[2].

En dernière instance, la perfection poétique du sonnet que nous venons de lire, sa vacuité, son « blanc conflit » prouvent qu'une « théologie des Lettres » pourrait trouver en elle-même les ressources de son im-possible Rêve. C'est donc l'Événement du sens que ce poème allégorise ou, mieux, *réalise* sur un mode peut-être hermétique, mais parfait. A l'instar du sonnet « en ix » (cf. « La Figure que Nul n'est »), le poème « se réfléchit de toutes les façons », il marque le franchissement d'un seuil, propose une compréhension de l'inter-dit. Car l'incontestable apocalypse aurorale *et* vespérale n'est pas purement négative. Elle porte le néant du verbe à la parole. Elle annonce une *naissance de rien* : thanatogenèse.

Mais pour quelle raison et sur quel mode la pensée doit-elle dire le poème qui la dit toujours et déjà ? Certes, ainsi que nous en avertit le poète (qui rapproche alors curieusement « la Critique » de la science en général) : « La Critique, en son intégrité, n'est, n'a de valeur ou n'égale presque la Poésie à qui apporter une noble opération complémentaire, que visant, directement et superbement, aussi les phénomènes ou l'univers... »[3]. Nous prendrons le risque d'ajouter que, s'agissant

---

1. On songe ici à *La Vierge à l'œillet* et à *La Vierge avec l'Enfant et Sainte Anne* de Dürer où une fenêtre lumineuse – signe d'élection – est reflétée dans les yeux de la Vierge, cf. A. Minazzoli, *La première ombre*, éd. de Minuit, 1990, p. 51.
2. S. Mallarmé, *Correspondance*, vol. I, Gallimard, 1959, p. 242.
3. *Op. cit.,* p. 294.

d'amplification, le propos de la pensée est de réfléchir historialement la réflexion poétique, c'est-à-dire d'en parachever l'épanouissement destinal en tant que Fable. Tenter laborieusement, modestement, selon les voies de l'érudition de repenser (et de revivre) ce qui fut vécu et pensé, voilà ce qui seul pourrait confirmer toute fulguration poétique et réaliser cette « noble opération complémentaire » dont parle ici Mallarmé. La pensée se bornerait à faire entendre ce qui déjà est *parfaitement dit*, quoique seulement de façon elliptique et prophétique.

Faire (re)monter au jour, Eurydice, le secret mortel en nous de la parole naissante exige un effort d'anamnèse, certes, mais aussi un projet. Non pas seulement la scrutation de l'ombre de celle qui est sur le point de (re)venir, mais la volonté de l'imposer au jour. Quand arrive le soir, l'esprit ne peut se contenter de méditer nostalgiquement les événements révolus. Si l'âme se recueille c'est avant tout pour accueillir l'Inespéré(e), l'Inconnu(e) même. Le déchiffrement d'un texte énigmatiquement tronqué, gravé sur les monuments du passé exige leur ruine complète (l'effraction du tombeau).

Dans les cinq sections qui suivent j'examinerai ce qui se déduit hyperboliquement de l'interprétation thanatogénétique de la pensée grecque, puis du judaïsme et du christianisme. Comment l'exégèse poétique des événements fondateurs de notre tradition onto-théo-logique pourra-t-elle rétroagir sur notre destin et transformer nos perspectives d'avenir ? Lorsque l'écart primitif entre le logos sacré et le logos profane se trouve aboli, lorsque la visibilité est subordonnée à la lisibilité, lorsque se parachève le retournement matriciel, les deux logos se rejoignent, sans se confondre. Nous assistons à l'Epiphanie du verbe : nous refaisons en propre l'expérience toujours impensée de notre advenue au monde. Deux parcours peuvent alors être envisagés qui explorent l'unité complexe de notre tradition. Soit, dans le prolongement des religions du verbe, le mouvement élévatoire qui va de l'expérience « naturelle » à la poétique de la mort (et) de Dieu ; soit l'explication de l'être-dans-le-langage, par la subversion de la *theoria* grecque.

1. D'un point de vue religieux, il en va prioritairement, non du savoir mais du salut. L'homme est appelé à se tourner vers « son central néant », à profaner la sépulture primitive, à pénétrer dans la

crypte des origines. En une expérience morale et esthétique qui renouvelle à la fois l'Exode *et* le Vendredi Saint, c'est le mystère de la mortalité de l'autre-moi-même qui alors vient sur le devant de la scène. Rompre le lien avec la Mère primitive (avec notre propension congénitale au meurtre) est ce qui consacre la possibilité d'une authentique (re)naissance spirituelle (cette problématique sera développée dans les trois dernières sections du présent chapitre).

2. On sait que l'un des aspects les plus originaux du questionnement par Heidegger de l'histoire de la métaphysique concerne le repérage des avatars de « l'oubli de l'être » inhérent au déploiement même de « la question de l'être » dès Platon. Heidegger indique en effet comment l'interrogation présocratique du mystère de la venue-en-présence dans l'*alètheia* se trouve perdue de vue de par l'élaboration de l'édifice rationnel. Tout se passe comme si, au principe de toute approche cognitive des étants, le dualisme du sensible et de l'intelligible avait imposé l'occultation du mystère de la déclosion, du « il y a » ou de l'évidence comme telle.

Or il est remarquable que dans les textes où Heidegger développe ce diagnostic décisif, il associe régulièrement le mystère de la prime donation et occultation à la mise en œuvre de l'essence rassemblante et dévoilante du logos comme *noein* et *phasis*, comme pensée et comme dire[1]. Toutefois, poursuivant son enquête sur « ce qui est l'affaire de la pensée », il est alors d'autant plus étonnant que l'auteur de *Sein und Zeit* n'en vienne jamais à questionner l'incidence comme telle du langage dans l'apparaître même. Est-ce parce que, dans le prolongement de la phénoménologie husserlienne (dont l'héritage est revendiqué, on le sait, dès l'ouverture de *Sein und Zeit* et jamais remis en question), sa démarche demeure entravée par la conception aporétique traditionnelle (platonicienne) du phénomène ?

Il faut attendre la publication du livre intitulé *Acheminement vers la parole* pour que le rôle séminal de la parole dans la genèse du phénomène soit éclairé mais précisément dans un contexte où la question de l'*alètheia* n'est jamais évoquée

---

1. Cf. notamment in *Essais et conférences,* trad. fr., Gallimard, 1958, p. 328 et pp. 297-299.

comme telle : « La Dite (*die Sage*) de part en part gouverne et ajointe le libre jeu de l'éclaircie (*das Freie der Lichtung*) »[1]. Sans doute Heidegger reconnaît-il que la question du langage a été pour lui embarrassante au point qu'elle ait dû rester constamment à l'arrière-plan de sa pensée : « ... c'est parce que la méditation de la langue et de l'être oriente depuis le début mon chemin de pensée que l'examen de leur site demeure autant à l'arrière-plan »[2]. On peut soupçonner que la difficulté éprouvée à clarifier l'incidence ontologique du langage fut l'une des raisons pour lesquelles *Sein und Zeit* « ne put venir à bout des questions soulevées » (cf. *Lettre sur l'humanisme*).

Or l'esquisse de déduction du « système » platonicien proposée plus haut a dégagé les racines mythiques et « idolâtres » essentielles de la métaphysique dès son institution grecque. L'élaboration du logos rationnel se fit non seulement au détriment de l'unité primitive du logos-mythos sacré, toujours perdu de vue, mais grâce à son abstraction seconde : c'est en effet l'extraction de la « scène du mort » qui autorisa l'ob-jectivation rationnelle du monde. Sans doute Heidegger soupçonna-t-il l'ampleur du détour archéologique nécessaire pour que puisse être mené à terme « l'approche en propre de la parole (*eignen der Sage*) »[3].

Du point de vue thanatogénétique, ce serait uniquement dans l'horizon d'une subversion radicale de ce qui reste d'idolâtrie dans notre propre tradition (en interrogeant la pensée grecque du point de vue de la tradition hébraïque et réciproquement) que pourrait être « proféré » le « logos proféré ». La conciliation des deux versants de notre tradition (la foi et la raison) suppose en effet que soit levée la double hypothèque de la fétichisation du visible (dans le platonisme) et de l'oubli de l'être-au-monde (dans le « pur » dialogue de l'âme et de Dieu) dans le judéo-christianisme. Ainsi toute véritable thérapeutique de notre « schizophrénie » occidentale exigera-t-elle à la fois l'approfondissement du mystère de la mort (et) de Dieu et de l'être-dans-le-langage, c'est-à-dire l'apothéose du verbe par le

---

1. *Acheminement vers la parole, op. cit.*, p. 143.
2. *Ibid.*, p. 93.
3. *Ibid.*, p. 254.

monde et du monde par le verbe (cf. « S. Mallarmé : la Figure que Nul n'est »). C'est dans une telle perspective seulement que pourrait être mené à bien, dans le prolongement de la méditation heideggérienne, le recroisement de l'*alètheia* chez les présocratiques et de l'*Ereignis* de la parole comme pensée-du-phénomène. Ainsi, quand la langue se fera « oracle d'elle-même » (M. Deguy), quand se dévoilera son rôle instaurateur, la question du « sens de l'être » pourra-t-elle finir par se convertir en question de « l'être du sens »[1]. Elle se fera Événement-du-verbe.

LE RETOURNEMENT SYMBOLIQUE

L'Événement-du-verbe rend flagrante la transpropriation (l'*Uebereignung*) poétique du symbolique religieux originel. Ce changement de scène doit être éprouvé, certes, comme migration (du) symbolique à travers les deux territoires de notre tradition (cf. « Le testament poétique » et « L'homme extasié »), mais c'est aussi la composition et la division tétradique du dis-cours qui ici *démontre* l'anamorphose matricielle. L'exposé lui-même est en effet rythmé par les ressources primitives, il rend manifeste leur expansion harmonique.

L'irruption de la dimension intercalaire du verbe qui toujours demeura effacée et subordonnée, abolit toute conception spiritualiste *ou* matérialiste traditionnelle. Quand l'être-dans-le-langage en vient à précéder toute expérience vécue comme toute pensée autonome, c'est la médiation par le logos qui conquiert sa priorité radicale. C'est parce que la « proféation » du verbe subvertit le dualisme métaphysique du sensible et de l'intelligible, consubstantiel à son institution même, que l'avoir-lieu du langage peut être conçu comme mondanéisation du monde *et* acte de naissance poétique de l'homme même.

La conquête entière de cette position mitoyenne *et* hyperbolique reproduit, en la déplaçant, la transpropriation du

---

1. Voir l'élaboration proche mais distincte de cette même problématique par M. Loreau, notamment « Heidegger et le tournant – Être et logos » in *La genèse du phénomène*, op. cit.

mythos au *logos* réalisée par la métaphysique grecque. Pourtant, à la différence de celle-ci, il s'agit d'accueillir l'hypostase du langage, sa manifestation comme voix *et* comme texte (comme expression écrite *et* orale) au détriment de toute prévalence du *voir* archaïque comme *theoria*. L'approche du mystère du verbe pourra ainsi s'imposer comme épanouissement d'un fondement dénué de raison, comme chaos ou béance pensés. Une telle conception impose un changement relativement à l'idée que nous nous faisons de l'homme, de son autonomie et de sa place dans l'univers. Cette conversion de perspective nous introduit au Testament poétique qui instaure ambigument la corrélation physio-logale.

Transproprié par l'irruption contingente *et* nécessaire du logos, l'homme *ne possède pas* la faculté de parler, c'est plutôt la naissance à jamais énigmatique dans son corps et son esprit du verbe qui fit son génie singulier. En particulier son intelligence ne peut être réduite à des données biologiques (aux processus physico-chimiques « se produisant » dans l'encéphale), elle résulte bien plutôt de son interaction globale avec l'univers par le truchement du verbe. Aux confins de tous les mondes possibles, c'est donc la déhiscence de l'être-dans-le-langage par la parole qui fit de son corps une « chair spirituelle » et de son âme, un esprit corporel, le « verbe incarné ». L'invention en (par) lui du langage, l'exempta du monde et de la vie animale, elle fit de lui un être transcendant, entièrement à part. Les pratiques sémiogènes sacrées ne cessèrent en effet de dénaturer ses instincts, elles métamorphosèrent ses facultés affectives, perceptives et intellectuelles qu'elles réagencèrent synthétiquement. Cette synesthésie générale *des sens* fit *le sens*, elle traça le motif qui compose « une logique avec nos fibres » (S. Mallarmé).

L'exacerbation des sentiments en même temps que leur polarisation – l'écartèlement entre douleur *et* joie, horreur *et* extase, violence *et* oblation, oubli *et* mémoire, rêve *et* projet, etc. – fut au principe de la métamorphose matricielle de l'homme. Une ascèse permanente suscita l'exigence du vouloir-dire qui chaque fois répondit à la donne primitive (au « *es gibt* »). Ainsi que le conçut Mallarmé, la condition de l'homme est donc consubstantielle au langage. L'un et l'autre sont en effet : « factice dans l'essence non moins que naturel, réfléchi que fatal, volontaire qu'aveugle »[1].

Si l'on considère la forme que revêtit le jaillissement matriciel, on constate qu'il récapitule les étapes du devenir naturel lui-même, il est un événement unique *et* universel. En effet si l'homme put devenir la bête mystique que nous sommes, s'il put sauter par dessus l'ombre portée de son néant et voir toute chose *sub specie aeternitatis*, c'est que le schème matriciel permit de réunir, et mieux de susciter par la pensée, le visible et l'invisible, la vie et la non-vie. En effet, c'est le couplage de l'impur et du pur dans la transition du deuil à la fête qui fournit la trame de la ritualisation de la mort. Articulant l'un sur l'autre les deux modes princeps de la vie (sous la forme extrême du corps corrompu) et de la non-vie (sous les espèces des restes purifiés du mort), une brèche s'ouvrit en tiers. Une « lecture » à rebours (le contre-sens néguentropique) de l'animé (via le corps corrompu) à l'inanimé (la substance pure, imputrescible) libéra la flèche du sens : le génie d'une vie entièrement dénaturée et surnaturée. L'im-possible intégration de la vie et de la mort suscita la fiction-vraie de la vie *du* sens. Une collusion insensée du périssable et de l'impérissable ne cessa de rallumer dès lors l'incendie poétique en chaque mot.

Enfin l'homme qui s'alimente de mort ne résume pas seulement le conflit inhérent à la vie, il reproduit sur un mode suprême le jaillissement continué des innovations dans la nature. L'entrevision de la mort comme manifestation par excellence du chaos est en effet la ressource de l'ordre symbolique à la fois éminemment fragile et en soi inaltérable, soustrait à toute vicissitude et accident. Or, à la différence de tous les processus naturels d'engendrement de l'ordre par le désordre, l'homme innova encore car il naquit de la libre *conscience* angoissée de la/sa mort. L'homme occupe ainsi une position incomparable dans l'échelle des êtres. Il ne se situe pas seulement au sommet de la longue lignée de la vie mais il en est la flèche. Il récapitule tout ce qui le précéda. Sa naissance apparaît en effet comme éminemment inconditionnée :

---

1. Mallarmé, *Œuvres complètes,* Gallimard, 1945, p. 908.

elle résume tout le donné antérieur. L'Adam primordial fut son propre géniteur. A la différence des autres espèces son apparition ne résulte en effet d'aucun changement fortuit. Même si le long procès de l'hominisation se plia aux schémas et aux contraintes universellement à l'œuvre dans la nature, l'humanisation proprement dite fut un phénomène fulgurant, sui-generis. Ce fut une mutation endogène, conditionnée uniquement par la maturation psycho-physique de l'animal humain : la conscience et la liberté furent en cause depuis le premier instant.

Par une étonnante revanche de « l'esprit de finesse » sur « l'esprit de géométrie », c'est le vertige mortel de l'âme qui s'inscrit dès lors au cœur de l'univers. C'est en particulier quand celui-ci se fait inexplicable (quand notre connaissance de la nature bute sur la nature finie de la connaissance même) que nous retrouvons dans le secret de nos âmes ce qui transfigure l'être périssable et donne souffle à la vie. Une telle vision rejoint, certes, les conceptions traditionnelles et elle s'en distingue du tout au tout. C'est par delà toute référence à un au-delà mythique ou magique qu'il faut (re)penser la constitution symbolique de l'homme qui se projette hyperboliquement *entre et par delà* toutes les dichotomies traditionnelles : *entre* ordre et désordre, pur et impur, nature et culture, matière et esprit même. La position thanatogénétique en vient donc à subvertir toutes les approches positivistes, scientistes et spiritualistes courantes. En l'épiphanie – insignifiable en soi – de la voix et du texte (du logos), le retournement symbolique met l'accent sur le préordonnancement abyssal de la pensée et du monde : l'architecture du cosmos est conforme à celle de l'esprit, et réciproquement.

Mue par un projet d'arraisonnement de l'étant, insciente de sa provenance symbolique, la science est en effet impuissante à nous fournir une vision organique et vivante de nous-mêmes. L'idée d'une connaissance « pure » dérivant apodictiquement d'un formalisme abstrait est non seulement calquée sur le religieux antérieur, elle est en soi de part en part mythique. Parce qu'elle répudie, ce qu'elle tient pour impur, la science nous offre une image détotalisée et mutilante de nous-mêmes. Elle amoindrie notre vie. *Avec* elle et *contre* elle, nous devrons donc accomplir le retournement symbolique qui nous permettra de (re)prendre notre place humble et glorieuse dans l'univers. Inspiré par les frémissements de l'âme, le Poème seul *conçoit* le rapport inaugural à jamais duel *entre* l'être (le un) et le néant (le zéro) : il est au fondement de toute élaboration symbolique et donc des mathématiques mêmes. Aussi savante et rigoureuse qu'un théorème, l'innovation poétique *nous comprend* ; son épigraphie accomplie rend fabuleux le réel, elle remettra toute chose à sa place :

> « *Action poétique tranquille et* scienza nuova *qui reprend partout son bien, dévoile partout les assises poétiques, sans aucun appétit de synthèse totalitaire, sans complexe à l'égard des discours efficaces, sans tolérer un instant l'idée que d'autres détiendraient les clés de sa propre intelligence.*
>
> *Il s'agirait pour la poésie de* « *s'engager* » *... en elle-même : poussée poétique, alors attendue peut-être par notre époque comme une nouvelle logique, qui porterait à la clarté, dans le langage de la poésie, cette poésie qu'est la langue elle-même ; qui rapproche intimement dans l'exposition le poème et son art poétique ; qui montre la capacité ontologique de cette langue en prise sur l'être que nous appelons poésie* »[1].

Dans les cultures traditionnelles, l'homme qui projetait insciemment sur les choses la matrice interprétative de son Drame retrouvait partout les signes de son propre mystère. C'est ainsi qu'il voyait dans les cycles de la lumière et de l'ombre, dans les métamorphoses végétales et animales, dans la nature ambivalente des éléments, dans la régularité secrète ou manifeste des êtres une « forêt de symboles ». Offerte à un déchiffrement infini, une écriture secrète détenait les clés de son destin. Tout satisfaisait son désir de comprendre *et* ne cessait de l'exacerber. La science a brisé cet enchantement. Elle ne paraît nous avoir cédé tous les pouvoirs que pour nous confier le plus terrible, celui de mettre fin à la vie même. Or si un peu de science nous éloigna des ressources poétiques vives de notre

---

1. M. Deguy, *op. cit.*, p. 254.

être, il se pourrait qu'une science tournée vers notre Drame nous y ramène. Nous sera-t-il donné de lire, à rebours, l'immense somme mythologique et littéraire accumulée par nos aïeux, de pénétrer partout le secret archétypal de notre âme ? Trouverons-nous dans une science de la singularité, claire *et* obscure, la confirmation de nos croyances immémoriales en même temps que du sens à jamais duel – tragique et poétique – de notre destin ? L'homme artiste doit exorciser les démons qui le hantent, embrasser la part nocturne de son être, vouloir l'impossible pour que refleurisse la terre.

TESTAMENT POÉTIQUE

Quand Eurydice vient au jour, c'est le jour lui-même qui se voile de nuit. L'Événement-du-verbe qui se conçoit à la fois comme un rebroussement vers la symbolique principielle et une irruption du logos au chiasme du monde et de la pensée a, en effet, pour contrepartie la démythification intégrale des figures du divin. La captation idolâtre du prime jaillissement poétique est dénoncée comme leurre. Ce qui ne devait pas être vu – le sens comme dispositif de défense contre la mort – crève l'œil et assombrit le soleil même. L'œuvre de démystification révèle la pavane dérisoire et pathétique de l'homme face à l'abîme.

Or quand cette épreuve est suscitée par la pensée, elle change de signe, elle se fait acte. La possibilité nous est offerte d'une transpropriation extrême, d'un ultime changement de scène. La thanatogenèse déploie ici les ressources du paradoxe qui lui est inhérent. Quand le logos récapitule ses avatars et se love sur lui-même, il *se conçoit*, accomplit sa naissance *ex nihilo*. La synopsis de l'histoire se fait Fable (*affabilis*, ce qui est dicible *in extremis*). Révélant le leurre de la mort niée, il reste la ressource d'affirmer ce leurre même comme Fiction. Le mort que je suis parle. Brisant en connaissance de cause le tombeau archaïque, nous réaliserons sciemment le transfert du signifiant religieux, idolâtre, vers la « lisibilité » principielle du mot écrit-parlé. Une substance insubstantielle, l'instance ni matérielle ni spirituelle de la voix *et* du texte matriciel (du

Poème) vient s'inscrire au chiasme du monde et de la pensée. Ce transfert quasi sacramentel est une commémoration, il répète la naissance poétique de la parole (le mystère de l'énonciation du premier mot dont la merveille fut captée par les fantasmagories religieuses). Plus radicalement, il confère au verbe la place prééminente qui lui revient. Le procès de schématisation, l'ajointement inaugural du symbole (de « l'idéel » et du « réel ») accomplit l'éclaircie (la *Lichtung*), c'est-à-dire l'apparaître du phénomène. Ainsi, parvenu au plus noir du noir, le nihilisme requiert le ministère de l'homme-artiste, du poète ou plus simplement de l'enfant premier venu, qui naïvement transgresse la loi du silence :

> « *Sur lui, le faible, l'inapparent, le fragile parleur, repose la stabilité du monde : si le rempart invisible de sa parole, si cette assise de souffle qui soutient le monde, est interdite, celui-ci s'écroule dans la précipitation, dans la course aux trousses de l'utopie rationnelle rythmée par les fonctionnaires de la totalisation sociale, qui du percepteur à l'idéologue, déportent l'ensemble vers le vide futur* »[1].

En vue d'accomplir le geste qui fonde la Fiction et transforme en performance ce qui appartient à l'ordre de la convention, il est souhaitable de brièvement confronter le champ ici circonscrit au criticisme kantien. Toute l'innovation kantienne tient au constat de la nature finie de notre pensée, c'est-à-dire essentiellement à l'affirmation du caractère toujours déjà duel – idéel *et* réel – de notre rencontre de l'étant. Pour Kant, on le sait, l'intuition est à la fois formatrice *et* réceptive, a priori *et* donatrice, elle est immédiate *et* médiate. Pourtant, jamais Kant n'aurait admis, qu'en son fondement même, la faculté de l'entendement (la logique transcendantale) pût être elle-même double. Que la capacité de synthèse a priori (la raison) dépende d'une réflexivité extra-consciente inscrite à la césure physio-logale du monde et de la pensée, qu'elle soit donc dénuée de raison, la métaphysique dont hérita Kant n'aura pu le concevoir. Car pour elle, dès son institution grecque, nous

---

1. M. Deguy, *op. cit.*, p. 162.

l'avons vu (cf. *infra* « Poétique de la raison », p. 61), l'intelligence réflexive est conçue comme un milieu diaphane indépendant en soi de toute expression linguistique.

Or nous devons précisément franchir le pas de l'inter-dit et accueillir pleinement la *poèsis* de la parole. Pour nous, l'entendement, l'aperception transcendantale qui conditionne toute conceptualisation n'est pas intrinsèquement l'apanage du sujet conscient de soi. Elle procède de l'ajointement symbolique des modes de l'apparaître par la parole (*symbola* désigne justement ce qui rassemble des éléments épars, les tient ensemble). Du point de vue de la thanatogenèse, il ne saurait donc y avoir de critique de la raison « pure » puisque le phénomène de la conscience est indissociable du Drame intime de l'homme, c'est-à-dire de la synthèse a priori, extra-consciente donc « impure » , commandée par un consensus religieux natif. Dépasser le point de vue avant tout cognitif (soucieux de la théorie de la connaissance) et dualiste (dans le sillage de la métaphysique) du projet kantien, c'est poser le problème des conditions de possibilité de l'apparaître dans l'horizon de l'Événement-du-verbe. L'irruption du verbe n'est plus alors ordonnée aux exigences « théorétiques » d'un *voir* idolâtre, elle se manifeste comme apothéose de la parole, c'est-à-dire comme *dire* – profération et écoute – explicites. Ici les deux versants de la problématique kantienne, l'esthétique et la logique transcendantales, viennent à fusionner au sein d'une problématique renouvelée du « schématisme de l'entendement » qui est, selon Kant lui-même, « un *art* caché dans les profondeurs de l'âme humaine »[1]. Or pour nous, le mystère de ce schématisme se confond avec la déflagration symbolique qui fit de l'animal humain à l'*article* de la mort un être capable de transcender sa fin. La tâche est donc d'accomplir l'avoir-lieu utopique du langage, de comprendre comment l'assomption silencieuse de la voix mourante de l'*autre* en nous aura permis depuis toujours de *dire*, c'est-à-dire d'accueillir et de montrer les choses comme réalité *et* idée (l'*entrevision* du fantôme de la chose *donnant à voir* la chose même).

---

1. E. Kant, *Critique de la raison pure,* trad. fr., P.U.F., 1971, p. 153.

L'acte ultra-métaphysique de la « profération » provoque une métamorphose de l'œil, il prouve la vérité de la parole là où ce fut convention et hasard, il appose le sceau universel. L'*alètheia* générale accorde donc le logos au monde et le monde à la pensée, cela non plus ponctuellement pour rendre compte de la vérité de tel étant mais dans l'horizon d'une conaissance *d'ensemble, c'est-à-dire d'un acte de dévoilement qui dit* le secret du logos, tente de porter la parole à son propre (d'exprimer son silence).

La foi naïve en l'être donné passe dès lors par une crise. Faisant retour sur les conditions de notre accession à l'univers de la signifiance, nous prenons conscience d'une supercherie, d'un leurre originels : nous subissons la blessure du sens néantisé. Mais cette révélation est éminemment ambiguë, elle rend possible une affirmation extrême, la revendication explicite de l'unité du symbole comme Illusion et Fiction. Le motif de l'*Ereignis* développé par Heidegger dans « Le chemin vers la parole » (chapitre conclusif d'*Acheminement vers la parole*), s'épanouit alors comme phénoméno-logie : déclosion réciproque du phénomène par le logos parvenu à son propre et du logos par le phénomène affirmé dans l'horizon d'une non-occultation générale (d'une *alètheia* générale).

1. La révélation de l'inanité du sens – l'*épokè* de toutes les manifestations du divin puis de toute manifestation en général – a pour contrepartie son réfléchissement historial, l'exposé de son unité-plurielle foncière. L'ajointement organique du logos se révèle au moment où le jeu du sens est ex-posé comme dispositif de défense contre la mort. D'où précisément la possibilité d'un revirement ultime : l'affirmation de l'utopie ultra-métaphysique du logos. S'évanouissant dans l'histoire, le logos se love sur soi, il accrédite paradoxalement son inconditionnalité utopique : éternelle.

2. Le retour sur la déflagration primordiale a pour corrélat un revirement radical des positions respectives du *voir* au *dire*. Ce qui toujours fut subordonné devient prévalent. La révélation de l'inanité de tous les rites, la subversion de toute idolâtrie dans l'histoire rend possible l'assomption de la parole. La disjonction de l'ouïr-dire à l'égard de la vue s'accomplit comme assomption de la voix et du texte dans l'horizon d'une expé-

rience morale ou éthique inédite. C'est donc parce que l'unité originelle du symbole vient à se recueillir, à s'auto-affecter et à s'expliciter comme *dire manifeste* que le « logos proféré » est « proféré » . Corrélativement, le *mort primordial* étant pleinement démythifié comme noyau proto-objectif et proto-subjectif, l'axe intentionnel peut être postulé en connaissance de cause : la pensée et le monde peuvent s'articuler l'un sur l'autre *in statu nascendi*, comme fusion *et* scission permanentes, Événement toujours en devenir.

Ainsi, lorsque s'accomplit l'épiphanie en soi insignifiable du verbe, nous assistons à une conversion complète de la phénoménologie. L'*épokè* qui autorise la reconstitution eidétique du jeu du sens prend un tour historial. Complémentairement, c'est le logos explicité, accédant à la conscience de lui-même, la conversion de l'œil capable de voir tour à tour le chaos (l'Impur) et l'Invisible (l'Autre) qui *éclaire* le phénomène. Pour cette phénoméno-logie à la fois nouvelle et immémoriale, l'apparaître (la genèse du phénomène comme *alètheia* générale) s'inscrit sous la coupe du logos logo-logique *et* hétérologique (il se réfléchit historialement *et* confronte son propre néant). Ainsi, le recueillement historial du logos rend-t-il possible le *dire* qui *montre*, qui donne à voir *in extremis* dans la *Zeige* (l'ostention), la co-propriation éternelle (la Dédicace) de *physis* et de *logos*. C'est le sommet de la contemplation : le Testament poétique. Un acte libre, en soi insensé, donne la/sa réplique à l'univers.

La version ultime de la ritualisation de la mort fait donc du hasard de nos origines, nécessité (mais cet acte « n'abolit pas le hasard »). Aux reliques purifiées qui assumèrent initialement le rôle de substrat mitoyen *dans* le monde, *hors du monde* se substitue l'Epiphanie du logos comme texte et voix (cf. « Soleil noir : le renversement baudelairien »). La thanatogenèse poétique – comme poésie (art) *et* pensée – témoigne alors de la survie-du-sens *dans* l'histoire, *hors* de l'histoire. L'anamorphose culmine dans cette assomption, au chiasme de l'être et de la pensée, de l'art (du texte poétique) et de la voix. Tous deux figurent l'*insolubilia* ou la « pureté » ultime qui, à la césure de tous les mondes possibles, fonde paradoxalement l'*alètheia* générale. Cet *insolubilia* n'est plus même im-matériel (comme l'est la lumière), il ne peut être entièrement conquis ou compris car il *est n'étant pas.*

La liturgie du verbe est donc un accomplissement grandiose et simple. Elle pose qu'il ne peut y avoir d'immanence, de fondation du lien entre les mots et les choses sans l'affirmation d'une transcendance qui passe l'homme. L'origine comme connexion d'*ousia* et d'*energeia*[1] se renouvelle désormais explicitement en tout énoncé poétique de la langue. Pourtant il n'y a pas de sécurité définitive, l'affirmation ek-statique demeure risquée, elle est une fiction permanente inséparable d'un projet moral, c'est-à-dire d'un projet de liberté. Pour que se perpétue un « milieu de fiction » (S. Mallarmé), il faut que fulgure sans cesse l'étoilement logo-logique des métaphores de la mort.

La parole proférante établit donc le *rapport* qui ajointe et donne séjour. Elle confère une finalité humaine-divine à l'univers. Elle scelle le Testament poétique : « l'homme puis son authentique séjour terrestre échangent une réciprocité de preuve »[2]. Face au néant maintenant pleinement avéré, nous affirmons la chimère d'une *apparition* chaotique *et* ordonnée *in statu nascendi.* A cette re-connaissance réciproque qui *rend grâce,* qui répond (ou réplique) à la *donne* de l'être (au « il y a » : *es gibt*), Heidegger réserva, on le sait, le nom ancien de « *Gedanc* »[3].

L'Acte qui accomplit le retournement symbolique, qui profère la parole en son entier et fonde la vérité de l'étant, rejoint la simple nomination. Il rend manifeste le fait que toute parole qui *dit* poétiquement le monde est une métaphore de la mort. Notre Drame intime est sans cesse projeté sur toute chose. Il motive le langage et fonde en nécessité ce qui d'abord n'est qu'arbitraire. A travers la rhétorique des figures et des tropes, l'art poétique révèle une réalité devenue fabuleuse. Le cratylisme inhérent à toute « mise en scène spirituelle exacte » (S. Mallarmé) est ainsi vérifié. Risquant les mots pour le dire, mon regard se retourne vers l'ombre d'Eurydice : le chaos se désabrite et prend corps, en lui passe à chaque fois quelque chose de l'autre monde (quelque chose de l'Infini) :

---

1. Cf. Heidegger, *Essais et conférences, op. cit.,* p. 87.
2. S. Mallarmé, *Œuvres complètes,* Gallimard, 1945, p. 545.
3. M. Heidegger, *Qu'appelle-t-on penser ?*, trad. fr., P.U.F., 1973, pp. 143-149.

« *Or si l'origine ne cesse d'avoir lieu [...] c'est que le* chaos *ne cesse d'être lui aussi présent comme l'en deça immédiat de l'origine, la matrice de l'origine.* Chaos *est la dispersion, si tout est comme brouillé, dé-figuré avant la figure, disjoint mais pouvant se réunir à soi [...] Appelons origine le moment où se* trouve *comme* se re-trouvant *ce qui était disjoint. De là le voyage, et toute quête en géné-ral, s'il est vrai qu'à l'état de dispersion pré-originaire nous* désirons *que succède le moment de l'origine, ou pro-fondeur arrachée au chaos* »[1].

La « profération » du verbe devenue ajointement par le symbole est le terme compréhensif du parcours. La brèche béante tout au long de l'histoire entre poétique native et pra-tiques sacrées est maintenant comblée. Chaque intuition abrite l'originel charme qui accorde séjour aux mortels. Un « malaise divin » fait refleurir le génie de la langue, anime les choses. Car il n'y a de science vraie que du particulier. Dans toute visée aimante frémissent des mots à épeler, la chair savoureuse de poèmes tus. Un au-delà démythifié nimbe de nuit le monde, lui confère une vivacité, une virgi-nité jamais démenties. Le Poème rachète la nature même. Il fait retentir à travers l'univers la faible voix de celui/celle qui, échappant à ses lois, se donne le privilège (l'illusion ?) de les ordonner.

Car l'Événement-du-verbe qui est co-naissance symbo-lique de l'univers est aussi invention naïve de nous-même. C'est à présent l'intériorisation du jeu extra-conscient du verbe par la voix qui revêt un rôle cardinal (cf. section suivante : « Le phénomène de la voix »). La conscience naissante s'avère insé-parable d'une troublante initiation au néant. Un acte d'auto-création terrifiant *et* jubilatoire transgresse l'interdit pri-mordial du silence : l'enfant prononce les mots qui font de lui un moi fragile, éminemment vulnérable. Il se fait origine : les choses se plient à son vouloir, deviennent telle qu'il les pose et les suppose. De la prise de conscience de son autorité puérile naît une vocation littéraire :

---

1. M. Deguy, *op. cit.,* p. 262.

« *Un matin, tout enfant encore, je me tenais sur le seuil de la maison, et je regardais à gauche, vers le bûcher, lorsque soudain me vint du ciel, comme un éclair, cette idée :* je suis un moi, *qui dès lors ne me quitta plus. Mon moi s'était vu lui-même pour la première fois, et pour toujours* »[1].

Petit récit auquel s'accorde cet autre, tel :

« *(Une scène primitive ?) Vous qui vivez plus tard, proches d'un cœur qui ne bat plus, supposez, supposez-le : l'enfant – a-t-il sept ans, huit ans peut-être ?– debout, écartant le rideau et, à travers la vitre, regardant. Ce qu'il voit, le jardin, les arbres d'hiver, le mur d'une maison : tandis qu'il voit, sans doute à la manière d'un enfant, son espace de jeu, il se lasse et lentement regarde en haut vers le ciel ordinaire, avec les nuages, la lumière grise, le jour terne et sans lointain. Ce qui se passe ensuite : le ciel, le* même *ciel, soudain ouvert, noir absolument et vide absolument, révélant (comme par la vitre brisée) une telle absence que tout s'y est depuis toujours et à jamais perdu, au point que s'y affirme et s'y dissipe le savoir vertigineux que rien est ce qu'il y a, et d'abord rien au-delà. L'inattendu de cette scène (son trait interminable), c'est le sentiment de bonheur qui aussitôt submerge l'enfant, la joie ravageante dont il ne pourra témoigner que par les larmes, un ruissellement sans fin de larmes. On croit à un chagrin d'enfant, on cherche à le consoler. Il ne dit rien. Il vivra désormais dans le secret. Il ne pleurera plus* »[2].

A cette scène du « génie enfant » (Ch. Baudelaire) se rattache la fascination, elle aussi éminemment littéraire, pour les états liminaires : expériences du vertige et de la stupeur, troubles de l'âme et du cœur, intermittences du sommeil et de la veille[3].

La co-naissance symbolique de l'homme et du monde est une conquête exorbitante. Faire preuve de liberté exige le déta-

---

1. Jean-Paul, cit. par A Beguin in *L'âme romantique et le rêve*, J. Corti, 1939, p. 176.
2. M. Blanchot, *L'écriture du désastre*, Gallimard, 1980, p. 117.
3. Entre mille exemples : E. A. Poe *Marginalia* trad. et commentaire de P. Valéry, Fata Morgana, 1980, pp. 40 et suiv.

chement à l'égard du passé, certes, la volonté de nous délivrer des contraintes cruelles de la mère primitive, mais aussi le réaccomplissement permanent de notre nativité auto-poétique. On sait combien nos ancêtres furent hantés par le sentiment vif de l'imminence de la perte, la prémonition poignante que le soleil pourrait ne plus briller demain. Assumer l'entretien divin, l'aspiration non seulement à préserver l'humanité en nous mais à imposer à l'univers la raison qui lui fait défaut exige une retrempe aux sources : la volonté de différer toujours plus hardiment notre fin.

> « *La* bonté *procède [...] Les idiomes sont respectés. Chacun les comprit dans sa langue [...] Tout se rejoue plus minutieusement, plus vite [...] La vérité est partagée, les pains les poissons les morts [...] l'humilité surmonte l'horreur. Elle reconnaît l'Alliance, de la salive et de la poussière ; des noms et de leurs choses ; elle accepte que l'un et l'autre soit union, dont seule la parole ambiguë peut vénérer la simplicité : accepte le sacré devenu sacrement, et regarde le sacerdoce dans les yeux. L'orgueil est déçu. Le peintre se remet en face d'une seule chose. Les morts* »[1].

LE PHÉNOMÈNE DE LA VOIX

La voix, nous l'avons noté, joue un rôle cardinal dans la transpropriation du *voir* au *dire*. Son *Ereignis* commande la « profération » du logos interne, l'Événement-du-verbe : le principe d'éternité que l'homme impose à la nuit. L'épiphanie de la voix éclaire en effet l'énigme des limitations *et* du dépassement de la métaphysique. Par delà la critique déconstructive, l'élucidation de l'arcane de la voix comme déconception ultra-métaphysique laisse entrevoir une *autre origine* : le non-lieu de l'origine et ... de la fin.

Dans notre tradition, l'approche de la voix est inscrite sous le signe du compromis puisque le langage n'aura jamais

---

1. M. Deguy, *op. cit.,* p. 101.

pu être admis de plein droit sur la scène métaphysique. L'élaboration rationnelle du logos aura en effet constamment exigé l'exploitation et l'occultation du logos qui aura dû demeurer subordonné au *voir*, éclipsé sous le primat de la *theoria*. Toutefois, bien que son rôle générateur ait été méconnu, la *phonè* jouit d'un privilège secret au sein de la métaphysique. Pour Platon elle est intimement liée à la genèse même de la pensée comme « dialogue intérieur et silencieux de l'âme avec elle-même »[1]. Pour Aristote « elle montre ce qu'il y a dans l'âme »[2]. Dès l'aube du Moyen Age, avec l'influence du judéo-christianisme sur la philosophie, le mystère de la voix, son excellence dans l'ordre des manifestations de l'âme sont plus encore mis en relief. Dans l'expérience de la foi, l'écoute de la parole, la compréhension qui est écoute et patéfaction (*fides ex auditu*) précède toute constatation et certitude (il est remarquable que l'expérience morale de l'ouïr-dire soit associée à l'inscription du Nom « qui s'inscrit mais ne se lit pas »). Rien d'étonnant alors que le motif « de la voix de la conscience » ait pu jouir d'une fortune considérable dans notre culture. Sur un mode quasi pléonastique la « voix de la conscience » révèle pourtant l'insinuation d'une altérité intime au cœur de toute affirmation de présence[3].

Dans un ouvrage bref mais dense, *La voix et le phénomène*[4] publié la même année que *De la grammatologie*, J. Derrida a montré quelle fonction cardinale était réservée par Husserl à la voix. Dès les premières élaborations du projet phénoménologique (dans *Recherches logiques*) et malgré son incontestable caractère d'innovation, celui-ci reste subordonné à la métaphysique de la présence dont Husserl se borne à inventorier les ressources. Sur un mode étrangement somnambulique, la variante phénoménologique de la métaphysique voile ici ce qu'elle dévoile. Visant à réfléchir explicitement ou eidétiquement les prestations signifiantes inhérentes à l'expé-

---

1. *Sophiste*, 263 c.
2. *De l'interprétation*, cité par Heidegger in *Acheminement...*, *op. cit.*, p. 230.
3. Cf. G. Gadamer, « La langue et le verbe », in *Vérité et méthode*, *op. cit.*
4. P.U.F., 1967.

rience, la phénoménologie est censée être viciée par un impensé principiel dont il importe de faire l'archéologie.

L'analyse derridienne porte principiellement sur le double registre du fonctionnement du signe chez Husserl. Discrètement, insidieusement, la phénoménologie dévalue et secondarise « l'indication » (le signe dans sa fonction sémiotique de suppléance et de renvoi) au profit de « l'expression » qui préserve et accrédite la présence à soi de l'ego : « ... *les expressions* déploient [...] leur fonction de signification *dans la vie psychique solitaire* où elles *ne figurent plus comme indices* »[1]. C'est dans ce cadre que le commentateur en vient à circonscrire le territoire singulier réservé à la *phonè* au sein de la phénoménologie. Sous-jacente à toute visée intentionnelle, la voix qui fonde la présence à soi participe aussi de l'advenue en présence de la chose comme telle. Celle-ci se prodigue en effet en présence quand le jeu anaphorique de l'indication s'efface dans un pur fonctionnement (cf. les analyses très fines que développe Husserl dans les § 12 « L'objectivité exprimée », § 13 « Relation entre signification et rapport à l'objet » et § 14 « Le contenu en tant qu'objet, en tant que sens remplissant et en tant que sens ou signification pure et simple »). Si la voix peut assumer ce rôle étrangement instaurateur de l'apparaître, c'est qu'elle s'inscrit en un site singulier dont il faut souligner le caractère mitoyen. En l'une de ses faces elle est physique ou intra-mondaine comme son ou phénomène seulement accoustique, en l'autre, l'effacement et la sublimation de la matérialité dudit son participe de l'épanouissement d'une présence idéelle. En sous-œuvre, la voix assume donc un rôle névralgique de substrat ou de suppôt – d'*upokeimenon*. Elle est la condition de toute idéalité car le phonème « schématise » le son, le rend itérable et le soustrait à tout accident mondain.

Enfin toute l'énigmatique magie de la voix gît dans sa capacité à animer le signifiant. Sans la vivacité de la parole, le phonème resterait lettre morte. L'écoute évanouissante des sons est elle-même sublimante, elle délivre le corps spirituel d'*un mort* dont la résurrection glorieuse transfigure rétroactive-

---

1. E. Husserl, *Recherches logiques,* T. 2, trad. fr., P.U.F., 1969, p. 28.

ment le locuteur lui-même. L'animation verbale transit le corps, elle en fait une chair spirituelle. Tout le mystère de la voix tient donc au fait, comme le dit excellement Derrida, que la voix *s'entende*. Elle articule le dehors et le dedans, elle instaure, à la faveur d'un pur effacement idéal, un dédoublement réfléchissant qui pourrait valoir comme l'origine de la conscience même.

Derrida suggère donc que la métaphysique, en l'une de ses versions symptomales chez Husserl, n'aura voulu retenir que la face lumineuse, vitale de la voix pour occulter sa face disséminante et négative, cependant toujours subrepticement convoquée. Or, toute l'enquête de l'auteur de *De la grammatologie* vise à exhumer cette autre face méconnue, à insister non seulement sur son irréductible intra-mondanité, mais aussi, sur sa diacriticité principielle. Extrapolant les thèmes saussuriens Derrida a beau jeu de montrer que tout phonème est toujours déjà engagé dans un jeu de suppléance et de renvoi, une économie générale de la trace ou de la « différance » qui subvertit, en son principe même, l'idée du pur vouloir-dire métaphysique. Loin de ramener « l'indication » à « l'expression », Derrida expose la voix à cette extériorité illimitante qu'elle avait justement pour mission d'exploiter et de *contenir*. Au terme de la critique déconstructiviste, « l'expression » se perd, elle se disperse dans le jeu d'une « indication » sans terme et sans origine.

Mais l'analyse derridienne va-t-elle au bout de la question posée, interroge-t-elle en son fond l'énigme de la voix ? Toute la démonstration tourne autour du thème critique de l'auto-affection. Or, à aucun moment Derrida n'en vient à aborder directement la question capitale des conditions de possibilité de la phénoménalité induite par l'épiphanie de la voix. Il est pourtant patent qu'un questionnement sur ce qui (se) réfléchit dans le « s'entendre parler » en viendrait à questionner la problématique égologique en son foyer même. (Il est remarquable que la générativité réfléchissante de la voix demeure également inélucidée dans l'ouvrage de Giorgio Agamben, *Le langage et la mort*[1], récemment traduit en français ; cela bien qu'Agamben

---

1. Éd. Christian Bourgois, 1991.

mette l'accent, par delà les positions derridiennes, sur l'ambivalence toujours déjà grammatologique des déterminations de la *phonè* au sein même de la conceptualité métaphysique[1]).

Dans *La voix et le phénomène*, Derrida laisse pourtant entrevoir, sans y insister, la possibilité d'un renversement radical qui, loin d'ajouter seulement une « marge » ou un « supplément » à la conception métaphysique de l'origine, en viendrait à concevoir une *autre origine*, à supputer les chances d'un *autre commencement*. L'auteur indique en effet, à certains moments de sa démonstration, que l'interrogation portant sur la voix dans le registre de la « différance » pourrait déboucher sur une perspective ultra-métaphysique, par delà la simple complaisance nihiliste pour la perte de conscience : « Mais l'unité du son et de la voix, ce qui permet à celle-ci de se produire dans le monde comme auto-affection pure, est l'unique instance qui échappe à la distinction entre l'intra-mondanéité et la transcendantalité, *et qui du coup la rend possible* »[2]. Mais il ne s'agit ici que d'une remarque incidente. Le même mouvement et la même indexation fugace pointent dans d'autres passages[3].

On peut donc se demander pour quelles raisons l'auteur de *De la grammatologie* n'aura pas abordé la problématique du renversement général, plusieurs fois entrevue. Devant quelle conséquence le commentateur se sera-t-il à son tour dérobé ? Pour tenter d'expliquer un parti pris qui conduisit Derrida à avancer, peu après, la thèse de « la différance sans origine »[4], il faut être attentif à ce qui reste en suspens dans l'horizon proprement innovateur de son questionnement.

Au cœur même de ce qui fonde la conception phénoménologique (ou plus largement métaphysique) de la présence, Derrida décèle, nous l'avons noté, une impureté ou une impropriété intimes[5]. Si « la voix garde le silence » c'est pour masquer sa négativité intrinsèque, donner le change sur ce qui doit

---

1. Cf. en particulier, pp. 73-80.
2. *La voix et le phénomène, op. cit.*, p. 89, je souligne.
3. Notamment p. 92 et dans une note p. 61 à propos de l'unité de la vérité et de la non-vérité.
4. *Marges*, Éd. de Minuit, 1972, p. 14.
5. *La voix et le phénomène*, cf. en particulier p. 44, p. 80 et pp. 86-87.

passer pour sa parfaite diaphanité. Or le thème qui porte de bout en bout la démonstration et en constitue, à vrai dire, le leitmotiv est celui de l'incidence de la mort dans la vive voix :

> « *C'est donc le rapport à ma mort (à ma disparition en général) qui se cache dans cette détermination de l'être comme présence, idéalité, possibilité absolue de répétition. La possibilité du signe est ce rapport à la mort. La détermination et l'effacement du signe dans la métaphysique est la dissimulation de ce rapport à la mort qui produisait pourtant la signification* »[1].

Une « économie de mort » gouverne le « vouloir dire » et donc la vie de la conscience. Derrida évoque cette problématique dont il reconnaît explicitement les consonances, voire la filiation hégéliennes (cet aspect est développé dans « Le puits et la pyramide » in *Marges* et dans *Glas*). Mais, (redoutait-il d'être pris au piège du puissant dispositif hégélien ?) l'auteur de *De la grammatologie* esquive à son tour l'examen du jeu de la *coïncidence radicale* du dehors et du dedans, de la fausseté et de la vérité, finalement de la vie et de la mort mêmes qui commande de part en part son enquête. Or le projet de la thanatogenèse consiste précisément à progresser dans cette voie. Et elle peut y parvenir parce qu'elle vise à désenfouir *la dimension proprement mythique et religieuse* de « l'être-pour-la-mort » (pour utiliser ici par commodité la formulation heideggérienne) méconnue par l'ensemble de la tradition philosophique, y compris par Derrida.

La naissance mortelle de la voix s'éclaire en effet dans l'horizon ultra-métaphysique d'une transpropriation du *voir* au *dire* ayant partie liée au Drame de l'homme depuis ses premiers commencements. Quand culmine l'explicitation de la ritualisation primitive de la mort, la voix se substitue aux restes purs, elle est (avec l'exposé poétique du texte matriciel) l'*insolubilia* ultime. A la faveur d'un « pas en arrière » décisif, nous pouvons alors envisager l'extrapolation de la thématique heideggérienne de l'*Ereignis* : l'ajointement explicite du jeu sym-

---

1. *Ibid.*, p. 60, voir également pp. 8, 37, 44, 108 et 114.

bolique, autorise un *dire* qui *donne à voir*. La déclosion de l'étant en totalité accomplit l'*alètheia* générale, elle reproduit, au plan historial, l'invention de la parole : la transpropriation des signifiants, le change des sens du *voir* à l'*ouïr-dire*.

Ce qui donc est requis est rien de moins qu'une archéologie des ressources magiques et mythiques de la voix. Aux sources de l'être conscient, l'épiphanie de la voix doit être rapportée au déplacement sur le souffle de la sémiotique réflexive extra-consciente commandée par les pratiques du sacré. Or cette explicitation requiert la levée de la forclusion de l'abîme mortel : l'élucidation du secret de la voix – son *Ereignis* – impose la confrontation du « tombeau du propre où se produit en différance l'*économie de la mort* »[1]. C'est ce que pressentit Derrida (et Agamben) à la suite de Hegel et de Heidegger, mais sans accomplir le détour archéologique vers nos ressources mythiques. Car ce retour ne peut se concevoir simplement comme une expérience de la perte du sens ou de l'évanouissement pur et simple de la conscience (qui participerait alors simplement de la dérive nihiliste générale). Il n'est pas non plus assimilable à un « dépassement » dialectique de la « négativité » qui conforterait la métaphysique de l'*ego* dans sa méconnaissance de l'abîme ou du vide des origines. Une approche de l'Événement-du-verbe se conçoit bien plutôt à la fois comme une poétique de la mort (et) de Dieu et comme l'assomption d'un logos auto-réflexif, extra-conscient. Une expérience individuelle *et* collective de notre dissolution historiale offre en effet la chance extrême d'un *autre commencement*.

Tous les fils de l'analyse ici se rejoignent en un point où l'expérience de la poésie recoupe celle de la pensée. La « profération » (logo-logique *et* hétérologique) du logos porte la parole à son comble. Elle révèle en même temps son impropriété foncière : son *Ungrund*, c'est-à-dire le caractère non seulement abyssal mais factice et fallacieux du fond. Ainsi que le conçut Heidegger, l'*Ereignis* n'est pas seulement un événement dans l'ordre du savoir : il est une « expérience faite avec le langage ». Il annonce pour nous une co-naissance quasi enfantine du verbe : l'invention du texte et de la voix.

---

1. *Marges, op. cit.*, p. 4.

L'exposé de l'intime connexion symbolique se parachève en effet comme dire, c'est-à-dire comme monstration (*Zeige*), phénomène pro-duit dans et par la com-préhension. Le cristal de la voix recompose un sens poétiquement explicité, tandis que le logos proféré parachève l'iconoclastie des figures idolâtres. Le déploiement d'une scénographie de l'origine ne fait donc qu'un avec l'*Ereignis* de la voix comme *gramma*. Ainsi, pénétrer l'arcane de la voix c'est comprendre comment sa sourde naissance dans le gosier d'Adam fut inséparable des ascèses de l'écriture/lecture dans le cadre des commotions collectives du sacré. Dès les origines, tout procéda de la transpropriation du *voir* sacré à l'*ouïr-dire* profane. Toute l'histoire ne fut qu'une renégociation et une amplification de cet infime et ... considérable Événement.

La voix comme trace évanouissante (tracé ouvrant : *Aufriss*) s'efface en silence. Elle schématise la chose : ajuste le pré-voir de l'invisible (le fantôme de la chose : son essence) à l'apparition d'un visible toujours déjà re-vu (l'existence de la chose comme telle est toujours déjà empreinte d'absence). Tandis que se trouve désintriquée l'ambivalence première *du mort* qui vaut à la fois comme autre-moi-même, dans le rapport proto-subjectif, et comme proto-objet métamorphosé, l'ob-stance de la chose est ce qui permet au sujet de s'autoaffecter, de coïncider avec soi-même. Par l'échange des signifiants du *voir* à l'*ouïr-dire*, l'intuition est désormais sous la coupe du *dire*, c'est-à-dire de la libre intellection d'un sujet capable de *parler en son nom*.

On constate donc que le moindre acte d'énonciation aura toujours déjà couplé l'un sur l'autre et intériorisé les aspects performatif et constatif de la déflagration primitive. C'est en se fixant sur la seule hypostase de la voix comme trace qui s'inscrit *et* s'entend, que le double cycle de l'odyssée du mort *et* de la communauté put se déployer comme schématisation du phénomène. Celle-ci ne cesse de prodiguer le domaine d'une sublime réflexivité extra-consciente pour une conscience qui put elle-même demeurer *in statu nascendi*. L'ins(is)tance de la voix permit donc de transposer et d'intérioriser tout le jeu matriciel. Elle distribua la vision de la chose *entre* l'idéalité et l'existence (*entre* quidité et quodité) *et* elle initia le sujet à un univers du sens indéfiniment renouvelable. En sa complexité et sa plasticité, l'intériorisation de la symbolique primitive par l'auto-affection de la voix est bien la condition du prime épanouissement d'une conscience de l'ego.

La transpropriation du schème matriciel, telle que nous venons de l'esquisser, explique la fascination exercée par la voix dans la conceptualité métaphysique. Elle éclaire aussi et unifie, dans l'optique de la genèse du phénomène, la triple acception métaphysique de l'apparaître[1]. Produit par le *dire* explicite qui donne à voir et accomplit l'ostension de ce qui chaque fois entre et sort de la *Lichtung*, le phénomène avère son intérieure illumination et sa brillance (*phanestai* : se mettre à luire, se montrer). Il joint, en outre, l'apparence à l'apparaître, non comme faux-semblant mais comme fiction-vraie, recréation poétique de ce qui advient en présence.

L'épiphanie de la voix dans son rapport secret au texte matriciel régit donc à la fois la mondanéisation du monde *et* l'inter-subjectivation (puisque tout sujet puise dans l'expérience préalable d'une symbolique flagrante). Elle met en branle à chaque fois le complexe tétradique en son intégralité. Constatons-le en nous référant aux analyses exemplaires que nous en proposent tant Derrida dans *La voix et le phénomène* (dans le prolongement même critique de la phénomènologie) qu'Agamben dans *Le langage et la mort* (dans une enquête portant sur plusieurs moments clés de l'histoire de la métaphysique).

La voix fait signe parce qu'elle est une trace qui, en tout acte d'émission ou de réception, induit une élémentaire *distinction* entre le son intra-mondain et « l'image accoustique du son » (F. de Saussure), c'est-à-dire entre le versant purement physique et « l'empreinte psychique » ou la face idéelle du son. La voix qui présuppose toujours une ascèse, un affinement des capacités phonatoires et articulatoires se supprime donc d'elle-même pour *donner lieu* à un primordial écart sensible/non-sensible. L'inscription et la lecture de la trace vocale sont en effet cette opération spirituelle *princeps* par le truchement desquelles s'instaure l'autorité d'un sujet capable de

---

1. Voir *Introduction à la métaphysique,* trad. fr., Gallimard, 1967, p. 109.

représenter le monde à la fois pour soi et pour autrui (dans le soliloque comme dans l'interlocution). Cet *Ereignis* de la voix comme signe commande en sous-main toute la démarche de Derrida. Elle est aussi explicitée comme telle par Agamben qui met l'accent sur la voix comme pur avoir-lieu du langage préalablement à tout énoncé linguistique occurrence :

> « *Il suffit de réfléchir à ces questions pour comprendre que la contemporanéité et la relation existentielle ne peuvent se fonder que sur la voix.* L'énonciation et l'instance de discours ne peuvent être identifiées comme telles qu'à travers la voix qui les profère, *et ce n'est qu'en lui supposant une voix que quelque chose comme un avoir-lieu de discours peut être montré.* [...] 'Prendre le Ceci', 'être-le-là' n'est possible qu'en faisant l'expérience de la Voix, c'est-à-dire de l'avoir-lieu du langage dans la suppression de la voix »[1].

La voix comme trace est, d'autre part, irréductiblement solidaire d'un jeu diacritique de différences ou d'espacement. C'est ici le trait essentiel de l'innovation saussurienne-derridienne. Tant au plan du signifiant qu'à celui du signifié, une spaciosité ou un « volume » d'archivation de différences « sans contenu » est nécessaire pour qu'une occurrence signifiante puisse se produire, partant un étant être rencontré. Cette prime « textualité » est à son tour inséparable de la temporalisation du temps. Derrida en reconnaît précisément la nécessité au terme d'une explicitation du « concept d'auto-affection » : « Comme la trace est le rapport de l'intimité du présent vivant à son dehors, l'ouverture à l'extériorité en général, au non-propre, etc., *la temporalisation du sens est d'entrée de jeu « espacement »*[2]. Ce motif Agamben l'exprime à son tour de la manière suivante : « *En tant qu'il a lieu dans la Voix (c'est-à-dire dans le non-lieu de la voix, dans son avoir-été), le langage a lieu dans le temps. En montrant l'instance du discours, la Voix ouvre, en même temps, l'être et le temps. Elle est chronothétique* »[3].

---

1. *Le langage et la mort,* pp. 68 et 77, souligné par l'auteur.
2. *La voix et le phénomène,* pp. 93-96.
3. *Le langage et la mort,* p. 75.

Préalablement à toute conception temporelle, l'irruption de la voix instaure en effet une Dia-chronie radicale qui est la condition de la com-position des ek-stases du temps vécu. C'est pourquoi l'apparition du logos lui-même est l'Événement prépotent qui règne en tout événement. C'est donc par la voix comme trace qui relaie la sémiotique des « restes » purs dans les liturgies primitives, que la vision de l'absent (mobilisatrice de la capacité de mémoire) se trouve perpétuellement projetée vers une parousie de l'Invisible. La voix fait vibrer le corps qu'elle anime (ou ranime), elle lui insuffle la vie. Donnant à entr'apercevoir ce qui gît par delà le tombeau, elle suscite le *sôma pneumatikos* glorieux des fictions-vraies.

La voix *donne* donc à voir, sa matérialité spirituelle porte le *dire* (*dicere* a la même racine que *zeigen*) à la parole. Elle transfigure la vision et nimbe tout visible d'invisible. Ces thèmes sont présents de manière latente dans plusieurs passages de *La voix et le phénomène* dans un commentaire qui, même s'il dévoile l'envers caché de la conceptualité phénoménologique, en demeure cependant solidaire. Ils sont également patents dans « Le chemin vers la parole » où Heidegger expose de la manière la plus conséquente le motif de l'*Ereignis* comme prolégomènes à une ontologie du logos. C'est dans cet horizon que s'inscrit le projet de la thanatogenèse. Il ramène le destin historial du « sens de l'être » à l'*Ereignis* du verbe, c'est-à-dire en dernière instance à l'Invention résurrectionnelle de la voix et du texte. C'est aussi cette même problématique qui gouverne l'enquête d'Agamben notamment quand il interroge l'avoir-lieu du langage à travers ses avatars métaphysiques, d'Aristote à Wittgenstein en passant par la philosophie médiévale et par Hegel[1].

Enfin, les tracés mélodiques de la voix qui renouvellent sans cesse les prestiges de la déflagration tétradique du sens-sacré incluent les potentialités de l'art. Le rythme incantatoire de la voix, son timbre toujours singulier, sa plasticité remarquable en font en effet le support par excellence des émotions de l'âme. Rien de plus musical et de plus émouvant que

---

1. *Le langage et la mort,* cf. notamment pp. 42-46.

la simple écoute de la voix, notamment la récitation d'un poème dans une langue inconnue. L'âme des vivants y révèle sa part de nuit, sa profonde complicité avec l'âme des morts. Animée fugacement par le génie de la langue, la voix expirante de l'*autre* en moi m'éveille au sentiment tragique et émerveillant de ma présence évanouissante. La voix qui dévoile le monde est donc le non-lieu de l'origine comme tel, elle révèle pour nous l'unité réfléchie du symbole. Elle fait de chaque locuteur, hanté par le double cri de sa naissance et de son agonie, le premier et le dernier homme. Quand Adam s'approprie le monde par la nomination[1], il a déjà franchi le seuil de l'outre-tombe : il est déjà le « verbe incarné ».

La métaphysique aura fondé l'ordre de la présence sur une entre-vision de l'abîme qui imposa la dissimulation de la fiction. Dans le prolongement de la rupture nietzschéenne-heideggérienne on comprend, *avec* et *contre* Derrida, pourquoi la parole métaphysique aura dû « garder le silence » : occulter les origines impures en donnant le change de l'ineffable. Or, quand l'interdit immémorial est transgressé, le néant, mieux le leurre, de l'âme sont exhibés.

Parvenus en ces contrées extrêmes (ce territoire de l'*eschaton*), nous sommes conviés à assumer, sans réserve, les paradoxes de notre condition : la chance offerte par l'Événement-du-verbe dans l'horizon d'une co-genèse ambiguë – temporelle *et* éternelle – du monde et de la conscience. Seul le projet d'un tel épuisement infini du *voir* au bénéfice du *dire* pourrait rompre avec l'histoire de l'onto-théo-logie en même temps qu'en renouveler la visée méta-physique (physio-logale et magique). Par delà les positions derridiennes, je rejoins ici le point de vue d'Agamben :

> « *Certes, il faut rendre hommage à Derrida d'avoir été le philosophe qui a défini avec le plus de rigueur – en développant le concept de trace de Lévinas et celui heideggérien de différence – le statut originel du gramma du signifiant dans notre culture, il n'en est pas moins vrai*

---

1. Gen 2, 19-20.

qu'il a cru un moment, ce faisant, ouvrir la voie au dépas-
sement de la métaphysique, tandis qu'en vérité il n'a fait
qu'en mettre en lumière le problème fondamental. La
métaphysique, en effet, ne signifie pas simplement le pri-
mat de la voix sur le gramma. Si la métaphysique est
la pensée qui pose à l'origine la voix, il est également
vrai que cette voix est pensée, depuis le début, comme
supprimée, comme Voix. Définir l'horizon de la métaphy-
sique simplement par la suprématie de la phonè signifie
penser la métaphysique sans la négativité qui lui est
consubstantielle »[1].

Notre démarche est ici homologue à celle proposée plus haut pour la métaphore. Il s'agit de progresser dans l'entre-deux en réalisant la coïncidence générale des opposés, en particulier de la vie et de la non-vie, de la vérité et de la fiction. Le travail de déconstruction se transforme alors en projet de dé-constitution. Il débouche sur une visée an-archique de nos origines, le projet im-possible d'un *autre commencement*. Dans le dernier chapitre de *La voix et le phénomène* Derrida développe le thème du « supplément d'origine ». Exposées à un dehors toujours marginalisé, les notions métaphysiques d'origine et de présence font alors l'objet d'une critique censée être radicale. Cependant une telle démarche s'avère encore elle-même unilatérale et partielle : elle conserve cela même qu'elle subvertit. Elle n'a pas encore pleinement assumé l'épreuve de la tradition qui, lorsqu'elle tend vers son terme, intensifie les exigences de la rupture *et* de la recréation. Il est remarquable que dans la conférence intitulée « La différance » – le quasi manifeste de la déconstruction – les thèmes de l'auto-affection et de l'auto-référence (sans lesquels toute déconstruction de la notion de conscience serait vaine) ont eux-mêmes disparu, tandis que l'insistance sur la « différence sans origine » et le « texte sans voix »[2] masque définitivement l'incidence de la sur-vie résurrectionnelle du sens dans l'économie de la mort.

---

1. *Ibid.*, p. 81.
2. *Marges, op. cit.*, p. 14.

En revanche, en exposant l'épigenèse *ex nihilo* du logos, la thanatogenèse réalise le programme d'une authentique phénoméno-logie (étant admis que toute l'originalité de la phénoménologie husserlienne consista précisément à reprendre la conceptualité philosophique classique du point de vue de la question du sens, c'est-à-dire du *Sinn* et de la *Bedeutung*). Or, par delà les perspectives husserliennes, la tâche est de *réfléchir l'expérience* à la fois historialement *et* symboliquement, donc de (ré)accomplir l'*épokè*, non du point de vue d'une « logique transcendantale », mais comme scission *et* fission du *logos* et du *mythos*. La thanatogenèse, qui révèle le jeu auto-réflexif du logos émergent, s'inscrit donc *entre* la déconstruction derridienne et la phénoménologie husserlienne. Elle déjoue à la fois les apories d'une réflexion phénoménologique centrée sur l'*ego* et celles d'une lecture seulement déconstructiviste des édifices anciens. La valeur expressive de la voix est alors retrouvée, mais seulement parce qu'elle débouche ambigument sur un acte de liberté et de foi (cf. *infra* « L'homme extasié », p. 135).

L'épigraphie ambiguë de la voix (comme trace *et* texte aphone : comme voix mourante) situe donc le logos au chiasme de l'être et de la pensée. Elle accomplit la transpropriation symbolique *et* historiale (eschatologique) achevée du visible sacré vers la sacralité (ou mieux, la sainteté) de la parole.

1. Subordonnée à la *poèsis* du logos, la subjectivité assume désormais une position ambivalente. La prise de conscience de ma naissance mortelle, c'est-à-dire de la voix de l'*autre* en moi fonde paradoxalement ma responsabilité *et* ma liberté. En tant qu'*ego alter*, je suis responsable *et* j'accède simultanément à la capacité de mourir : « Consentir à l'avoir-lieu du langage, écouter la Voix, signifie, dès lors, consentir également à la mort, être capable de mourir (*sterben*) plutôt que de simplement décéder (*ableben*) »[1]. Comme Agamben le montre par ailleurs, à propos de la littérature des troubadours pour lesquels « l'événement même de langage » est alors conçu comme une « expérience amoureuse et poétique fondamentale » : « *Amors* est le nom que les troubadours donnent à

---

1. *Le langage et la mort,* p. 153.

l'expérience de l'avènement de la parole poétique et l'amour est, ainsi, pour eux la *razo de trobar* par excellence »[1]. En dernière instance, l'*Ereignis* de la parole comme voix *et* texte ouvre un horizon où esthétique, éthique et aléthique (vérité) pourraient venir à se conjoindre hyperboliquement. Par delà sa circonscription philosophique (grecque), l'Événement-du-verbe s'avère ici essentiellement solidaire des traditions judaïque et chrétienne.

2. L'avoir-lieu utopique du langage a pour contrepartie une poétique de la mort (et) de Dieu. Pour qu'une expérience de l'être-dans-le-langage soit possible, préalablement à toute logique (à toute détermination de catégorie) comme à toute élaboration grammaticale et linguistique. Il faut que le sens parvienne à son comble. Il faut que la compréhension précède la vision (que la *réflexion* constitue l'*expérience*) qu'elle appréhende celle-ci, d'un seul trait, comme « présence réelle » *et* « présence fictive ». C'est dans ce contexte que peut s'approfondir le thème de l'*alètheia* générale qu'Agamben évoque de son côté dans le cadre d'une redéfinition de la différence ontico-ontologique :

> « *L'ouverture de la dimension ontologique (l'être, le monde) correspond au pur avoir-lieu du langage comme événement, tandis que la dimension ontique (les étants, les choses) correspond à ce qui, en cette ouverture, est dit et signifié. La transcendance de l'être par rapport à l'étant, du monde par rapport à la chose, est, avant tout, transcendance de l'événement du langage par rapport au discours* »[2].

La merveille poétique de la parole abrite le mystère de l'incarnation physio-logale. L'homme avère alors son humble *et* glorieuse destination résurrectionnelle ou sur-humaine.

3. L'épiphanie du logos comme voix *et* texte matriciels conduit enfin à affirmer l'auto-genèse du monde et de l'homme. Cet acte de co-naissance extrême (quasi eschato-

---

1. *Ibid.*, p. 123.
2. *Ibid.*, p. 59 ; voir également à ce sujet de G. Agamben, *La communauté qui vient,* trad. fr., éd. du Seuil, 1990, pp. 104-106.

logique) qui rejaillit sur tous les moments de l'analyse en vérifie circulairement les prémisses. C'est le sommet de la contemplation. La réflexion historiale venant à confirmer la Fiction (le
sens-de-l'histoire se réfléchissant comme mythe thanatogénétique), nous éprouvons la corrélation intime de la croissance
(*phuein*) et du recueillement (*legein*). Une liturgie du verbe établit l'équation physio-logale entre les reliques du mort (en
l'explicitation du texte-miroir) et le cristal de la voix (qui transproprie le monde à la faveur du jeu redéployé du sens). Ainsi
est mené à son interminable terme le renversement du rapport
idolâtre du *dire* au *voir* : la démotivation intégrale de nos antécédents religieux. Le tombeau archaïque est brisé tandis que
jaillit la foi en une Résurrection par le verbe seul. Notre voix
mourante accorde le néant à l'être, elle pro-duit le sens-de-la-
terre. Par delà l'ombre portée de notre mort prochaine, nous
envisageons alors la vie depuis sa fin (ou ses fins).

L'HOMME EXTASIÉ

Quand se parachève l'explicitation du *voir* par le *dire*,
quand le Drame de l'homme finit par être reconnu, que devient
pour nous la ritualisation de la mort ? Ce n'est plus à présent
l'extrapolation du logos « interne » dans les termes du logos
« proféré » qui nous préoccupe (comme dans la perspective
renouvelée des Grecs). C'est une démarche inverse : la remon-
tée depuis l'expérience commune vers la crypte sacrée des origines. Comment s'accomplira pour nous la genèse du
symbolique dans une confrontation ultime de la mort ? Que
sera l'anamorphose quasi sacramentelle de tout le champ
ancestral du signifier dans une expérience où il n'en va plus de
la connaissance mais du salut, non plus du pouvoir-savoir mais
des chances de notre sur-vie ?

L'exploration thanatogénétique par la parole de la crypte
des origines rencontre nécessairement la tradition judéo-
chrétienne. Nous avons vu que le retour vers la scène matricielle impose la subversion de notre propension atavique à
l'idolâtrie, le refus de toute complaisance pour le consensus
violent fondé sur la passion du pur. Dans le prolongement de la

démythification du sacré primitif, accomplie par les Révélations judaïque et chrétienne, le projet est de déjouer avec elles, par elles, voire au-delà d'elles, ce qui subsiste de compromission dans notre monde avec notre passé idolâtre. Car nous ne pouvons, aujourd'hui que s'aggrave l'épreuve du nihilisme, nous contenter de réaffirmer les conceptions anciennes. Guérir aux sources de l'être est une épreuve extatique qui nous jette au devant de l'Inconnu(e).

L'élucidation de la forme que revêt la matrice quand est « proféré » le Drame de l'homme sera développée ici sous deux points de vue distincts:

1. L'entrée en connaissance de cause dans le deuil ne fait qu'un avec la levée du ban sur l'abîme mortel. Au fond de l'antre nocturne point, émerveillante *et* terrifiante, la vision de l'autre-moi-même anéanti. La tragédie (le *Trauerspiel* : l'acte du deuil) culmine quand se révèle le subterfuge de la mort niée. Quand s'évanouit comme une pure illusion toute possibilité de déni du néant par la relance du jeu spéculaire des anamorphoses de l'*autre* ou du Double. Voici que nous sommes mis face à l'abîme d'une mortalité sans remède. Mais simultanément, ce choc existentiel sans pareil, le *pathos* de cette confrontation limite pourraient être aussi la condition du paradoxale aveu et partage de notre solitude. Car, comme le dit Heidegger, « ... ne peut être solitaire que ce qui n'est *pas* seul ; pas seul, c'est-à-dire séparé, isolé, sans aucun rapport... Solitaire. *Einsam. Sam*, le gothique *sama*, le grec *ama. Einsam* veut dire : soi, dans ce qu'a d'unifiant le fait de s'entre-appartenir »[1]. Retenons le fait que la radicalisation de notre ouverture au néant et à la solitude pourrait coïncider avec une individuation limite : l'épanouissement du sens de la personne ; cela pourvu que puisse être entrevu un mode nouveau, non-idolâtre, d'être en commun ou d'être « comme un » (Claudel).

Car l'efflorescence de l'expérience éminemment personnelle et esseulée du sens de l'abîme est d'emblée inséparable d'une dimension collective, donc de ce qui fait de l'histoire *un*

---

1. *Acheminement vers la parole*, p. 254.

destin : la vie de l'humanité toute entière est comparable à la vie d'un seul homme, inversement la vie de chacun accomplit en abrégé la vie universelle. Le travail d'explicitation thanato-génétique du schème matriciel est donc avant tout une tâche anonyme et générale qui radicalise par la pensée, l'expérience du nihilisme déjà activement à l'œuvre dans notre monde de culture. En effet, la prise de conscience du néant de nos ori-gines ne fait que précipiter le mouvement général de la dissolu-tion des valeurs qui, selon Nietzsche, est le trait dominant de l'âge du monde qui est le nôtre. A première vue, la thanatoge-nèse paraît relancer alors le mythe romantique du crépuscule de tous les dieux, jusqu'au dernier : le Christ. Pourtant, quand l'analyse touche à l'intégrité du sens, l'expérience de la déré-liction se fait plus profonde, plus universelle encore, ainsi que le pressentit naguères Michel Foucault dans le final, souvent cité, des *Mots et les choses* : « De nos jours, et Nietzsche là encore indique de loin le point d'inflexion, ce n'est pas telle-ment l'absence ou la mort de Dieu qui est affirmée mais la fin de l'homme (ce mince, cet imperceptible décalage, ce recul dans la forme de l'identité qui font que la finitude de l'homme est devenue sa fin)... »[1]. Sous nos yeux s'achèverait ainsi l'his-toire de la démystification qui va du déni primitif de l'anéan-tissement, focalisé sur les métamorphoses du cadavre, à l'assomption du sens de la mort personnelle dans les religions post-archaïques, à la prise de conscience, *sans reste*, de l'arti-fice du sens lui-même comme organisme de défense contre le néant. Considéré du point de vue de la seule connaissance, hors de tout recours esthétique ou éthique, le désastre paraît alors consommé : la prise de conscience intégrale de sa mortalité prélude à la mort de l'homme qui « ... s'efface [...] comme à la limite de la mer un visage de sable »[2].

2. Or l'apocalypse du néant offre précisément la chance d'une conversion éthique sans précédent. Puisqu'il s'agit d'opérer la transfusion alchimique du *caput mortuum* de nos croyances et de nos conceptions, il faut prendre ici la mesure

---

1. M. Foucault, *Les mots et les choses,* Gallimard, 1966, p. 396.
2. *Ibid.,* p. 398.

de l'incidence sur nous, morale-affective, des liturgies du sacré depuis les origines. En effet, l'œuvre d'ex-inclusion de l'*autre*, générateur du sens, aura toujours été duelle. Elle aura été un geste d'extermination de l'*autre et* elle aura été un acte d'abné-gation, de dévotion intégrale à l'Autre (l'Ancêtre, le Double divinisé). La fascination idolâtre pour le pur au fondement du consensus primitif aura été empreint, en effet, par la double passion contradictoire d'éradiquer la souillure mortifère *et* de se sacrifier pour l'Autre. De même en effet que l'expérience sémiogène du sacré fut duelle, ainsi que nous en avertit l'éty-mologie du mot *sacer*, puisqu'elle fut rencontre du divin tuté-laire *et* démoniaque, de même toute expérience native du sens fut irréductiblement ambivalente : d'amour et de haine mêlés.

Or, est-il possible, dans le prolongement du judaïsme et du christianisme, de rompre avec cet atavisme primitif, de renoncer à la fascination toujours réinculquée du pur et de l'impur, de répéter la scène inaugurale sans retomber dans les errements anciens, bref d'opérer une scission enfin radicale, quoique jamais achevée, entre l'amour et la haine ? Pénétrer dans la crypte, accueillir l'abîme de l'autre-moi-même, ce serait nous libérer des cruautés funestes et violentes *du mort*, ce serait souffrir l'impur, l'irrémédiable perte, reporter enfin notre quête du propre (de l'*eigen* dans l'*Ereignis*) vers la seule décision éthique. Car accueillir pleinement le sens de la mor-talité, ce n'est pas seulement prendre nos distances avec l'opinion courante colportée par le « on » et assumer authen-tiquement (solitairement, voire héroïquement) « l'être-pour-la-mort ». C'est bien plutôt reconnaître, hors de la passion nar-cissique du *même*, que l'esseulement mortel est *avant tout* ou prioritairement le Drame de *l'autre homme*. Nous voici conviés à nous tourner vers ce dont nous nous sommes toujours détour-nés : la solitude de « l'être-pour-la-mort » endurée par autrui. Car ce qui fit de nous un animal cruel, déchiré entre des pas-sions et des postulations antinomiques, ce n'est pas seulement le face à face terrifiant avec l'abîme. C'est plus immédiatement le fait que notre naissance symbolique ait dû s'alimenter de meurtres, même si cette consommation communautaire (sacri-ficielle) *du mort* dut aussi se convertir toujours en vénération idolâtre de l'Autre.

L'assomption de la liberté se vérifiera donc par notre capacité à faire retour sur nous-mêmes, à rompre avec la loi communautaire idolâtre, à mettre fin à l'exil immémorial. Le tré-pas éthique, c'est-à-dire la transgression de la loi « naturelle » et la transpropriation du mode traditionnel de signifier, exige de nous une volte face radicale. Nous devons *souffrir* l'horreur dont nous nous sommes déchargés sur l'*autre*, dont toujours nous nous sommes accommodés en l'exploitant habilement à nos fins. Refuser le scandale de l'abandon d'autrui à sa solitude agonique, ce serait prouver, dans les faits, que l'amour est plus fort que la mort.

Car, franchissant le seuil de la crypte, je ne bute plus sur un cadavre, je rencontre un vivant, un homme à l'article de la mort. Cet être de tous le plus étrange dont je sais qu'il porte en lui sa (la) mort, non pas simplement parce qu'il serait « toujours assez vieux pour mourir » (Heidegger) mais parce qu'il est un homme : un être qui a déjà connu et vaincu la mort. Approchant du mystère de la naissance-mortelle de l'autre-moi-même, la pénombre de la crypte s'illumine d'un sentiment plus sublime. Voilà que s'incarne à mes yeux, en cet être à l'agonie, une absence au monde qui vit et souffre de mort. Voilà qu'en cet homme – mon prochain – qui *ne peut pas (ne doit pas) mourir* parce que parlant-conscient, il est déjà passé dans l'autre monde, s'incarne le mystère divin du verbe toujours et déjà victorieux de la mort. Dès lors que je renonce à la violence idolâtre, que j'accepte sans réserve l'entière tragédie de la mort abyssale, la supplication d'autrui ne peut manquer d'éveiller en moi l'idée de l'Infini, elle me fait communiquer avec un au-delà insaisissable. Incarnée en cet autre-moi-même à l'agonie, l'Idée de Dieu fait brèche, elle incendie ma pensée. Ici la *présence et* la certitude angoissée de l'*absence* (ou *de la mort*) *de Dieu* se recroisent hyperboliquement.

Alors tout chavire une fois de plus. Cet être à la veille de succomber, en qui s'incarne la figure de l'a-Autre, c'est-à-dire de l'Homme ayant toujours déjà franchi les portes de la mort, est pour moi principe d'espérance. Cet *Ecce homo* a pouvoir de métamorphoser le monde, il enfante le sens-de-l'humain. Une approche terrifiante du *semblable* fait naître en moi le sentiment d'une identité précaire, éminemment apaisée et sublime. L'expérience de la compréhension-conversion dont il est ici question révèle la transcendance vacillante de notre condition. Le désastre céleste nous enseigne la divinité *de* l'homme, elle nous initie réciproquement au mystère de l'humanité de ce Dieu qui manque à l'univers. Quand la liturgie ancienne de la mort est « proférée », quand la scène des origines est démystifiée, voici que s'annonce une autre manière de vivre le Drame inaugural. Le sens vif de notre mortalité se fait source de sur-vie dès qu'à l'élucidation de l'arcane symbolique s'accorde, hors de toute culpabilité a priori (puisque le mort n'a rien à expier), un projet éthique sans précédent : le souci de rompre avec le mal dont je me sais capable. Cette expérience est très proche du sacrifice (puisque je m'assimile à l'autre qui va mourir) et elle s'en distingue radicalement puisque je suis convié à renoncer au désir-du-propre, à la jouissance que procure l'immolation de l'autre-victime. Je livre ici à la méditation un texte magnifique et terrifiant de G. Bataille, infiniment proche et distant de ce que je tente ici d'appréhender :

> « *Si je me représente dans une vision et dans un halo qui le transfigure le visage extasié d'un être mourant, ce qui irradie de ce visage éclaire de sa nécessité le nuage du ciel, dont la lueur grise devient alors plus pénétrante que celle du soleil lui-même. Dans cette représentation, la mort apparaît de la même nature que la lumière qui éclaire, dans la mesure où celle-ci se perd à partir de son foyer : il apparaît qu'il ne faut pas une moindre perte que la mort pour que l'éclat de la vie traverse et transfigure l'existence terne, puisque c'est seulement son arrachement libre qui devient en moi la puissance de la vie et du temps. Ainsi je cesse d'être plus qu'un miroir de la mort, de la même façon que l'univers est le miroir de la lumière* »[1].

Cette expérience agonique du prochain ne peut être seulement existentielle, elle est nécessairement historiale. Elle est le fruit de la maturation de la matrice dans *et* par le temps. Or l'acte redéployé du Drame des origines, nous savons qu'il s'est

---

1. G. Bataille, *L'expérience intérieure*, Gallimard, 1978, p. 142.

cristallisé historiquement dans la vision sur-réelle du Crucifié. La thanatogenèse retrouve ici, au plus proche de l'initiale fulguration de l'imagination créatrice qui fit voir la vie par les yeux du mort, le jaillissement poétique qui donna naissance au christianisme. L'instant mystique indescriptible où mythe et rite fusionnèrent, où la « profération » de la ritualisation de la mort se fit Événement-du-verbe. Ce moment sublime où le savoir du symbole devint visée esthétique infigurable pour se dépasser dans la libre adhésion à une vie revivifiée, nous en retrouvons, certes, la trace chez les mystiques (Saint Jean de la Croix appréhende un Dieu nocturne sans forme et sans mode). Mais ce ravissement extatique, je l'associerai ici surtout, exemplairement, au grand poème de M. de Unamuno *Le Christ de Velazquez*[1]. Ce qui est remarquable dans ce poème, c'est que la méditation sur le Christ en croix se présente comme le commentaire d'un tableau qui « par la grâce de l'art ... nous le (Christ) rend visible »[2]. Car cette mise en parole d'une vision focalisée sur l'homme-Dieu supplicié a en soi déjà valeur de Résurrection : « Ici incarnée dans ce verbe silencieux et blanc qui parle en lignes de couleur... ». Le recueillement du verbe poétique qui explore les aspects tour à tour esthétique, éthique et symbolique du Drame de l'Homme-Dieu (il faudrait pouvoir le montrer en détail) se fait Fiction-vraie. Référée au tableau de Velazquez, l'illusion artistique, habitée par l'exigence de la conversion, se transcende en création criante de vérité. Délivrant une dimension d'au-delà du monde, elle suscite la foi, c'est-à-dire le saut qualitatif qui ne se déduit d'aucun savoir :

> « ... *Tu es l'Homme éternel*
> *qui fait de nous des hommes nouveaux. Ta mort*
> *est enfantement...* »[3].

Cette naissance-mortelle (cette thanatogenèse) qui est une libre auto-conception sacramentelle, nous met face au tout autre :

---

1. M. de Unamuno, *Le Christ de Velazquez,* trad. fr. J. Munier, éd. la Différence, 1990, voir la très belle préface « Le Dieu des hommes » par Roger Munier ; je remercie Jacques Munier de m'avoir fait connaître ce texte.
2. *Ibid.,* p. 23.
3. *Ibid.*

« ... *C'est l'auto*
sacramental suprême, celui qui sur la mort
nous met bien en face de Dieu. »[1].

L'acte libre qui transproprie l'Autre archaïque, nous initie à l'humanité, mieux à la personnalité de l'homme *et* de Dieu :

« *Voici l'Homme* », *par qui Dieu est quelqu'un.* »[2].

Sans cette version « proférée » du Drame originel, nous retournerions, non pas même à l'animalité antécédente, mais serions résorbés dans l'inhumanité du néant intime que nous abritons :

« ... *Ne nous cache pas*
ton visage, car c'est nous rendre,
étincelles vaines, au néant matriciel »[3].

La profession de foi en l'humanité de Dieu suspend toute idée mythique de la transcendance. Le Christ en croix, abandonné du Père, est une « image » abyssale, une image sans référent, qui accomplit la poétique de la mort (et) de Dieu. L'être sans figure qui rend manifeste le dehors absolu, l'insaisissable au-delà vient, en nous, au devant de nous. Or cette vision poétique transhistorique (rétro- et pro-spective) de l'Homme de douleur, qui parachève la « profération » du Drame immémorial, fonde l'espérance en une Résurrection unanime. Elle suscite l'utopie de l'à-Dieu (Levinas). L'Autre souverain, paradoxalement présent en tant qu'il est absent, s'incarne maintenant en chaque homme à l'article de la mort. Voici qu'en l'épigraphie du texte poétique, inane (qui met en scène le vide irréductible du tombeau vide) se dévoile la co-nativité de l'homme et de Dieu. L'irreprésentable Incarnation du verbe rend possible l'humanité de l'homme avec la divinité de Dieu.

En un âge où s'épuisent toutes les conceptions traditionnelles, l'art seul paraît porter témoignage de l'exigence

---

1. *Ibid.*
2. *Ibid.*, p. 33.
3. *Ibid.*, p. 131.

humaine de sur-vie. Car si « le Beau n'est rien que le commencement du terrible » (Rilke, 1re *Élégie*) c'est que toute quête esthétique fut thanatogenèse : expérience du gouffre *et* surmontement sublime. L'art, qui fut étroitement tributaire de la transe des dieux, doit maintenant dévoiler son propre mystère qui ne fait qu'un avec le Dévoilement lui-même : « ... nous comprenons que le pouvoir par lequel elles (les œuvres d'art) nous atteignent, et qui est pour nous le pouvoir de création artistique, fut initialement de *donner forme* à ce par quoi l'homme devenait homme, échappait au chaos, à l'animalité, aux instincts, à l'éternel Çiva »[1].

Mais la seule reconnaissance du « Musée imaginaire » de l'art, c'est-à-dire de ce qui de tout temps *et* dans tous les temps a soutenu et mu la foi thanatogénétique de l'homme-artiste – l'art défini comme « ... le monde de la présence, dans notre vie, de ce qui devrait appartenir à la mort »[2] – sont-ils en eux-mêmes suffisants ? Peuvent-ils revivifier aujourd'hui l'aspiration à la sur-vie qui fomenta tout art authentique ? Non assurément, car la référence au seul passé de l'art est impuissante à faire pièce à l'inane auquel l'œuvre ne cessa de se confronter et qu'elle revendique, on le sait, de manière obsédante dans l'art moderne. La prise de conscience du vide du sens ne peut, à elle seule, susciter une conception cohérente du passé et moins encore nous donner la force d'œuvrer en vue d'un avenir. En fin de compte, la perspective de Malraux est celle, nostalgique, de l'humaniste lettré feignant de croire à l'essence éternelle de l'art (ce jugement ne porte nullement, bien entendu, sur l'œuvre romanesque, au demeurant admirable, de l'auteur de *La condition humaine*). Une enquête archéologique des ressources glorieuses du passé ne peut garantir la pérennité d'une création vivante. Car *l'art lui-même peut mourir*.

Plus essentiellement, l'art qui participe de la déclosion des origines est inséparable d'un choix éthique qui nous enjoint de rompre avec la loi du monde. Les chances renouvelées d'un

---

1. A. Malraux *La métamorphose des dieux*, La guilde du livre, 1957, pp. 24-25.
2. *Ibid.*, p. 31.

devenir humain authentique requièrent aujourd'hui une conver-
gence, unique *et* plurielle, de l'éthique, de l'esthétique et du
symbolique. La « nécessité de l'illusion » (Nietzsche) revendiquée comme expression artistique exige le jaillissement
retrouvé du tragique : l'accueil d'un autre mode de signifier,
paradoxal, non-violent, affranchi de « l'esprit de vengeance ».
C'est dans une telle configuration que l'idée du « musée imaginaire » selon Malraux pourrait acquérir une signification à la
fois plus précise et plus vaste. L'histoire de l'art sera le symptôme le plus magnifique de ce qu'une « religion unique latente »[1],
une même pensée de l'Infini traversent l'histoire et lui confèrent une destination en dernière instance sur-humaine (dont
nous avons à constater et, mieux encore, à affirmer la nécessité
paradoxale). Ainsi, prendre conscience du Drame de l'homme
qui ana-chronologiquement fait de nous *une humanité*, ce serait
fonder l'Illusion, vouloir l'art au comble du tragique (pour
inverser une formulation de Nietzsche : « *vouloir* même *l'illusion*, c'est là qu'est le tragique »[2].

HEIDEGGER AVEC LEVINAS

Les thèmes ici circonscrits entretiennent un rapport patent
avec divers aspects de la méditation d'Emmanuel Levinas sur
l'éthique. Un débat avec l'auteur de *Totalité et Infini* s'impose
pour clarifier dans ce contexte, même brièvement, la position
de la thanatogenèse.

Levinas reconnaît volontiers sa dette envers la phénoménologie husserlienne mais aussi envers Heidegger. Ainsi, il
note, d'entrée de jeu, dans la préface à l'édition allemande de
Totalité et Infini que son livre « ... se veut et se sent d'inspiration phénoménologique (qu'il) procède d'une longue fréquen-
tation des textes husserliens et d'une incessante attention à
Sein und Zeit »[3]. Le parti-pris levinassien, ce fut, cependant, on

---

1. Mallarmé, *Œuvres complètes,* Gallimard, 1945, p. 1169.
2. F. Nietzsche, *Le livre du philosophe,* trad. fr., Aubier-Flammarion,
1969, p. 55.
3. E. Levinas, *Entre nous,* Grasset, 1991, p. 249.

le sait, de trahir subtilement *avec* la phénoménologie et *contre*
elle l'ensemble de la tradition philosophique héritée des Grecs,
de manière à repérer en elle la place manquante du religieux et
particulièrement l'éviction du religieux hébraïque dans la philosophie des temps modernes. L'admirable démarche critique
de Levinas va ainsi droit à une contestation radicale : elle sus-
pecte dès l'abord, avec plus d'acuité que ne le fit Heidegger, la
tournure théorétique de la métaphysique, le primat accordé au
voir sur la parole, le projet d'emprise ou de mainmise sur les
étants :

> « ... *Conscience d'un moi* identique *dans son* je pense
> *visant et embrassant ou apercevant, sous son regard thé-
> matisant, toute altérité. Cette visée de la pensée s'appelle
> intentionnalité. Mot remarquable qui, d'abord, indique la
> thématisation du* voir *et, en quelque façon, le caractère
> contemplatif du psychisme – son être-à-distance du
> contemplé – que l'on prend aisément pour un modèle du
> dés-inter-essement : mais intentionalité indique aussi
> l'aspiration et la finalité et le désir, moment d'égoïsme ou
> d'égotisme et, en tout cas, d'égologie* »[1].

Déjouant ou décevant la fascination philosophique pour la
lumière et l'évidence[2], Levinas entend faire droit, *en* elle et
contre elle, à une expérience exorbitante, celle de l'*autre* toujours supposé et toujours débouté. Mais est-il possible de
prendre le contre-pied de la phénoménologie et d'explorer une
intrigue signifiante antérieure à toute relation intentionnelle ?
L'auteur de *Totalité et Infini* adopte ici une position sciemment
ambivalente, voire paradoxale. En s'efforçant de circonscrire
un domaine d'intelligence ou de signifiance pré-réflexive,
Levinas s'avère encore, certes, l'héritier de la phénoménologie
(il s'agit toujours d'expliciter eidétiquement, voire réflexivement la teneur du sens sédimenté dans l'expérience) mais il en
bouleverse les prémisses quand il élève l'éthique au rang de
philosophie première.

---

1. *Ibid.*, p. 177.
2. E. Levinas, *Totalité et infini*, M. Nijhoff, 1980, pp. 163-164.

Tout part ici non pas d'une situation intellectuelle mais d'un coup de théâtre dont les répercussions sont avant tout affectives et morales : la prise de conscience de ma responsabilité envers autrui. L'épiphanie du visage de l'*autre* me *touche*, elle prime tout. Pour Levinas toute signifiance, toute intelligence jaillit de la conscience de ma dette, c'est-à-dire de ce que toujours et déjà je *dois* à autrui. Cette obligation recèlerait jusqu'au secret de la constitution de l'existence même, d'où découlerait ce fait capital que l'homme *n'a pas d'être*, puisque sa capacité de pensée serait avant tout tributaire de son ouverture religieuses ou éthique à l'*autre* : « ... *responsabilité, obsession de l'autre, être-l'un-pour-l'autre* : naissance même de la *signification* au delà de l'*être* »[1]. Le sentiment de ma propre identité ne peut en effet m'être accordé que par surcroît, il ne peut être, au mieux, que l'écho lointain de ma dévotion pour autrui. Outre sa beauté intrinsèque, le souffle qu'elle fait passer dans nos vies, on ne peut qu'être frappé par la cohérence et la force de l'argumentation levinassienne.

Pourtant une question se pose relativement aux sources de la méditation de l'auteur de *Totalité et Infini*. Car si le style de questionnement adopté est expressément philosophique, les références sont bibliques et hébraïques (voire chrétienne, pour autant que le christianisme est avant tout une variante de la tradition hébraïque). Or, centrant son attention sur l'éthique, sur la question de la socialité émergente, on peut s'étonner que l'auteur écarte ou du moins laisse dans l'ombre, de manière quasi systématique, toute investigation historique. L'enquête est en effet menée d'un point de vue atemporel : on chercherait en vain une élucidation historiale des notions de dette, de justice, de conscience morale. Ce qui est plus grave sans doute, c'est le silence sur la nature de l'innovation judaïque : la rupture avec la violence idolâtre du paganisme. On peut regretter, du reste, l'absence de dialogue avec des œuvres comme celle de Ricœur[2] en particulier ou avec la réélaboration de la notion

---

1. E. Levinas, *Autrement qu'être ou au-delà de l'essence,* M. Nijhoff, 1978, p. 114.
2. P. Ricœur, *Philosophie de la volonté* (t. II, *Finitude et Culpabilité,* Aubier, 1960/1988).

d'idole chez J.-L. Marion[1] (dont le travail est pourtant évoqué épisodiquement).

Car, dans le cadre même de la configuration éthique circonscrite par Levinas, la question se pose de l'origine de l'ouverture à autrui. Depuis quand et comment s'est-elle imposée ? Pourquoi dois-je y souscrire ? Certes, Levinas répond bien à cette question, puisqu'il montre que c'est l'envers de l'éthique, la malignité de l'homme qui est en jeu depuis toujours. Un désir me hante sournoisement de soumettre autrui à ma volonté, de le réduire à merci, de jouir de sa mort même (puisque le meurtre de l'*autre* suscite l'illusion éphémère de l'immortalité). Ainsi, ce qui précisément se dérobe à toute emprise fait saillir comme en négatif la transcendance du visage : « L'infini, plus fort que le meurtre, nous résiste déjà dans son visage »[2]. Mais ici la question de l'origine est seulement repoussée, elle rejaillit avec plus d'insistance. Car d'où vient en nous cette propension au mal ? Pourquoi le mal que Levinas appelle « l'ordre de l'être tout court »[3] revêt-il un aspect collectif ? Plus gravement encore, pourquoi l'ordre de la socialité et de la religion, qui est le lieu même de l'épanouissement d'une éthique, a-t-il toujours été vicié par ce qui leur est exactement antinomique ?

Or, face à la volonté de savoir dont témoignent ces questions mêmes, Levinas aurait beau jeu de répliquer que le mystère de l'éthique a précisément ceci de singulier qu'il n'est pas réductible à un ordre démonstratif. La merveille de la prise de conscience éthique, c'est qu'elle transcende la connaissance même. Quelles que soient les circonstances culturelles ou historiques, chaque homme en aura toujours su assez pour se convertir. La possibilité de se désolidariser de la violence aura toujours existé. Cette « gloire du témoignage » ne fut pas l'apanage des sages, elle aura introduit parmi les hommes une différence, ou mieux une distinction sans éclat apparent, qui ne s'explique pas. Ainsi, au mystère de l'ambivalence immémo-

---

1. J.-L. Marion, *L'idole et la distance*, Grasset, 1977 et *Dieu sans l'Être*, Fayard, 1982.
2. *Totalité et infini, op. cit.*, pp. 172-173.
3. *Entre nous, op. cit.*, p. 132.

riale qui gît dans le cœur de l'homme s'ajoute l'ambivalence du savoir et du non-savoir relativement à toute décision éthique. Or si ces thèmes et ces ambiguïtés règnent au cœur de la méditation levinassienne, s'ils en font toute l'originalité et tout le prix, il reste que ces paradoxes eux-mêmes n'auront pas été thématisés en raison (ce serait le soupçon) du caractère encore trop restrictivement phénoménologique et anhistorique des enquêtes menées.

C'est ici que l'hypothèse thanatogénétique doit engager un débat fécond avec l'œuvre de Levinas, rejoindre les motifs dégagés par lui et les situer dans un horizon historial propice à leur pleine rétroaction sur nous. Ce sont d'abord les complémentarités et les antinomies de l'approche théorique-éthique qu'une investigation archéologique de nos sources permettrait de clarifier. L'approche thanatogénétique du logos subvertit la métaphysique de la représentation (ou de la présence), elle rejoint et développe le motif levinassien d'une intrigue pré-réflexive et pré-égologique du sens. La déflagration poétique dont nous postulons l'hypothèse recoupe en effet les thèmes levinassiens du passé immémorial et du caractère « anarchique » de la responsabilité éthique. Nous sommes foncièrement dépendants d'une Diachronie ou d'un Événement qui se dérobe à toute apprésentation théorétique.

Le plus conséquent, c'est ici l'exhumation d'une scène de la mort au foyer de l'investigation levinassienne. Quand notre attention se détourne des choses pour se fixer sur le mystère de la relation interpersonnelle c'est une étrange dramaturgie de violence *et* d'abnégation qui s'offre à nos yeux. Une « scène primitive » se déploie, quasi insaisissable, aux confins de l'imaginaire et du réel. Elle concerne la vision de l'autre-moi-même anéanti. En elle se condense tous les motifs de l'intrigue éthique.

Deux axes se recroisent qui rendent possible l'Événement d'un sursaut éthique : l'éveil du souci pour la mort de l'*autre* a pour contrepartie le bouleversement de la quotidienneté indifférente. La décision de ne pas laisser autrui à l'esseulement innommable est d'autant plus vive que du fond de son extrême impouvoir, celui-ci revendique de moi la transfiguration de l'être-donné. C'est en effet quand je suis touché par son appel que j'accède à « l'autrement qu'être ». Exposé au scandale de l'inhumanité la plus terrifiante, l'*autre* m'initie à mon humanité possible : en Lui s'incarne le verbe qui me dicte la loi d'un amour sans concupiscence. Conformément à la conception de Levinas, non seulement ladite scène précède toute prestation cognitive, mais c'est elle qui règle la déflagration du sens même.

Il faudrait ici étudier longuement les textes pour montrer comment un invariant scénique à la fois simple et complexe commande la méditation de Levinas depuis *Totalité et infini* jusqu'aux textes les plus récents : « Crainte et responsabilité pour la mort de l'autre homme, même si le sens ultime de cette responsabilité pour la mort d'autrui était responsabilité devant l'inexorable et, à la dernière extrémité, l'obligation de ne pas laisser l'autre homme seul en face de la mort »[1] ; « ... droiture extrême, précisément, de l'*en face* de ... qui dans cette nudité est l'exposition à la mort : nudité, dénuement, passivité et vulnérabilité pure. Visage comme la mortalité de l'autre homme »[2] et surtout dans *De Dieu qui vient à l'idée* le texte intitulé « Notes sur le sens » qu'il conviendrait de largement citer et commenter : « La mort de l'autre homme me met en cause et en question comme si de cette mort, invisible à l'autre qui s'y expose, je devenais de par mon indifférence, le complice ; et comme si, avant même que de lui être voué moi-même, j'avais à répondre de cette mort de l'autre, et à ne pas laisser autrui à la solitude »[3]. Car l'assomption responsable de la mort : « ... confère un sens à la mort. En elle la singularité absolue du responsable englobe la généralité ou la généralisation de la mort. En elle la vie ne se mesure plus par l'être et la mort ne peut plus y introduire l'absurde »[4].

Tout l'intérêt de l'enquête thanatogénétique consisterait donc à dégager les soubassements archéologiques de cette conscience *et* de cet oubli premiers de la mort d'autrui, d'en reconnaître les sources dans l'entrelacs de la violence et de

1. *Totalité...*, op. cit., p. 149.
2. *Entre nous*, op. cit., p. 186.
3. *De Dieu qui vient à l'idée*, Vrin, 1982, p. 245.
4. *Autrement qu'être...*, op. cit., p. 166.

l'abnégation inhérent aux pratiques religieuses primitives. Une histoire du devenir conscient montre en particulier comment la socialité originelle qui repose sur *l'extermination de l'autre*, enveloppe en elle *une autre scène oblative* dont la lente assomption au long des avatars de l'histoire se confond avec l'assomption du verbe, le destin de notre humanisation même. Inséparable de la levée de la forclusion du sens-de-l'abîme, la reconnaissance du déni immémorial de la mort ouvre des perspectives inédites pour une socialité non-violente, c'est-à-dire pour une communauté de l'à-Dieu (par delà les hantises post-archaïques de « l'être-pour-la-mort », nous devons retrouver ici le sens des pieuses communions originelles avec le mort).

De toute évidence la méditation de Levinas participe de cette histoire. Ses conceptions se nourissent de la tradition hébraïque dont elle s'efforce de déployer l'essentielle préoccupation éthique au plan de l'universel. Or quand la thématique judaïque emprunte le discours de la rationalité dont elle conteste les fondements, quand elle en vient à scruter le sens-de-la-mort dans l'horizon d'une responsabilité a priori pour autrui, il se pourrait qu'elle rencontre ... la Figure du Christ (dans une configuration proche du moins de celle dégagée dans nos analyses précédentes). L'unité adamique du destin humain pourrait être ici vérifiée par ce fait seul qu'une lecture grecque du judaïsme trace une configuration crypto-chrétienne : par delà toute solidarité communautaire païenne, mon ouverture sans réserve au malheur de l'*autre* me conduit à voir en Lui une incarnation de l'Infini. Sans vouloir solliciter le discours levinassien au-delà de ce qu'il dit, ni l'envisager d'un point de vue qui pourrait passer pour scandaleux aux yeux d'aucuns, on pourra du moins admettre qu'il se tient en un lieu exactement équidistant de nos trois traditions. Ce fait seul marquerait sa pertinence et son originalité insignes.

Car le point le plus conséquent de toute l'entreprise de Levinas concerne la « venue de Dieu à l'idée » dans l'horizon d'une dramaturgie éthique. La thématique paroxystique ici explorée emprunte à toutes nos traditions qu'elle requalifie et déplace toutes : elle rejoint la théologie et s'y dérobe. Pour Levinas, nous sommes « ordonnés à l'infini » lorsque nous assumons l'extase pour autrui, quand nous nous portons garants de lui, que nous nous extradons vers lui. Car l'*autre* en lequel s'humilie l'Autre est plus qu'un mortel. Il incarne ce qui est déjà passé dans l'au-delà de la mort. Cela non comme idole qui est Cause et Principe d'une solidarité fondée sur l'exclusion mais, aux sources du verbe, dans une antécédence merveilleuse et terrifiante qui prime toute élaboration quotidienne. C'est seulement quand le sol fait défaut, au moment où tout sombre, que l'*autre* peut être reconnu ainsi en sa priorité injustifiable. Or ce mort-vivant, cet esseulé, dont la conscience vacillante et angoissée le soustrait à toute entreprise de domination, *me donne l'être*. Tributaire d'une spécularité dés-inter-essée, il opère un déssillement essentiel, il me donne à voir l'Invisible. Une ek-stase « au-delà de l'essence », fait voler en éclats la stase sociale centrée sur le *voir* idolâtre : l'extraction rituelle d'un « pur » hors de l'« impur » offusque depuis toujours la vision de la mort abyssale, c'est-à-dire la prise de conscience du scandale absolu du mal.

Si donc le visage de l'*autre* est invulnérable, s'il se dérobe par avance à toute possibilité d'emprise et de mainmise, c'est qu'il « ... est l'en-face même, la proximité interrompant la série, (qui vient à moi) énigmatiquement à partir de l'Infini et de son passé immémorial... »[1]. Car : « L'Infini n'a [...] de gloire que par la subjectivité, par l'aventure humaine de l'approche de l'autre, par la substitution à l'autre, par l'expiation pour l'autre »[2]. Il est cette Loi qui récuse toute loi mondaine puisqu'Il :

> « ... *me revient comme ordre et demande, comme commandement, dans le visage de l'autre homme, d'un Dieu qui "aime l'étranger", d'un Dieu invisible, non thématisable qui dans ce visage s'exprime et dont ma responsabilité pour autrui témoigne sans se référer à une préalable perception. Dieu invisible qu'aucune relation ne saurait rejoindre parce qu'il n'est terme d'aucune relation, fût-elle intentionnalité, parce que précisément, il n'est pas*

---

1. *Entre nous, op. cit.*, p. 73.
2. *Autrement qu'être..., op. cit.*, p. 188.

terme, mais Infini. *Infini auquel je suis voué par une pensée non-intentionnelle dont aucune préposition de notre langue – pas même le à auquel nous recourons – ne saurait traduire la dévotion. A-Dieu dont le temps diachronique est le chiffre unique, à la fois dévotion et transcendance* »[1].

A quel point cette entrée en scène de l'Infini au moyen du témoignage ressortit de la « différence absolue » et de l'Écoute de la Parole, c'est aussi ce que Levinas développe dès *Totalité et Infini*, par delà toute insistance métaphysique sur la thématique du regard : « Ce "quelque chose" que l'on appelle signification surgit dans l'être avec le langage, parce que l'essence du langage est la relation avec Autrui »[2]. Car « L'être aurait une signification – c'est-à-dire se manifesterait – déjà comme évoqué dans le langage silencieux et non-humain, par la voix du silence – dans le *Geläut der Stille*, dans le langage qui parle avant les hommes et qui abrite l'*esse ipsum*, langage que le poème met en paroles humaines »[3]. D'où il s'ensuit encore que la subjectivité parlante, vouée à l'éthique, doit être conçue comme : « ... le temple et le théâtre de la transcendance »[4].

L'accueil de l'Événement-du-verbe pourrait donc dénouer ce qui est encore posé par Levinas comme une alternative indépassable entre la tradition philosophique et la prééminence enfin reconnue à la charité. Quand *l'expérience* procède en effet expressément de la *réflexion*, quand la parole (le *dire*) donne à *voir*, les choses ne sont plus soumises au régime de la *totalisation*. En elles transite à chaque fois l'*Infini* que rend manifeste la merveille de toute énonciation poétique. Inversement, quand la volonté d'appropriation en *totalité* est suspendue par la complétude du symbole, l'idée de l'*Infini* trouve son expression nécessaire dans le cadre d'une socialité éthique où la dévotion à autrui s'impose comme tâche pressante pour chacun et pour tous. Nos deux traditions pourraient donc venir à se conjoindre asymptotiquement dans l'horizon de l'Évé-

---

1. *De Dieu...*, *op. cit.*, p. 250.
2. *Totalité...*, *op. cit.*, p. 182.
3. *Autrement qu'être...*, p. 172.
4. *De Dieu...*, *op. cit.*, p. 124.

nement-du-verbe. Une épiphanie théâtrale fictive *et* vraie, claire *et* obscure – « à la rigueur un papier suffit pour évoquer toute pièce » (S. Mallarmé) – propose une chance extrême. Quand le sens se renmêle et que se recueille la splendeur du symbole tout concourt à la possibilité d'une conversion unanime.

Malgré les références faites à Heidegger, Levinas ne nous dit pas ce que cette scénographie de l'autre-moi-même abyssal doit au débat critique qu'il engagea de bonne heure avec *Sein und Zeit* et spécialement avec la problématique de « l'être-pour-la-mort ». Nous pouvons soupçonner en tout cas que cette incidence fut essentielle car le 1er chapitre de la deuxième section du « livre primordial »[1] de Heidegger est assez fréquemment évoqué par Levinas. La critique levinassienne de « l'être-pour-la-mort » s'avère ici pour nous particulièrement instructive tant pour le repérage qu'elle nous propose de certaines des limitations de la philosophie de Heidegger que pour la reconnaissance du cheminement de l'auteur de *Totalité et Infini* lui-même.

Dans une conférence récente consacrée à l'exposé de certains de ses points de désaccord avec *Sein und Zeit*[2], c'est particulièrement « l'être-pour-la-mort » qui est évoqué. Levinas souligne d'emblée les raisons pour lesquelles l'innovation heideggerienne se trouve réinscrite, de facto, dans l'enclos de la métaphysique qu'elle aura cru transgresser : « ... la relation à autrui est conditionnée par l'être-au-monde et, ainsi, par l'ontologie, par l'entendement de l'« être de l'étant » dont l'être-au-monde, est fondement existential »[3]. Dans le passage qui nous intéresse Heidegger confère, on le sait, la possibilité au *Dasein* de se soustraire à l'emprise du « on » qui masque l'échéance prochaine de la mort, or c'est cette capacité du Dasein « authentique » devant la mort que Levinas conteste dès l'abord :

« *"Sans relation à quiconque" (Sein und Zeit. p. 318), "sans relation avec autrui" (p. 305), la possibilité est donnée au Dasein d'accéder à l'Eigentlichkeit à l'authenticité*

---

1. *Entre nous, op. cit.,* p. 277.
2. « Mourir pour... » conférence prononcée en mars 1987 au Collège international de philosophie.
3. *Entre nous, ibid.,* p. 226.

ou à "l'être le plus propre" par la capacité à tenir tête à l'angoisse, à souffrir seul "l'être-vers-la-fin". L'Eigentlichkeit – la sortie du On – se (re)conquiert de par un bouleversement, intérieur à l'existence quotidienne du On, de par une détermination résolue et libre prise par l'être-là qui est ainsi être-pour-la-mort, anticipant, dans le courage de l'angoisse, la mort. Dans le courage de l'angoisse, non point dans la peur et les dérobades du quotidien ! [...] Authenticité du pouvoir-être le plus propre et dissolution de tout rapport avec autrui ! »[1]

Levinas met donc l'accent sur un recentrement subreptice sur l'ego, là où l'enjeu de l'analytique du Dasein était justement d'échapper aux apories d'une phénoménologie égologique.

Incontestablement, la question de « l'être-pour-la-mort » occupe une place charnière dans l'économie d'ensemble de *Sein und Zeit*. Elle se situe entre la Première section intitulée : « L'analyse fondamentale préparatoire du Dasein » et l'exploration de l'interconnexion intime de la temporalité et de l'historialité (fin de la Deuxième section : « Dasein et temporalité ») qui devait introduire à l'ontologie radicale. On pourrait montrer, au demeurant, comment au sein de ladite problématique, ce sont toutes les notions principales de « l'analytique existentiale » qui interviennent et se recroisent, notamment : le « on », « l'angoisse », « le souci », « la mondanéité du monde », la temporalité comme *Vorstand*, comme « avance existentielle »[2], etc.

Or, ce qui est ici frappant, c'est le caractère souvent abrupte des assertions, comme si en ce lieu, décisif pour le projet d'une ontologie radicale, la démonstration finissait par tourner court. Tout procède en particulier de la postulation, dès l'abord péremptoire, de l'intégration de la mort dans la vie, ce que Heidegger énonce ainsi : « le Dasein *est* constamment déjà son pas-encore pendant tout le temps qu'il *est*, de même il *est* aussi déjà toujours sa fin »[3]. Toutefois, puisque le sens de

---

1. *Ibid.*, p. 226.
2. *Être et Temps*, trad. fr. F. Vezin, Gallimard, 1986, p. 319.
3. *Ibid.*, p. 299.

l'identification rituelle ou plus généralement religieuse à autrui est récusé, rien ne nous éclairera sur les conditions d'une telle possibilité. Ainsi, « l'être-pour-la-mort » réunit-il tous les traits d'une configuration constituante dont la puissance ordonnatrice n'est jamais thématisée comme telle. Car l'angoisse mortelle se situe bien ici au principe de la mondanéisation du monde : « ce devant quoi s'éveille cette angoisse est l'être-au-monde même »[1]. D'autre part, elle est ce qui ouvre le Dasein à l'exister : « La marche d'avance se montre comme possibilité d'entendre l'extrême pouvoir-être *le plus propre*, c'est-à-dire comme possibilité d'*existence propre* »[2]. Il est remarquable qu'à cette « possibilité proprement et entièrement assumée », Heidegger va jusqu'à concéder l'aptitude du Dasein à se constituer librement et quasiment à s'auto-engendrer comme *causa sui* : « Le Dasein ne peut être *proprement lui-même* que quand, de lui-même, il se le rend possible »[3].

Or du point de vue de la thanatogenèse, les apories des questions soulevées dérivent des limitations inhérentes au discours philosophique lui-même et notamment de son éviction de l'univers du *mythos*. Ce trait est patent, en particulier quand Heidegger nie toute pertinence ontologique à l'examen du traitement anthropologique de la mort : « ... les conceptions qu'ont les primitifs de la mort, leurs comportements vis-à-vis de la mort dans la magie et dans le culte, éclairent en premier lieu leur entente du Dasein, dont l'interprétation réclame déjà une analytique existentiale et un concept correspondant de la mort »[4]. (On notera que la thanatogenèse inverse précisément la perspective de Heidegger : aucune « analytique existentiale » n'est en effet à même de déduire les *faits* de la purification archaïque du corps corrompu ou du refus originel de l'idée de mort personnelle, etc.). C'est précisément parce que l'approche philosophique récuse toute référence religieuse que la configuration matricielle de la mort se trouve élaborée par elle comme une *problématique quasi égologique*. La dimension matricielle est

---

1. *Ibid.*, p. 305.
2. *Ibid.*, p. 317.
3. *Ibid.*, p. 318.
4. *Ibid.*, 302.

en effet dissimulée, car, nous l'avons noté avec Levinas, l'enquête de Heidegger reste empreinte de phénoménologie (la problématique de l'« être au monde » et son corrélat égologique sont ici reconduits de facto). Elle se présente, d'autre part, sur un mode éclaté, parce que la question du logos (qui est pour nous indissociable de l'expérience de l'abîme mortel) se trouve dispersée à travers la démonstration (§ 34 : « Dasein et parole. La langue » et « La temporalité de la parole », § 68d et dans « l'être-pour-la-mort » même comme question du *verstehen*). Enfin, le problème de la responsabilité pour autrui qui est évoqué brièvement dans une élaboration de la notion de *Schuld* (« *être fautif envers autrui* ... par ma faute, l'autre voit son existence menacée, dévoyée ou même brisée ») se trouve traité hors de la référence à la mortalité de l'autre-moi-même dans un contexte où intervient cependant à nouveau la question de l'*Eigentlichkeit* : « Le sens de l'appel se comprend clairement si l'entente qu'on en a [...] s'en tient au sens existential d'être en faute [...] Écouter l'interpellation comme il faut revient alors à s'entendre soi-même en son pouvoir-être le plus propre, c'est-à-dire à se projeter soi-même sur le véritable pouvoir-devenir en faute *le plus propre* (*seiner eigensten Existenzmöglichkeit*) »[1].

L'enjeu serait donc d'éclairer plus précisément ce que pourrait être une critique thanatogénétique de la problématique de « l'être-pour-la-mort » heideggérien. La dissimulation de l'abîme mortel « l'autre meurt mais non pas moi » (l'oubli ou l'ex-inclusion de la mort de l'autre homme) que Heidegger reconnaît à juste titre comme une propension du « on » est en fait *un trait général, transhistorique*, qui s'enracine dans les pratiques religieuses du sacré : « ... le caractère du cas de mort tel qu'il se produit quotidiennement chez les autres [...] nous assure encore plus clairement que « nous-on » est encore « en vie »[2]. Pourtant ce constat n'amène nullement Heidegger à conclure que le sens commun a lui-même pour fonction de masquer l'abîme mortel et il ne souligne pas davantage le

---

1. *Être et Temps, op. cit.*, p. 345.
2. *Ibid.*, p. 309 voir également p. 312.

caractère foncièrement violent et dénégateur du refus de la mort qui s'insinue, de fait, jusqu'au cœur de la philosophie elle-même. Ce caractère partiel et inabouti de l'interprétation heideggérienne de « l'être-pour-la-mort » nous conduit à en souligner toute l'ambivalence.

1. En première approche, la démonstration de Heidegger ne fait que reprendre le thème platonicien et stoïcien classique selon lequel le philosophe doit « vivre dans les conditions qui le rapprochent le plus possible du fait d'être mort »[1]. Le privilège du sage serait d'être plus authentique et plus hardi que le « vulgaire », de tenir tête seul (« L'absence de relation de la mort entendue en y marchant esseule le Dasein sur lui-même »[2]) à l'angoisse (« Le "on" ne laisse pas se manifester le courage d'affronter l'angoisse devant la mort »[3]) et ainsi de témoigner de son « pouvoir-être » singulier (« ... le Dasein [...] a à assumer uniquement de lui-même le pouvoir-être où il y va par excellence de son être le plus propre »[4]). Bref, ce serait l'apanage de l'homme exceptionnel dont Socrate reste à jamais le modèle, de s'exposer à la mort *comme personne*.

Or la vertu spéciale de l'individu hors pair est un mythe philosophique récurrent qui pourrait n'être que l'envers ou le symptôme de ce que *la rationalité philosophique elle-même masque la mort*. Élaborant un ordre original prégnant du sens calqué sur la matrice, la philosophie adopta en effet une attitude ambiguë à l'égard de la mort. Celle-ci fut évoquée comme un combat, une obligation philosophique permanente (comme *mélétè thanatou*) *et* il aura fallu en même temps que la mort soit niée dans son horreur, qu'elle soit conçue seulement comme une scission quasi logique : la simple séparation de l'âme et du corps. Pour que s'instaure un ordre de la pensée pure, il aura été nécessaire en effet qu'un homme (Socrate) prouve par sa mort la capacité du discours philosophique à faire reculer l'angoisse jusqu'à l'instant suprême *où tout est dit* : « "Vois cependant si tu n'as rien d'autre à dire." A la question

---

1. *Phédon* 118, a.
2. *Être et Temps, op. cit.*, p. 318.
3. *Ibid.*, p. 309.
4. *Ibid.*, p. 318.

de Criton il ne répondit rien... »[1]. Sans doute Heidegger insiste-t-il, quant à lui, sur l'expérience « indépassable » de l'angoisse mais ce sera toujours dans un contexte où elle peut être vaincue. Jamais il n'est question d'un effarement radical, de la déroute « dépressive » de l'âme et du corps qui est pourtant une *Befindlichkeit* (une « situation d'être ») spécifiquement humaine, non moins « authentique » que le « pouvoir-être » devant la mort dont disserte le philosophe.

2. Il reste que la question de « l'être-pour-la-mort » se prête à une interprétation tout autre. Si, au lieu de référer le Dasein à l'individu ou à la figure du philosophe, on l'associe à la possibilité qui pourrait nous être donnée, en cette époque-ci de l'histoire, de nous « arracher » aux conceptions immémoriales du « on », une tout autre configuration se présente à nos yeux : « Puisque la marche d'avance dans la possibilité indépassable découvre avec elle *toutes les possibilités qui lui sont antécédentes*, il y a en elle la possibilité pour le *Dasein entier* de prendre une avance existentielle, c'est-à-dire la possibilité d'exister comme *pouvoir-être entier* »[2], je souligne). Un « être propre pour la mort » pourrait s'offrir à nous comme « possibilité ultime » dès lors que le sens lui-même viendrait à subir une mutation de sa constitution historiale. Cette conversion du Dasein concernerait alors le devenir collectif, elle serait le fruit d'une maturation ou mieux du « recueil » du destin du sens. Heidegger parle en effet de dévoilement (« Mais l'être envers la possibilité qu'est l'être vers la mort doit se comporter envers la mort de façon que celle-ci se révèle en cet être et pour lui *comme possibilité* »[3]) mais aussi d'une transformation corrélative dans l'ordre du *verstehen*, de la compréhension ou de l'entendement :

> « *Manifestement en déterminant les caractères du découvrement qui y marche, ceux qui doivent lui appartenir afin qu'il puisse devenir pur entendre (Verstehen) de la plus propre possibilité, celle qui est sans relation, indépassable,*

---

1. *Phédon* 118, a.
2. *Être et Temps, op. cit.*, p. 319, je souligne.
3. *Ibid.*, p. 317.

certaine et comme telle indéterminée. Reste à observer que entendre (Verstehen) ne veut pas dire en premier lieu : béate contemplation d'un sens, mais au contraire s'entendre à un pouvoir-être se révélant par projection (im Entwurf enthüllt) »[1].

Il est remarquable que le « pouvoir-être » d'une démarche « libre pour la mort » est indissociable d'un « projet » (*Entwurf*) qui réélabore et transforme radicalement notre être-dans-le-langage, partant notre compréhension ou appréhension de nous-mêmes. Pourtant, tout ceci reste allusif dans ces fameux § 50-53 de *Sein un Zeit*. Ce qui surtout n'est pas envisagé c'est la radicalité d'une conversion de l'être-pour-la-mort comme « possibilité la plus propre du Dasein » dans l'horizon d'une foncière crise du sens. Pour nous, l'Événement-du-verbe qui prolonge et accomplit le nihilisme est l'occasion d'une prise de conscience apocalyptique du néant ou de l'inanité du Dasein même. C'est seulement dans l'horizon de cette suspension totale que jaillit la possibilité entièrement paradoxale d'un ressourcement inouï. Pourtant cette possibilité extrême n'est-elle pas elle-même signalée par l'auteur de *Sein und Zeit* lorsque celui-ci postule la possibilité-impossible d'une existence ordonnée par « l'être-pour-la-mort » ?

> « *L'extrême proximité de l'être vers la mort comme possibilité est aussi éloignée que possible de quelque chose de réel. Plus cette possibilité s'entend sans rien qui la voile, plus l'entendre (Verstehen) pénètre purement dans la possibilité comme celle de l'impossibilité de l'existence en général* »[2].

Cette section s'achève d'ailleurs sur une mise en garde : elle insiste sur l'extrême difficulté, voire le caractère essentiellement improbable d'une telle mutation du Dasein qui serait « fantastique » car elle ferait vaciller rien de moins que l'écart même entre fiction et réalité : « Et toutefois cet être vers la

---

1. *Ibid.*, p. 317.
2. *Ibid.*, p. 317.

mort existentialement « possible » n'en demeure pas moins une prétention fantasmagorique (*eine phantastische Zumutung*) »[1].

Il est remarquable que pour Heidegger la méditation sur la mort se soit prolongée secrètement bien après *Sein und Zeit*. Elle resurgit en effet de façon abrupte plus de vingt ans après la publication du livre majeur de notre auteur. Une première notation fulgurante apparaît dans la conférence « Pourquoi des poètes ? » à la suite d'une citation de Rilke :

> « *Mais qu'est-ce qui vient nous toucher immédiatement, à partir du plus vaste cercle ? Qu'est cela qui, dans le vouloir ordinaire de l'objectivation du monde, nous est barré et dérobé par nous-mêmes ? C'est l'autre perception : la mort. C'est elle qui touche les mortels en leur essence, les met sur le chemin de l'autre côté de la vie et les place ainsi dans le tout de la pure perception. La mort rassemble ainsi dans l'ensemble du déjà posé, dans le positum de l'entière perception. En tant que tel rassemblement du poser, la mort est le statut (Als diese Versammlung des Setzens ist er (der Tod) das Ge-setz)* »[2].

On note dans ce passage déjà, puis dans ceux analogues qui ponctuent *Essais et conférences,* un déplacement essentiel qui lève certaines des ambiguïtés relatives à l'engagement « pour la mort » du Dasein authentique. Dans tous ces textes Heidegger use en effet du vocable de « mortels » ce qui paraît conférer désormais à l'injonction du « revirement destinal »[3] une connotation essentiellement collective et historiale. Dans plusieurs conférences de la même époque on trouve des formulations presque identiques, toujours elliptiques et énigmatiques, ayant trait « au plus vaste cercle » :

> « *Les mortels sont les hommes. On les appelle mortels, parce qu'ils peuvent mourir. Mourir signifie : être capable de la mort en tant que la mort. Seul l'homme meurt. L'animal périt. La mort comme mort, il ne l'a ni devant lui ni derrière lui. La mort est l'Arche du Rien, à savoir de ce*

1. *Ibid.,* p. 321.
2. M. Heidegger, *Les chemins qui ne mènent nulle part,* trad. fr., Gallimard, 1962, p. 365.
3. M. Heidegger, *Essais et conférences,* trad. fr. Gallimard, 1958, p. 310.

qui, à tous égards, n'est jamais simple étant, mais qui néanmoins est, au point de constituer le secret de l'être lui-même. La mort, en tant qu'Arche du Rien, abrite en elle l'être même de l'être (das Wesen des Seins). En tant qu'Arche du Rien, la mort est l'abri de l'être (Das Gebirg des Seins) »[1].

Enfin « Moira », le seul texte où soit évoquée une corrélation de l'*alètheia* et du *dire* (*Sage*)[2], s'achève ainsi :

> « *Exigence (celle de « la possibilité d'un revirement du destin ») qui apparaît dans une étrange lumière, quand nous songeons à ceci que l'être des mortels est invité à faire attention à cette parole qui leur dit d'entrer dans la mort. Comme possibilité extrême l'existence mortelle, la mort n'est pas la fin du possible, mais elle est l'Abri suprême (la mise à l'abri qui rassemble) où réside le secret du dévoilement qui nous appelle* »[3].

Au terme d'un cheminement qui couvrit près d'un quart de siècle, tout se passe comme si la méditation sur l'*Eigentlichkeit* avait débouché sur le motif de l'*Ereignis*. On serait passé ainsi d'une réflexion sur l'accession du Dasein à « son propre » à l'examen des conditions de déclosion de la parole comme condition d'un radical retournement symbolique. Heidegger désigne alors clairement le nœud de l'énigme dans l'imbrication de notre être mortel et de la poétique du langage :

> « *Les mortels sont ceux qui ont possibilité d'expérimenter la mort en tant que mort. La bête n'en est pas capable. Mais la bête ne peut pas non plus parler. Le rapport entre mort et parole, un éclair, s'illumine ; mais il est encore impensé. Il peut pourtant nous faire-signe et nous indiquer le mode sur lequel le déploiement de la parole nous intente en nous réclamant pour elle, et ainsi nous rapporte près*

---

1. *Ibid.*, p. 213, voir également p. 177 et p. 235.
2. *Ibid.*, pp. 295-300.
3. *Ibid.*, p. 310.

*de soi – pour le cas où la mort fait ensemble partie de ce
qui nous intente »*[1].

Or si l'on se souvient que dès la conférence intitulée
« L'origine de l'œuvre d'art » prononcée en 1935, Heidegger
avait associé clairement l'art comme puissance originelle
d'aperture et d'éclaircie au Poème entendu en son acception la
plus large (« La langue elle-même est Poème au sens essentiel »[2]), on peut admettre que *Sein und Zeit* déjà s'inscrit dans
l'orbe de l'Événement-du-verbe ... si ce n'est qu'y demeure
occulté l'héritage hébraïque : la priorité de la question éthique
qui caractérise en propre la tradition judéo-chrétienne[3].

COMMUNAUTÉ DE L'A-DIEU

Quand l'esprit fait retraite vers sa source, l'ambition est
celle d'un recroisement sans précédent de l'éthique, de l'esthétique et de l'aléthique. Répercutée depuis l'aube de la
conscience, la question se pose d'une transmutation collective
du destin. Comment la transgression de l'interdit immémorial,
la reconnaissance du vide central et l'anticipation de notre fin
feront-elles de nous une communauté de l'à-Dieu ?

Dans le prolongement de l'étude que nous venons
de mener, les deux scènes sous-jacentes aux philosophies de
Heidegger et de Levinas pourraient venir à fusionner dans
l'horizon de la thanatogenèse. D'un côté le manque d'une
archéologie de l'engagement éthique chez Levinas empêche
que le revirement médité puisse exercer son plein effet commo-
tionnant sur nous. Parce qu'elle ne porte pas sur notre héritage
un regard suffisamment critique, l'analyse levinasienne ne
débouche pas en effet sur d'effectives perspectives de rupture
et de relance. Tout est comme si la nature intemporelle de

---

1. *Acheminement...*, *op. cit.*, p. 201, sur le même thème voir également
p. 25.
2. *Chemins...*, *op. cit.*, p. 84.
3. Ma perspective rejoint sur ce point celle développée récemment par
M. Zarader, *La dette impensée, Heidegger et l'héritage hébraïque*, éd. du
Seuil, 1990.

l'investigation suspendait l'urgence même de la conversion postulée.

A l'inverse, la philosophie de Heidegger pose d'emblée les jalons d'une réinterprétation d'ensemble de l'histoire de la métaphysique. Les limitations tiennent ici plutôt à une certaine restriction de champ. La démarche reste en effet parfaitement classique quand elle omet d'interroger l'ensemble du domaine du mythe et particulièrement le domaine du religieux dans notre culture. Toutefois, le diagnostic posé, relativement à la détresse contemporaine, demeure, après ceux de Hölderlin et de Nietzsche, éminemment pertinent et précieux. La conférence « La question de la technique » notamment, prononcée en novembre 1953, est ici de grande conséquence. Elle est l'occasion pour Heidegger d'approfondir la réflexion nietzschéenne sur le nihilisme dans l'horizon de son propre questionnement sur l'essence de la vérité comme *alètheia*. On peut la résumer de la manière suivante : la science moderne de la nature et son corrélat technique sont symptomatiques de la situation de crise où se trouve aujourd'hui la pensée. Car la technique est un mode du dévoilement qui : « ... déploie son être dans la région où le dévoilement et la non-occultation, *alètheia*, où la vérité a lieu »[1]. Or la technique est une perversion (Heidegger n'utilise pas ce terme), car elle supplante et occulte l'*alètheia* poétique qui seule est authentiquement créatrice et originelle. Le détournement pernicieux (ou l'oubli) de la vérité par la technique a pour symptôme flagrant ce que Heidegger appelle le *Gestell* : « l'Arraisonnement » qui « ... nous masque l'éclat et la puissance de la vérité »[2]. Mais la malversation technique du don de l'être, la « pro-vocation » (*Herausforderung*) « monstrueuse »[3] qu'elle exerce, portent en elles, de par leurs excès mêmes, la chance d'un salut : « ... quand nous nous ouvrons proprement à l'essence de la technique, nous nous trouvons pris d'une façon inespérée, dans un appel libérateur »[4]. L'outrance du mal recèlerait donc son propre remède,

---

1. *Essais et conférences, op. cit.*, p. 19.
2. *Ibid.*, p. 37.
3. *Ibid.*, pp. 20 et 22.
4. *Ibid.*, p. 34.

s'il est vrai que l'usurpation de la vérité trouve elle-même sa source dans le secret du dévoilement qui « n'est jamais le fait de l'homme »[1]. Ainsi, un revirement inespéré pourrait-il survenir qui consisterait à « ... reconduire (la pensée) dans l'essence, afin de faire apparaître celle-ci pour la première fois de la façon qui lui est propre »[2].

La force et la prégnance de la démonstration heideggérienne éclairent de manière décisive l'état du monde qui est aujourd'hui le nôtre. Mais il se pourrait que la circonscription encore trop étroitement philosophique de l'enquête en restreigne la portée. Car deux questions cardinales demeurent inélucidées. Quelles sont les raisons de la perversion du dévoilement ? D'où vient la violence de l'arraisonnement ? Nous envisagerons brièvement ces questions dans l'horizon de la thanatogenèse.

1. Une enquête archéologique discerne les raisons d'un épuisement des intuitions primitives (cf. plus haut « Orphée chrétien »). D'une part, l'onto-théo-logie se greffe sur l'origine mais ignore ses ressources mythiques. Ainsi le logos platonicien « oublie »-t-il l'*alètheia* présocratique, d'où découle l'arraisonnement métaphysique de l'étant (étrangement, Heidegger omet, à son tour, d'évoquer ces antécédents dans sa conférence). D'autre part, l'incandescence poétique des premiers commencements se trouva elle-même peu à peu masquée par le développement des formes qu'elle suscita. Enfin, il faut ici surtout mettre l'accent sur le jeu des exclusivismes et des antinomies inhérents à notre tradition. L'analyse matricielle de nos sources met en effet au jour à la fois les profondes affinités de nos héritages (hébraïque et hellénique) *et* leur incompatibilité foncière. Une exigence de complicité entre *fides et intellectus* fut postulée, on le sait, dès les prolégomènes médiévaux des temps modernes, mais elle ne cessa de se heurter à des apories. Déplaçant les dispositifs d'ex-inclusion primitifs, les trois formations de l'onto-théo-logie instaurèrent, de fait, des rapports fondés sur un principe de « violence logique ». Dans la

---

1. *Ibid.,* p. 25.
2. *Ibid.,* p. 38.

mesure où toute opposition, tout refus de croire ou de comprendre furent taxés de mauvaise foi, ce furent constamment des conflits latents, une rivalité permanente pour la place prépondérante. De cet « oubli » des ressources originelles découle le scepticisme qui, malgré de magnifiques efflorescences, ne cessa de hanter notre monde de culture. Offusqué peu à peu par les élaborations dominantes, le Drame de l'homme ne trouva plus à s'exprimer que dans les marges de la culture, en particulier dans toutes les formes de croyances dissidentes et dans l'art. La conséquence la plus visible de ces luttes intestines, ce fut le nihilisme. La complaisance pour l'affairement fébrile exempt de toute visée morale, la pure gestion de l'état général d'inertie.

2. Mais il s'agit surtout de discerner les origines violentes de l'Arraisonnement lui-même. Quand tout recours aux « valeurs » traditionnelles est récusé, quand nous assistons impuissants au déclin de toute référence spirituelle, quelle est la formation qui vient se substituer à l'ordre ancien ? Rien d'autre que les dispositions religieuses du paganisme, alors dépouillées de tout aura mystique. En effet les structures politiques, économiques et sociales qui s'avèrent les plus prégnantes et les plus efficaces, ce sont celles dictées par l'idolâtrie qui gît au tréfonds ancestral de tous les comportements humains. Car, même vidé de sa dimension symbolique et morale, le mécanisme de l'auto-engendrement rituel reste le modèle de toute activité humaine sensée. Les processus économiques d'offre et de contre-offre, d'accord sur les taux, le fétichisme de la valeur ont tous pour soubassement l'efficace du religieux archaïque qui exerce une action débridée au sein des sociétés modernes.

Les diverses formes que revêt en particulier l'idéologie politique peuvent toutes être interprétées comme des variantes dévoyées du jeu matriciel, c'est-à-dire comme le « degré zéro » ou le « fantôme » du religieux dans un monde « profané ». Cela se trouve attesté de façon patente pour le fascisme qui, en exploitant à des fins de glorification nationale les mécanismes d'ex-inclusion de l'*autre* se présente comme un véritable décalque – un dévoiement monstrueux – du paganisme mais aussi, surtout dans sa version hitlérienne, du christianisme et du judaïsme[1]. Ce même travail de déplacement peut se reconnaître à la fois dans la *théorie révolutionnaire* (il s'agit précisément de ramener les « superstructures » – les croyances et les valeurs culturelles – au « substrat » économique) que dans sa *pratique* (l'action révolutionnaire du prolétariat doit permettre d'apurer la corruption capitaliste : la mission messianique des « damnés de la terre » est de donner naissance, du fond de la déréliction, à une humanité rénovée, etc.).

Enfin le libéralisme moderne, qui par sa méfiance affichée pour les idéologies passe par la forme la plus « naturelle » de commerce entre les hommes, est lui aussi entièrement régi par des dispositions symboliques ancestrales. Son seul mérite fut du moins d'autoriser le développement marginal de l'art et de la pensée (avant de les résorber eux-mêmes dans le creuset d'un mercantilisme généralisé). Basée sur le processus d'ex-inclusion immémorial et sur le fétichisme de la valeur, l'auto-régulation économique par la simple soumission aux « lois du marché » pourrait être reconnue en effet comme le triomphe de l'arraisonnement pseudo-religieux de la vie sociale. Toute réalité culturelle et humaine est ici subordonnée au mythe de l'efficacité et de la puissance. Abandonnée à elle-même, une concurrence généralisée vise à façonner les choses et les êtres mêmes. Elle suscite de fallacieux désirs et multiplie les objets-leurres. Cet emballement furieux de la concupiscence et de l'égoïsme, érigés en vertu, ne peut aboutir qu'à la dissolution des rapports humains et finalement à la pure et simple dévastation de la terre. Une conspiration universelle banalise l'horreur, recycle et maquille la mort. Tout concourt à l'oubli de la grandeur insigne – divine – de cet être dont la pâture est le rêve et qui meurt de n'être qu'un homme.

Daté de 1513, « Le chevalier, la mort et le diable » de Dürer, pourra valoir ici comme une allégorie saisissante du destin moderne. Sanglé dans son armure comme dans ses certitudes, l'homme va taciturne et solitaire. Ignorant ce qui l'entoure, obsédé par les fins qu'il s'est données, il se jette au

---

1. Cf. J.J. Goux, « Freud et la structure religieuse du nazisme » in *Les iconoclastes,* éd. Seuil, 1978, pp. 53-64.

devant d'une mort flagrante et ironique. Il s'imagine encore invulnérable, rêve de quelque château au terme du voyage. Pourtant il est à lui seul une déclaration de guerre et un attentat dans cette nature qui, du coup, paraît hargneuse et rebelle. Muré dans son pathos, affairé, pressé, il se laisse conduire par sa fringuante monture, tandis que le chien seul paraît flairer le danger, file doux, inquiet, prêt à fuir comme le fait sous lui, éperdu, un lézard ou une salamandre. Pris au piège déjà de son armure dérisoire, l'homme ignore ceux qui l'épient. La mort hâve et décharnée au carrefour inexorable (l'exécutrice du temps) et dans son dos, l'accompagnant comme son ombre, ce diable hideux et bizarrement composite qui n'est autre que son double, coiffé d'une corne arrogante et absurde, affublé d'une hallebarde, image même de la grossièreté et surtout... de la bêtise.

L'urgence est donc celle d'une dissolution de toutes les figures du passé, la liquéfaction de tout ce qui en nous est pétrifié. Et pour ce faire, il faut l'événement d'un retournement symbolique : guérir aux sources de l'être. Le désastre alors pourrait se faire initiation, revendiqué comme ir-réalité créatrice, l'assomption du *nihil* se fait Poème. Saurons-nous entreprendre le long pèlerinage vers les visages répudiés de nous, (ré)enfanter nos morts mêmes, vivre à toute extrémité comme ils le firent, animés du souci permanent de l'humain ? Nous devons maintenant embrasser notre Drame inné, reprendre humblement notre place au sein de la tragédie ancestrale : accueillir le néant, « endure(r) notre source » (Claudel).

Rééprouvant les impressions premières, notre vision elle-même alors se métamorphose. Nous vivons dès maintenant une vie posthume qui fait voler en éclats le carcan des illusions courantes. Dépouillés de nos dérisoires défenses nous voici dénudés et vulnérables, livrés aux ravissements de l'Être-à-découvert. L'homme est une contradiction vivante, un défi jeté aux ténèbres, il n'est que par le bond et l'anticipation qui le « ... contraint de se surmonter soi-même à l'infini »[1]. Il est la bête mystique qui fait de son néant la matière d'un songe toujours plus vertigineux.

---

1. *Ainsi parlait Zarathoustra*, T. 1, *op. cit.,* p. 251.

Mais pénétrer plus avant le mystère de l'homme comme nous y invite la tradition judéo-chrétienne, c'est comprendre en quoi il est « à-Dieu » . Tout le mystère humain gît en effet dans la poétique de la mort (et) de Dieu. L'homme et Dieu se rejoignent et *se créent* l'un l'autre dans et par la mort. L'homme n'est rien s'il n'accueille le mystère de la divinité de l'a-Autre. Mais inversement, Dieu – le verbe – s'incarne en l'homme de douleur – mon prochain – qui *ne peut pas, ne doit pas mourir.* Celui que je ne peux laisser à l'esseulement. Celui pourtant que je suis moi-même devenant *autre* au moment de mourir. La communauté se doit de partager naïvement ce qui ne le fut jamais, le dérisoire secret de nos solitudes et de nos angoisses : « ... *apprendre* à s'aimer [...] c'est [...] l'art suprême... »[1]. Or, le vertige de cette communion est d'autant plus poignant qu'elle n'est qu'une Fiction. Car Dieu se fait Dieu par la foi démesurée, insensée, que nous Lui accordons. Voici qu'une Fable, sciemment reconnue, ouvre les portes de la sur-vie.

Le sacrement de l'à-Dieu doit donc être conçu comme l'Acte qui nous projette vers notre *fin,* qui précède (accomplit *et* sans cesse diffère) la mort de l'espèce et bientôt celle de toute vie. L'entrée dans la mort qui est une naissance *pour l'éternité* renouvelle et universalise l'Exode. Ou, selon la version chrétienne du mythe hébraïque, nous parions à l'avance que le tombeau de l'humanité restera vide – idéal – à jamais. Comme le dit le poète qui eut l'audace de préfigurer notre fin : « rien n'aura eu lieu que le lieu » (S. Mallarmé). Une mémoire retentissante développe le mythe d'un sens inextinguible, elle projette une subjectivité fragile au cœur de l'univers. Quelque extravagance pathétique porte le désastre en triomphe : « répétition générale en vue du silence » (M. Deguy). Le Testament poétique dit nos volontés dernières.

Cet acte instaure une fraternité possible qui n'abolit pas les différences mais les exalte. Nous respecterons partout les nuances, les écarts, chaque identité humaine s'avèrera vraie, précieuse, infiniment. Un amoncellement millénaire de songes, une profusion chromatique de styles et de personnalités révè-

---

1. *Ibid.,* T. 2, p. 97.

lent partout le Drame de l'homme. Aux feux du couchant, les innombrables effigies des dieux défunts resplendissent, chacune incarne un même principe d'éternité.

L'accueil plénier de l'Événement-du-verbe, la révélation du sens comble est une advenue du mystère. L'incandescence du savoir confrontée au non-savoir est un vertige toujours renouvelé. Cette coïncidence extrême approfondit l'interrogation latente chez Levinas sur les conditions d'une conversion éthique. Car la décision ne se déduit d'aucun savoir, elle est seulement appel. Une approche du sens recueilli n'impose aucune contrainte, ne préjuge d'aucune récompense. Vouloir la vie contre la mort demeure, en dernière instance, injustifiable, surtout quand il s'agit de renoncer à nos complaisances pour la mort banalisée. Rien ne se fera donc sans l'engagement de chacun et de tous. Nous sommes aujourd'hui plus que jamais co-dépendants et co-responsables. L'arrachement à la pesanteur n'est pas une certitude. « Tenir le pas gagné » (Rimbaud) est à jamais un pari.

Voici venu le temps d'un suspens sublime. Frangée de nuit chaque ombre se fait plus mystérieuse quand irradie le rêve d'une humanité réconciliée. Voici l'heure crépusculaire. Nous percevons au loin les accents d'un hymne : la fête de la vie. La certitude nous gagne qu'en sa fragilité diaphane le verbe est désormais notre seul viatique. C'est le chemin du Retour.

> « *Poète, déchiffreur d'énigmes et rédempteur du hasard, je leur ai enseigné à travailler à l'avenir et à délivrer par leur activité créatrice tout ce qui a été. Affranchir le passé dans l'homme et transmuer tout ce qui a été, jusqu'à ce que le vouloir déclare : "Mais je l'ai voulu ! Et c'est ce que je voudrai désormais !"* »[1]

---

1. Nietzsche, *Ainsi parlait Zarathoustra,* T. 2, p. 107.

QUATRIÈME PARTIE

LA POÉSIE – UNIQUE SOURCE

> « Ceux qui furent aux choses n'en disent
> point l'usure ni la cendre, mais ce haut
> vivre en marche sur la terre des morts... »
>
> Saint-John-Perse

Si l'Événement-du-verbe est avant tout *poèsis*, quelle est la nécessité de l'interprétation réduite au statut de commentaire (*commentari*, dérivé de *mens*, signifie réflexion partagée ou répercutée) ? Cette interrogation rejoint l'énigme de la coïncidence entrevue de la pensée et de la poésie.

Nous partirons du constat le plus simple. La pensée fait du langage un usage prosaïque : elle *procède* laborieusement. Elle est *processus* et *procès* (ces termes ont la même étymologie que *prose*). Quitte à se fourvoyer sans cesse, la pensée chemine : elle doit constamment inventer une *méthode*. Étant une tentative de dire, d'éclairer ou de nommer l'Être, elle emprunte au langage de la communication courante : elle s'alimente de lieux communs. Méditant ce qui *est*, le penseur oublie tout naturellement le médium linguistique qui lui permet de concevoir. Il ignore la Poésie-de-la-parole qui recèle pourtant le secret qu'il veut pénétrer.

La poésie par contre est *vers*, elle précède la pensée car elle porte à la parole le mystère même de la parole : elle est toujours et déjà Événement-du-verbe. Le vers (du latin *versus*) fait retour, il dé-montre ou réfléchit le substrat phonétique ou graphique du langage (nous verrons comment Baudelaire, Rimbaud et Mallarmé accomplirent exemplairement ce retour). Car

171

la Poésie est avant tout musique, non pas seulement parce qu'elle exploite les ressources sonores et rythmiques du matériau linguistique mais parce qu'elle (re)découvre sans cesse les consonances natives ou l'harmonie-du-verbe. Réexplorant les mystères de la voix qui délivre un monde, elle renouvelle nos émerveillements.

Or la littérature moderne aura saisi l'occasion de la dévaluation nihiliste des « idéologies » pour conquérir pleinement son autonomie. Le mystère de la régénération qui fut immémorialement projeté sur la scène fantasmatique des dieux (ou bien qui fut conçue accessoirement comme faculté divine par la raison philosophique) fut alors ramené au Drame intime de notre naissance mortelle. La subversion souveraine de ce qui subsistait d'idolâtrie au cœur de la conception du réel permit l'Épiphanie du verbe. La poésie (l'art) se fit Acte. Une révolution subtile mais radicale se sera accomplie sous nos yeux : ses conséquences demeurent illimitées.

Pour que cette précellence puisse être reconnue, il faut que la réflexion philosophique effectue pour elle-même le retournement symbolique déjà accompli par la poésie. Formellement, il faut donc que les deux orientations princeps de la parole – la prose et le vers – se rejoignent au terme d'une confrontation ultime (une telle tentative est préfigurée par l'innovation baudelairienne du poème en prose). Car la pensée qui se retourne vers le secret de la parole est éminemment poétique, non pas, certes, en raison de sa facture esthétique mais parce qu'elle vise à réinitier à son tour le verbe *ex nihilo* (la crise nihiliste est maintenant explicitement conçue comme l'occasion de l'Initiation de la Parole, du Monde et d'une Communauté authentique).

Dans les trois premières parties du présent essai nous nous sommes efforcés de discerner la poétique invariante de la mort et de la résurrection dans le déroulement muet des rites. Nous avons tenté de reconstituer le cheminement de l'interprétation qui sous-tend la geste grandiose des héros et des dieux. Cette entreprise de démystification aura pris un tour plus décisif encore dans l'examen des ambivalences archaïques *et* postarchaïques inhérentes à notre propre tradition onto-théo-logique. L'ambition fut alors de déceler l'incidence d'une poétique-du-verbe au fondement des édifices de la foi et de la raison. La dissolution analytique des configurations manifestes aboutit ainsi à la mise au jour d'une symbolique immanente de la destruction *et* de la recréation qui infinitise le paradoxe des origines.

De cette démarche se déduit l'exigence du commentaire qui vise à démontrer la primauté méconnue des Lettres. La déflation de toute idéologie – l'unification plurielle de notre connaissance de nous-même – réalise l'apothéose de la Poésie – « unique source ». Dans un tel contexte, le travail du commentaire pourrait se borner à la simple citation. J'en veux pour exemple la poésie de Wallace Stevens que je me contenterai ici de traduire (les passages, ci-dessous sont extraits de *The palm at the end of mind*[1]) :

> *A text we should be born that we might read,*
> *More explicit than the experience of sun*
> *And moon, the book of reconciliation*
> *Book of a concept only possible.*
> ....
> *It is the theory of the word for those*
> *For whom the word is the making of the world,*
> *The buzzing world and lisping firmament.*
> *It is a world of words to the end of it*
> *In which nothing solid is its solid self.*

> *(D'un) Texte nous devrions naître, lisible(s),*
> *Plus explicite(s) que le soleil*
> *Et que la lune. Livre des réconciliations*
> *Livre d'une conception possible.*
> ....
> *Une théorie du verbe destinée à ceux*
> *Pour qui le mot est genèse du monde,*
> *Bourdonnement de monde et balbutiement de firmament,*
> *Monde de mots à l'infini*
> *Où l'absence de teneur est la teneur même.*

---

1. Wallace Stevens, *The palm at the end of mind,* Vintage Books, 1972, p. 276.

et :

That's it. The lover writes, the believer hears,
The poet mumbles and the painter sees,
Each one, his fated excentricity,
As a part, but part, but tenacious particle,
Of the skeleton of the ether, the total
Of letters, prohecies, perceptions, clods
Of colors, the giant nothingness, each one
And the giant ever changing, living in change[1].

C'est cela, l'amoureux écrit, le croyant entend
Le poëte balbutie et le peintre voit,
A chacun son destin excentrique
En tant que partie, rien que partie ou particule, mais tenace,
D'un squelette éthéré, la somme des
Lettres, des prophéties, des perceptions, des
Masses colorées. Fragment d'une néantité géante
Versatile et bigarrée, vivante métamorphose.

Mais le commentaire se doit encore de répondre à « l'Œuvre inouïe » (A. Rimbaud) depuis toujours. Il doit le faire d'abord historialement en ramenant tout le cheminement prosaïque de la pensée vers la poétique des origines. Il doit le faire encore par l'invention d'une répartie appropriée à chaque création singulière. Car l'œuvre originale, qui est éminemment esseulée et souffre méconnaissance est cependant habitée par le projet de partager cet être-en-souffrance et cette solitude mêmes. Le paradoxe de l'œuvre aura consisté depuis toujours (d'abord sur le mode d'une collaboration essentiellement religieuse) à recueillir le travail d'une création endeuillée pour en faire la pierre de touche d'une communauté réconciliée. L'exaucement du vœu qui fomente toute entreprise littéraire devra donc se confondre avec l'exhaussement vivifiant, mieux, la délivrance résurrectionnelle de tous. Car la Poésie seule a vocation d'unifier l'esthétique, l'aléthique et l'éthique : *nommant* l'Être, elle est non seulement Beauté mais Appel : Désir de conversion et de sur-vie. Comme le dit G. Steiner dans un

---

1. *Ibid.*, p. 320.

contexte où il évoque le triple impératif moral, spirituel et psychologique de la lecture : le véritable interprète ne peut manquer de « fai(re) l'investissement de son être dans le processus de l'exécution »[1].

Si tout Poème vise l'universel, il le fait à chaque fois sur un mode unique. D'où se déduit la tâche de l'interprétation qui explore les œuvres comme fragment ou version d'un tout polymorphe et évanescent. Regroupées en constellation, sept Figures (Bossuet puis les six études qui suivent) retracent ensemble l'histoire des métamorphoses du visible – une odyssée de la Lumière et de la Vue – dont je montrerai qu'elle tend vers l'Épiphanie de la Cause poétique.

LA SCÈNE DU DÉCHIFFREMENT : *LES BERGERS D'ARCADIE*

> « Il (Poussin) réglait sa vie n'ayant en vue qu'un seul but : son art »
>
> Joachim von Sandhart

A première vue, tout dans cette toile paraît voué à la limpidité d'un innocent regard sur la terre des origines. A l'âge classique, la représentation est soumise censément à la loi d'une raison énonçable. Pourtant, passé l'impression initiale, la clarté pressentie ici se brouille. La représentation s'enténèbre, elle en vient à figurer une opacité têtue.

Dès l'abord, notre regard se heurte au volume considérable du tombeau qui barre l'horizon et occupe tout le centre de la toile : « Sépulcre solide où gît (...) l'avare silence et la massive nuit » (S. Mallarmé). Puis, comme tout nous y invite, notre attention se fixe sur l'énigmatique épitaphe gravée sur la paroi du tombeau : *Et in Arcadia ego.* Ici l'anecdote représentative vole en éclats. L'innocente bergerie dissimule un secret. De par l'attitude méditative et interrogative des quatre person-

---

1. G. Steiner, *Réelles Présences,* trad. fr. Gallimard, 1991, p. 27.

nages au premier plan dont la mutité rend remarquable le silence qui est le lot de toute peinture, c'est non une plénitude mais un manque de sens qui est figuré. Enfin, notre fascination s'exacerbe quand nous apercevons dans le tableau l'image en miroir de notre propre perplexité. A l'instar des personnages représentés, nous sommes captifs d'un songe ; pris au piège d'un jeu spéculaire souverain, nous demeurons irrésolus. Le doigt qui repasse sur les lettres gravées ne fait qu'entériner l'échec de la compréhension, tandis que le regard scrutateur qui traverse sagitalement la toile répercute notre propre demande de sens. Du reste, à qui donc ce regard s'adresse-t-il ? A la noble compagne du premier plan ? Mais alors le visage ne devrait-il pas être renversé vers l'arrière et plus franchement tourné vers elle ? Tendu en oblique, orienté vers les marges de la représentation, ce regard n'interroge-t-il pas plutôt quelqu'un qui serait hors champ ? Tout ne paraît-il pas suspendu à la survenue d'une parole émanant dont on ne sait quel site improbable, à la fois intérieur et extérieur au tableau ?

Face à un mystère si flagrant et pourtant si bien gardé que pourrait être la parole attendue ? D'où pourrait-elle surgir sinon du hasard, en quelqu'inconcevable conjoncture du destin ? Du reste, le Maître ne nous aura-t-il pas lui-même prévenu ? Lui pour qui le secret de l'art « ... ne se peut apprendre (étant) le rameau d'or de Virgile que nul ne peut trouver ni cueillir s'il n'est conduit par la fatalité. » (lettre à Monsieur de Chambry, 1er mars 1665). Butant sur une formule qui paraît à présent indéchiffrable, hanté par l'incomplétude mystérieuse de cette toile, nous nous tournons vers l'érudition comme vers un refuge. Elle nous est proposée, en l'occurrence, par E. Panofsky dans une étude exemplaire intitulée « Poussin et la tradition élégiaque » qui fournit à notre curiosité de précieux renseignements sur les sources du tableau. Pourtant, nous aurons à le constater, cette étude ne nous tirera pas d'embarras, plus encore, il se pourrait qu'elle masque plus qu'elle ne la révèle la signification profonde du tableau.

De manière à pénétrer le sens de la formule *Et in Arcadia ego*, toute une première partie du chapitre de *Meaning in the*

Visual Arts[1] consacré à Poussin, traite des antécédents grecs et latins du mythe de l'Arcadie. L'auteur montre que la tradition moderne qui associe l'Arcadie à un âge d'or primitif teinté de nostalgie trouve son point de départ dans la cinquième églogue de Virgile où apparaît déjà le motif de la tombe en Arcadie. Après l'élaboration antique du mythe, ce n'est qu'au terme d'une éclipse de plusieurs siècles que ledit motif reparaît chez Boccace d'abord, puis dans l'*Arcadia* de Jacopo Sannazzaro en 1502. Mais, c'est cent ans plus tard seulement que l'on enregistre le premier tableau traitant de la mort en Arcadie, un tableau où figure justement pour la première fois la formule *Et in Arcadia ego*. Peint vers 1621-1623, il s'agit en l'occurrence d'une œuvre de Giovanni Guercino (conservée à la Galleria Corsini à Rome) qui servit précisément, sinon de modèle, du moins de référence et de thématique directrice à Poussin pour ses deux versions des *Bergers d'Arcadie* : la première peinte vers 1630 (version conservée à Chatsworth dans la Denvonshire Collection), la seconde vers 1635-1636, conservée au Louvre. D'ailleurs, tout porte à croire que le commanditaire de ces deux toiles en même temps que l'auteur de la célèbre formule fut un humaniste et un poète de renom Giulio Rospigliosi, nul autre que le futur Clément IX. Parmi les secrets à jamais impénétrables qui entourent les *Bergers d'Arcadie*, le rôle joué par ce mystérieux prélat n'est certes pas, nous aurons à le constater, des moindres.

En elle-même la signification de la toile de Guercino est assez aisément déchiffrable. Elle peut être assimilée, comme le note Panofsky, à une version humaniste des *memento mori* médiévaux. Dans un cadre idyllique, deux bergers font la découverte terrifiante d'un crâne juché sur un entablement de pierre. Auprès du crâne se trouve une souris tandis que sur lui est une mouche, ces deux animaux symbolisant traditionnellement, selon Panofsky, la dégradation et la corruption. L'inscription *Et in Arcadia ego* qui apparaît sur la face avant du socle portant le crâne n'est pas visible pour les bergers eux-mêmes. Elle se présente plutôt comme une légende chargée d'expliciter la signification de la scène pour le

---

1. E. Panofsky, *Meaning in the visual Arts,* Doubleday Anchor Books, 1955.

spectateur. Si donc, on restitue au membre de la phrase tronquée – conformément à d'autres sentences du même genre – le verbe *être* au présent qui demeure sous-entendu, la traduction correcte de la formule, qui est une prosopopée de la mort, est incontestablement la suivante : « Même en Arcadie je suis ou je règne » (dit la mort).

Dans tous ces développements, essentiellement factuels et historiques, on ne peut manquer de suivre Panofsky. Pourtant là où son exposé prend un tour plus contestable, c'est quand l'auteur tente de prouver que Poussin, lui-même, fut responsable de l'interprétation fautive de ladite sentence qui se répandit à partir de la deuxième moitié du 17e siècle. On constate, en effet, peu après la composition des deux versions des *Bergers d'Arcadie* de Poussin, un certain infléchissement du sens de la formule qui n'est plus attribuée à la mort mais à un défunt ayant séjourné naguère en Arcadie. Indûment projetée dans le passé, la signification de la sentence est alors réputée être la suivante : « Et moi aussi je vécus en Arcadie ». Or, la question est de savoir si Poussin fut bien responsable de cette mésinterprétation ainsi que l'affirme Panofsky. D'entrée de jeu, l'auteur de *Meaning in the Visual Arts* postule un certain décalage entre la signification correcte de l'inscription, et le tableau que nous avons sous les yeux[1]. Puis il fait endosser au peintre lui-même la responsabilité du détournement du sens correct de la sentence : « Bien qu'il conserve l'inscription, Poussin oblige en quelque sorte le spectateur à en trahir le sens puisqu'en rapportant *et* à *ego* et non plus à *Arcadia*, en substituant une forme verbale au passé du genre de *vixi* ou *fui* à *sum*, il réfère *ego* à un défunt et non plus à une tombe »[2]. Or, tout ici repose sur une pétition de principe qui conduit Panofsky à suggérer, par exemple, que ce serait sous l'influence du poème de Sannazzaro que Poussin aurait été amené à remanier la thématique du tableau de Guercino. A aucun moment Panofsky ne se demande comment il aura pu se faire que Poussin ait choisi de trahir le sens correct de la formule alors qu'étant un parfait latiniste, il pouvait obtenir tout éclaircissement souhaitable

---

1. *Ibid.*, p. 385.
2. *Ibid.*, p. 316, ma traduction.

directement de Giulio Rospigliosi, l'auteur présumé de la formule et le commanditaire probable des *Bergers d'Arcadie* du Louvre après avoir été celui du tableau de Guercino.

De fait, Panofsky, qui méconnaît la complexité et la portée du tableau, omet constamment d'interroger les raisons pour lesquelles Poussin reprit et remania la thématique héritée de Guercino. Il est bien évident pourtant que seule une élucidation de la logique interne des transformations effectuées, c'est-à-dire la reconstitution du cheminement de pensée du peintre pourrait ici fournir une clé. Pour tenter de combler cette lacune, je propose de considérer le tableau de Guercino et la version dite du Louvre comme deux états de représentation diamétralement opposés. Au point de revirement diachronique, je suggère de situer la version dite de Chatsworth des *Bergers d'Arcadie*. Ce dernier tableau peut être conçu, en effet, ainsi que Panofsky le pressent lui-même, comme un stade intermédiaire qui inclut des aspects des deux conceptions extrêmes. Dans la version dite de Chatsworth le socle en ruine du tableau de Guercino est devenu un tombeau tandis que l'inscription *Et in Arcadia ego* retient à présent *l'attention des bergers eux-mêmes*. Le crâne subsiste, certes, mais il est de taille médiocre et n'est plus un objet de fascination pour les protagonistes.

Or, est-il possible de reconnaître un principe à la transformation ainsi repérée ? Pour y parvenir, il faut observer le trait crucial suivant : du tableau de Guercino à la version du Louvre en passant par celle de Chatsworth, le Maître semble avoir tiré toutes les conséquences du changement de position et de fonction réservé par lui, dès 1630, à la sentence *Et in Arcadia ego*. Celle-ci qui n'était d'abord, nous l'avons indiqué, rien d'autre qu'une quasi légende destinée à expliciter le face à face stupéfié des bergers et de la mort *recouvre* (c'est-à-dire masque et remplace à la fois) ledit face à face et devient donc elle-même le « sujet » de la toile. La distance entre la scène représentée – les bergers absorbés dans la contemplation des reliques d'un congénère – et son incidence actuelle *sur nous*, les spectateurs qui contemplons le tableau et déchiffrons le sens de la formule est abolie. En d'autres termes, l'expérience de la mortalité de l'autre-moi-même n'est plus tenue à distance par la représentation elle-même : elle nous concerne à présent spéculairement nous-mêmes au même titre que les personnages représentés. Dans la version finale tout se passe en effet comme si l'incidence du tableau sur le spectateur passait au premier plan, comme si la représentation, qui alors thématise et réfléchit son impact sur nous, enveloppait et absorbait en elle la « scène primitive » figurée dans le tableau de Guercino. Certes, la représentation de l'autre-moi-même anéanti est alors occultée mais c'est que l'idée de la mort se fait plus abstraite et plus sublime. Simultanément, en concentrant l'attention sur *Et in Arcadia ego*, le tableau abîme le sens de cette sentence, tandis que les personnages figurés, auxquels nous nous identifions, acquièrent une existence fantomatique, une fascinante intériorité.

Au lieu donc de re-présenter seulement le choc d'une confrontation directe avec la mort et ainsi, paradoxalement de tenir celle-ci en respect, Poussin aurait choisi de voiler l'aspect paroxystique du drame et, du même coup, de l'évoquer de manière d'autant plus efficace que le vertige affecte à présent le statut de la représentation elle-même puisqu'est abolie la distance entre nous les spectateurs extérieurs au tableau et les personnages représentés. Renonçant ainsi au leurre de la re-présentation de l'abîme mortel, il aurait composé le tableau d'une pensée-de-la-mort infiniment exposée au vacillement du même-autre. La représentation ici se boucle sur soi, elle se détache de ses conditions préalables, elle exhibe la forme entièrement autonome de son trope (de son tour) intime. Ainsi, de par le rejet de toute grandiloquence comme de toute bizarrerie et anachronisme, Poussin aurait conféré à son tableau une sublimité d'autant plus envoûtante qu'elle est plus discrète, plus conforme au goût classique pour la concision et la litote.

Certes, le tableau se charge alors d'implicite, il s'expose au risque fatal de la méconnaissance. Il souffre l'incompréhension mais il s'accorde aussi, de la sorte, aux hasards et aux chances du devenir. Il est un défi jeté au temps. Ainsi il est bien possible, au bout du compte, que l'interprétation fautive de la sentence qui circule à partir de la seconde moitié du 17e siècle ait été le fruit d'une oblitération du sens vertigineux du tableau de Poussin. Une signification anecdotique et unilatérale aurait alors été projetée sur le tableau de manière à en voiler le mystère abyssal. Le comble de cette méconnaissance aurait consisté à rendre Poussin lui-même responsable d'une trahison dont son œuvre fut d'abord la cible.

Ainsi, malgré les trésors d'érudition qu'elle recèle, il se pourrait que l'étude de Panofsky ait précisément aggravé, en la menant à son terme, une méprise séculaire.

Or, cette ignorance ne fut cependant pas exclusive de la fascination que le tableau ne cessa d'exercer au long des siècles. Une fascination qui paraît revêtir un tour enfin patent à l'époque contemporaine. C'est en particulier le mérite de Louis Marin dans plusieurs études importantes d'avoir exploré les énigmes du tableau de Poussin et mis en lumière son étrange aura métaphysique. C'est en sollicitant tout l'éventail des discours interprétatifs actuels, en mettant le tableau à l'épreuve d'une lecture tour à tour historique, symbolique, sémiotique et psychanalytique que l'auteur parvient à mettre en valeur toutes les complexités et les ambivalences des *Bergers d'Arcadie*. Pourtant, bien qu'ils soient éclairants et précieux, surtout quand ils circonscrivent le rapport de l'œuvre et de l'histoire et interrogent les *Bergers d'Arcadie* comme « tableau de l'histoire », les aperçus développés dans *Détruire la peinture* et « Poussin : The Arcadian Shepherds »[1] notamment ne conduisent jamais à mettre en cause *les limites de notre propre épistémé*, c'est-à-dire des conditions de notre interprétation même. D'une certaine manière, l'allure fragmentaire du discours exégétique, s'il respecte, préserve et valorise l'ineffable du tableau, n'en laisse pas moins transparaître, symptomatiquement, *le caractère éclaté de notre propre savoir*.

Car, il se pourrait que le tableau de Poussin, centré sur l'énigme de la mort, soit essentiellement transhistorique en un sens qui mette en cause tout métalangage, toute possibilité même d'exégèse. Pour autant que le rapport de la *vision* et de la *compréhension* s'y voit expressément thématisé, l'herméneutique du tableau doit s'avancer en effet jusqu'au point où le rapport de connaissance peut finir par s'inverser, c'est-à-dire jusqu'au moment où nous prendrons conscience du fait que la

---

1. L. Marin, *Détruire la peinture,* éd. Galilée, 1977 et « Poussin : The Arcadian Shepherds » in *The Reader in the Text,* S. Suleiman & I. Crosman, Princeton U. Press, 1980.

toile nous domine par tout le poids accumulé d'une connaissance en elle de nos origines et de notre fin.

Préconisant un changement radical de perspective, j'avance que le tableau de Poussin détient les clés d'un savoir fatal en attente de la complétude du nôtre. S'il est vrai, ainsi que le suggère Marin que ce tableau est le « tableau de l'histoire », il faut, pour que son énigme devienne pleinement parlante, que notre savoir finisse par égaler celui qu'il recèle. Il faut que notre parole confronte le mystère flagrant du tableau et s'y absorbe. Or, c'est seulement si notre science elle-même se tourne vers le secret thanatophanique de nos origines qu'un tel dialogue fécond peut être instauré. En proposant de mettre l'hypothèse loganalytique développée dans *La vision et l'énigme* à l'épreuve du tableau de Poussin, mon intention se borne avant tout à éclairer certaines convergences et affinités. Le propos est, certes, de *dire* le tableau mais non pour le traduire en une parole qui en serait l'explication ou la raison mais plutôt de manière à ramener la représentation et le dire lui-même au silence primordial qui les hante. Dire le tableau imposera donc aussi de dédire réciproquement la parole par le tableau, de manière à reconduire l'un et l'autre au paradoxe de la thanatophanie qui est connaissance *et* déni historial de l'abîme de la mort.

Le tableau de Poussin est un triptyque des âges, il propose une vision harmonique du temps, un récit ana-chrono-logique de l'histoire qui exploite précisément l'infirmité principielle de la représentation iconique eu égard à la figuration du devenir. Foyer de tension entre une rétro-spection et une pro-spection latentes, les *Bergers d'Arcadie* révèle *et* voile à la fois : 1) l'âge du tombeau et du rite (l'archaïque qui en est la référence latente) ; 2) l'âge de la question, de l'histoire et de l'écriture (qui en constitue le motif central, manifeste) ; enfin, 3) l'âge eschatologique du retrait et du retour de l'origine (qui est l'horizon même de la confrontation d'ensemble ici proposée). Si une telle exégèse est aujourd'hui possible, c'est que le tableau, focalisé sur l'énigme de la mort, exhibe quelque chose comme le secret transhistorique de notre provenance et de notre fin. D'où la noblesse si évidente de cette toile qui associe notre familiarité immémoriale avec la mort aux splendeurs entrevues de nos gloires posthumes.

De manière à interroger l'arcane du récit de l'histoire ou le tryptique des âges dans les *Bergers d'Arcadie* tournons donc, une fois de plus notre regard, comme tout nous y invite, vers l'épicentre de la toile : « calme bloc ici-bas chu d'un désastre obscur » (S. Mallarmé). Comme nous vers cette toile, des bergers, par hasard, se sont avancés vers une sépulture monumentale qui curieusement dut passer inaperçue à leurs yeux jusque là. Sobrement en arrêt devant ce qui pour tout homme borne le temps, ils sont intrigués et pensifs, pris au piège d'un texte lisible et illisible à la fois. En quête d'un supplément de mémoire, nous reconnaissons avec eux qu'en ces lieux une liturgie funèbre fut célébrée naguère dont il reste ce vestige, ce monument étrangement ruiné (étymologiquement monument renvoie à pensée (*mens*) et à mémoire (*monere*). Avant le temps, un homme ici fut inhumé selon les rites, d'autres hommes, eux-mêmes disparus, honorèrent ce premier défunt. Nous recueillons en ce site le témoignage indubitable de la lutte immémoriale de notre espèce contre l'anéantissement et la corruption. Par delà l'horreur du cadavre décomposé, « ce qui n'a de nom dans aucune langue », ce tombeau est le signe d'une foi ancienne en une existence posthume. Butant donc avec les personnages sur l'énigme du sépulcre, nous interrogeons d'abord ce tableau comme le texte-signe d'une complicité immémoriale des vivants et des morts. Solennités d'un jour dont il ne reste aujourd'hui que l'indice pour nous d'une perte de la mémoire, puisque le cadavre y est dissimulé sous un énorme appareil de pierre. Pourtant sous le tombeau comme sous la toile gît toujours l'impureté funèbre : centre de gravité de la communauté et de l'intériorité des personnages, tache aveugle au cœur du paysage et de la représentation même. Car la toile comme le monument funéraire ne sont ici que le vierge indice d'une forclusion de l'impur qui naguère fut accompli selon le rite.

Nous comprenons dès lors un peu mieux les raisons pour lesquelles Poussin éprouva le besoin de recouvrir la scène anachronique figurée dans le tableau de Guercino. La confrontation de l'autre-moi-même ne peut plus avoir comme objet, pour nous, une confrontation du cadavre, elle doit passer par la médiation de l'écriture et du temps remémoré. La corruption n'a plus à être représentée et, de fait, elle ne *peut plus l'être*, car la représentation elle-même tient l'origine à distance. Il faut donc prendre acte de ce que la leçon de lecture en Arcadie ne peut s'inscrire que dans le cadre de cet âge plus tardif que j'appelle post-archaïque. Une époque de l'histoire caractérisée essentiellement par l'occultation de l'impur primitif et simultanément par la perte de l'unité originelle de la vision et de la compréhension.

Le tableau lui-même participe en effet de l'âge de l'oubli et de la demande de mémoire, l'âge de l'écriture et de l'histoire, bref, l'âge de la représentation. Ici la question point visiblement dans l'écart qui vient de se creuser entre voir et comprendre : « Ce que les *Bergers d'Arcadie* nous raconte c'est, musicalement-plastiquement, l'instant de la rupture, de l'interruption du chant de l'origine, le mouvement silencieux de l'intrusion de l'histoire. Le tableau chanterait la rencontre avec les signes, les marques de la civilisation historique dans l'histoire c'est-à-dire avec la mort »[1]. L'interrogation ne porte pas encore, certes, sur les origines impures de la lumière et de l'œil. Elle se soumet entièrement à la loi du visible à l'« ... imitation faite avec lignes et couleurs en quelque superficie de tout ce qui se voit dessous le soleil... » (à M. de Chambry, 1er mars 1665). Pourtant le classicisme, quand il en vient à confronter ses limites, comme c'est le cas dans cette toile exceptionnelle, pointe déjà vers l'au-delà du classicisme. En effet, l'impur n'est évoqué ici que dans ses implications proto-logiques comme réflexion et confusion du même-autre, abîme de la représentation. Manifesté sur un mode seulement intellectuel et esthétique son exposé demeure restreint. D'où l'exigence de *dire* l'impur dissimulé sous le tableau, de révéler ce qu'est l'immonde enfermé dans le cadre de cette toile comme de toute représentation en général. A la faveur du discernement du jeu ana-chrono-logique des âges, la réponse de la parole à la question posée par le tableau conduit ainsi à mettre en lumière ce qui paradoxalement échappe à toute lumière : l'é-normité irreprésentable de l'impur primordial. De cette manière la compré-

---

1. *Détruire la peinture, op. cit.,* p. 87.

hension et la vision parviennent à nouveau à se conjoindre, mais seulement en vertu du renversement iconoclaste de leur rapport originel : le visible venant à se ranger sous la juridiction d'une parole (d'un verbe poétique) entièrement accordé au sens-du-mystère.

Le tableau atteste donc expressément son appartenance à l'âge post-archaïque de par l'importance réservée à l'épitaphe gravée. En effet, l'épiphanie d'un texte (et non pas banalement du nom d'un défunt inhumé) sur la paroi du tombeau est déjà en soi une évocation *et* une révocation testamentaire de la ritualisation primitive de la mort, sa relance à un niveau plus sublime. L'âge post-archaïque applique en effet le remède des signes au chaos et à la déchéance. Le hiéroglyphe, l'analogue du corps mort purifié, y a pour office de rétablir l'empire du sacré sur le profane, de resacraliser le verbe par l'écriture[1]. Or, les *Bergers d'Arcadie* qui dissocie sur un mode typiquement post-archaïque le signe et l'image, les réunit aussi énigmatiquement de telle manière que le tableau tout entier subvertisse sa figurativité expresse et se fasse signe. Inversement, en suspendant sa dépendance explicite à l'ordre du discours, le tableau rejoint l'art sacré : il rassemble dans un même espace utopique l'image et le dire et préfigure leur coïncidence eschatologique ultime. La parole étant rendue au silence et la représentation au vertige primordial, l'épigraphie funéraire annonce le retour du logos à son origine. J'ai donc l'idée soudain que les personnages (nos doubles) qui évoluent sur cette scène paisible et quasi idyllique méditent exstatiquement le secret de leur (notre) provenance même. A la faveur du travail d'anamnèse qu'ils accomplissent sous nos yeux, ils sont à la veille d'énoncer le secret même de leur (notre) naissance. Voici que le tableau peut déployer enfin la pavane d'une humanité pensive et glorieuse, absorbée en la vision entr'aperçue de son origine et de ses fins.

Finalement, c'est bien de par la connotation classiquement mythologique du tableau que se trouve entérinée son appartenance à l'âge post-archaïque. La référence à l'Arcadie

---

1. *La vision et l'énigme, op. cit.*, pp. 266-273.

virgilienne (c'est-à-dire à notre double héritage grec et latin) est, certes, patente, mais le tableau de Poussin participe aussi, avec celui de Guercino, ainsi que l'a noté Panofsky, de la tradition médiévale des *memento mori* « ... mâtinée d'humanisme, puisqu'il projette un motif favori de la théologie et de la morale chrétiennes dans le contexte idéal des pastorales classiques »[1]. Or, tout en dédramatisant la méditation chrétienne sur la mort, ne pourrait-on dire que Poussin évoque de quelque manière dans son tableau ces deux représentations princeps de l'art chrétien que sont la nativité et de la crucifixion ? Sous l'affabulation pastorale en Arcadie quelque chose de la stupeur pensive et douloureuse des femmes et du disciple au pied de la croix ne transparaît-il pas, tandis qu'est indexé, simultanément, quelque chose de l'adoration des bergers de Noël ? Dans ces deux cas, il faut le souligner, la représentation de l'immanence sut rétablir dans l'art chrétien l'exigence d'une figuration plastique au delà des mots. Mais dans les *Bergers d'Arcadie* la mort-naissance de l'homme-divin n'est pas exhibée : elle demeure suspendue à l'avènement d'un verbe qui n'est point encore énoncé. Le tombeau n'est pas brisé, la naissance est voilée car la toile n'a pas d'autre sujet que le décalage entre la vision et la compréhension, un défaut historial qui précisément demande à être comblé.

En proposant la scène d'une reconnaissance de l'oubli, le tableau est donc suspendu à la profération d'un dire iconoclaste ayant pour office d'opérer la subversion de toute fiction représentative. Essayons à présent d'entre-voir cette troisième et ultime dimension historiale des *Bergers d'Arcadie* : sa dimension proprement eschatologique. Comme scène du retour « au foyer saint des rayons primitifs » (Ch. Baudelaire), nous tentons d'expliquer cette toile comme le « tableau de l'histoire », de discerner le chevauchement en elle de trois âges princeps. En effet le tableau figure secrètement une danse des âges ou cette « danse sur la musique du temps » qui fut justement commandée à Poussin, ainsi que nous le signale Bellori son biographe, par le mystérieux Rospigliosi. Si la tâche est bien

---

1. *Op. cit.*, pp. 309-310.

d'animer le tableau et de dire son sens latent, d'exprimer ce silence qui rend parlante toute parole vraie, il faut que tout procède, en dernière instance, d'un événement en passe de nous transformer nous-mêmes. Pour que le tableau de l'histoire finisse par manifester sa signification, il faut que l'exhumation de nos antécédents impurs soit entièrement accordée à cet avenir que le tableau porte en lui et qu'il signifie pour nous. Nous rejoignons ici à nouveau la préoccupation du Maître qui eut le souci d'accueillir la fatalité à la lisière aurorale *et* crépusculaire de tous les mondes possibles. Certes, la responsabilité de chacun est alors engagée puisqu'il n'appartient « ... à personne spécialement, mais à l'anonymat au temps et à la faute... »[1] d'accomplir cet im-possible achèvement entr'aperçu.

Scrutons donc une fois encore cet extraordinaire tableau que nous ne quittons plus des yeux. Nous avons parlé jusqu'à présent surtout des deux personnages captifs d'une énigme indéchiffrable. Or ce groupe central est encadré par deux autres figures plus nobles qui font office, dirait-on, de statues d'angle aux deux extrémités du tombeau. Absorbés dans une songerie abyssale, ne pourrait-on dire que pour eux le défaut de sens s'est métamorphosé en lisibilité infinie : en un comble de sens ? Ne pourrait-on imaginer pour satisfaire notre délectation (terme éminemment poussinien) que la parole longuement méditée par le jeune homme lauré – qui pourrait être une incarnation d'Apollon – est en passe d'animer la noble compagne vue de profil – la Sybille, le porte-parole du dieu. La morte-vivante au regard pétrifié ne va-t-elle pas faire entendre l'oracle longuement médité ? L'instant n'est-il pas venu où « ... le dieu prophétique de Délos fait passer en elle son âme et sa volonté, et lui découvre l'avenir » (*Enéide*, chant VI) ?

Car il se pourrait, en un coup de théâtre vraiment stupéfiant, que le tableau livre accès à l'autre monde, à cette terre arcadienne des origines que préfigurent depuis toujours pour nous les puissances transfiguratrices, de l'art. Une parole vertigineuse, émanée on ne sait d'où, nous convie à franchir le seuil de la représentation, à transgresser la loi de la mimèsis, l'écart

---

1. S. Mallarmé, *Œuvres complètes*, p. 346.

post-archaïque entre voir et comprendre. Elle nous introduit dans l'univers enchanté d'un au-delà présent. « Pur joyau sous le désastre », (S. Mallarmé), l'Arcadie est ici ce rêve de pierre qui va s'animer et accomplir ses promesses de site et de paradis. Le Maître n'avait-il pas prévu que nous pourrions être admis un jour dans ce monde glorieux dont il composa l'utopie à force de science et de patience ?

Ayant démystifié les religions de la terreur, capables de confronter désormais notre futur tombeau, nous serons à même de vouer notre science à la délectation poétique, de notre condition (« ... pour les critiques de la fin du 16e siècle [...] la vraie délectation était [...] de l'âme, [...] produite non par la beauté sensuelle des vers mais par la beauté intellectuelle et l'allégorie »[1]. Initiés à une im-mortalité ici même figurée, nous vivrons dès maintenant une existence posthume, nous coudoierons les dieux. Tous ensemble nous franchirons les portes d'ivoire et de corne et accèderons à l'âge de la conciliation (au chant VI de l'*Enéide,* la porte sacrée est précisément ouverte à Enée par la Sibylle). Enfin, n'est-il pas remarquable, dans ce contexte, qu'une troisième commande de Giulio Rospigliosi ait eu pour thème une représentation du « temps sauvant la vérité de la discorde et de l'envie ».

Au terme de ce parcours, Poussin apparaît bien comme le peintre génial soucieux d'accomplir son art et ainsi de frayer les voies à une authentique réalisation méta-physique. Certes, le tableau est éminemment classique puisqu'il manifeste une volonté d'emprise de l'esprit sur son propre mystère, mais il transcende aussi son temps car il est entièrement accordé à l'âge de la fin de la métaphysique, c'est-à-dire à notre avenir. Réfléchissant l'histoire de la représentation, réservant une place éminente au Poème dans le tableau, il est une réflexion du temps et du logos qui prévoit l'iconoclastie du visible (de la lumière même et de l'œil) au profit du *dire*.

Pour que s'accomplisse cette transfiguration pré-vue de notre condition à la faveur d'une œuvre qui rejoint le silence, il faut, certes, que le tableau soit *dit* ou mieux, nous l'avons vu,

---

1. A Blunt, *Nicolas Poussin,* Herman, 1964, p. 164.

nous devons nous-mêmes passer dans le monde de la représentation pour que celle-ci transcende l'ordre de la mimèsis, pour
que le dire lui-même s'abolisse dans une ineffable vision du
silence. Affranchi de sa fonction ancienne, qui le subordonnait
au sacré, l'art n'est plus ici l'instrument d'une transcendance
censée le précéder. Il est le recueillement quadriparti de
l'image, du texte, du signe et du temps : la condition d'un
sur-saut vers l'outre-mort et l'à-venir. Voué à l'exposé poétique
de la mort de Dieu ou des dieux, l'art apparaît ici lui-même
comme le seul témoin possible de notre transcendance. Il propose la fiction d'une dissolution calme, infiniment réfléchie de
l'être. Il est le moment ostentatoire où l'abîme de mourir
s'accorde à une intériorité parfaitement sur-humaine.

On peut encore se demander, au terme de cette rapide
mise en boucle ana-chrono-logique, quel sens en acquiert la
formule *Et in Arcadia ego*. En un premier temps, c'est bien
évidemment celui de son auteur présumé Giulio Rospigliosi :
« même en Arcadie je suis » (dit la mort). Cela conformément
au génie de la langue latine mais surtout de par la teneur de la
scène qui ici en amplifie la signification. La mort fut en effet
toujours source de notre transcendance, elle fut depuis toujours
lovée en Arcadie au plus vif de la vie. Cette vérité que nous
avons toujours su et que nous avons feint d'oublier, nous
devons simplement la ressaisir, nous devons *dire* ce mystère
non pour nous l'approprier mais pour le rendre infiniment
rayonnant.

D'un second point de vue, plus métaphysique et abstrait,
nous pourrons constater que le mot *ego* ne renvoie, dans ce
tableau, étranger à toute représentation d'objet, à aucun « sujet »
en particulier. Le tableau propose en effet rien de moins qu'une
réflexion quasi philosophique sur les conditions mêmes
d'émergence de l'ego. Je suis (dans la) mort depuis que je puis
dire *je*. Je suis une âme parce que je suis un « transi », un être
passé par la mort. Du fait de sa naissance paradoxale, l'ego est
d'autant plus un moi qu'il se perd en l'*autre*. C'est le moi
abîmé qui est le moi pur. Le paradoxe de l'ego pensif, ici
figuré, est qu'il se perd en soi ... en l'autre. Le tableau offre le
spectacle d'une souveraine et paisible démesure, il manifeste
que l'ego introspectif illimite tous les mondes possibles. En soi

hors de soi, l'unité de l'ego n'est plus appropriable, elle est anonyme. Dès lors, conformément à la loi de ce tableau : « Il faut qu'un autre lise ce que j'ai écrit et que je devienne moi pour moi-même, « il », une non-personne, ce qui n'a de nom en aucune langue, le cadavre dans le tombeau »[1].

Ainsi, en écho à la méditation cartésienne qui lui est presque exactement contemporaine, le tableau réfléchit hyperboliquement les conditions égologiques d'un point de vue qui est déjà en soi radicalement post-cartésien. L'ego s'assure, certes, ici de sa noble naissance *dans* la mort *par delà* la mort mais, étrangement, c'est d'être frontière vacillante, épigraphie sur un tombeau que s'épanouit sa possible liberté. Quant aux conditions de la réflexivité, nous voyons qu'à la différence du cartésianisme, elle n'est ici nullement l'apanage du moi lui-même mais qu'elle est le fruit des hasards poétiques de nos origines autant que des fatalités sciemment assumées de notre histoire.

En dernière analyse, nous soupçonnons à quel point ce tableau figure l'exploit « auto-thanato-graphique » (L. Marin) du Maître lui-même dont nous contemplons ici, sur le chemin de notre propre fatalité, le monumental sépulcre.

SOLEIL NOIR : LE RENVERSEMENT BAUDELAIRIEN

> « Et où voulons-nous donc aller ? [...] Précisément dans cette direction, là où jusqu'à présent tous les soleils de l'humanité ont disparu. »
>
> F. Nietzsche

> « Un feu s'est allumé dans l'âme des poëtes »
>
> F. Hölderlin

La force et la grandeur du Romantisme relèvent sans doute de la prise de conscience de la mort du divin et du Rêve d'un retournement par la Poésie. Mais si le projet romantique

---

1. *Détruire la peinture, op. cit.*, p. 103.

visait avant tout à redonner souffle aux contenus mythiques, chez Baudelaire l'interrogation se fit plus essentielle. La Poésie se lova sur elle-même et interrogea son propre mystère, celui notamment de la métamorphose poétique de la Lumière et de la Vision qui remet en cause les fondements de toute phénoménologie.

Voici venir les temps où vibrant sur sa tige
Chaque fleur s'évapore ainsi qu'un encensoir ;
Les sons et les parfums tournent dans l'air du soir ;
Valse mélancolique et langoureux vertige !

Chaque fleur s'évapore ainsi qu'un encensoir ;
Le violon frémit comme un cœur qu'on afflige ;
Valse mélancolique et langoureux vertige !
Le ciel est triste et beau comme un grand reposoir.

Le violon frémit comme un cœur qu'on afflige,
Un cœur tendre, qui hait le néant vaste et noir !
Le ciel est triste et beau comme un grand reposoir ;
Le soleil s'est noyé dans son sang qui se fige.

Un cœur tendre, qui hait le néant vaste et noir,
Du passé lumineux recueille tout vestige !
Le soleil s'est noyé dans son sang qui se fige...
Ton souvenir en moi luit comme un ostensoir !

« Harmonie du soir » est l'une des manifestations les plus éblouissantes du génie de Baudelaire. L'immémorial drame solaire y trouve une expression parfaite, accordée au destin poétique et sacramentel du verbe. Le poète reprend et approfondit en effet le thème romantique de la recréation mystique de l'être par la poésie, qu'il porte d'emblée à son plus haut degré d'incandescence. Le sombre et somptueux rutilement qui émane de ce poème emblématique de l'innovation baudelairienne s'étend à toute la poésie ultérieure notamment à Rimbaud et à Mallarmé.

L'attention se fixe d'abord sur la composition du poème. Simple et savante à la fois sa facture prolonge les dispositions classiques du pantoum (une forme poétique d'origine malaise).

Tandis que le deuxième vers de chaque strophe devient le premier, le quatrième devient le troisième de la strophe qui suit. Tout le poème est bâti sur une seule couple de rimes : en « ige » féminine et « oir » masculine. Quant au développement du contenu, il n'est pas moins rigoureux, les deux premières strophes éclairent l'action que décrivent ou mieux, que mettent en scène les deux dernières. Car étrangement, le moment crépusculaire est non seulement évoqué mais (re)créé par le poème lui-même.

La première strophe est l'annonce (l'Avent) de l'Événement sublime qu'accueille « Harmonie du soir ». A la faveur de l'évanouissement nocturne du monde, le poème produit en effet la genèse de la lumière par le verbe. Cette recréation d'un soleil plus subtil paraît prolonger d'abord un phénomène purement naturel. Par le jeu d'une mise en correspondance mystique, nous assistons à la fusion des formes, des parfums et des sons, à l'orée de la nuit. Mais cette physique du vertige exige d'être comprise à la faveur d'une épiphanie du *texte* et de la *voix*. Captant la puissance hypnotique de la dissolution à l'œuvre dans le monde, le poème la convertit en création dans le creuset du symbole. Le giroiement matériel de la première strophe se prolonge en effet par une réflexivité formelle dans les trois suivantes. Car l'harmonie symbolique a ceci de supérieur au phénomène naturel qu'elle assume pleinement le paradoxe thanatogénétique de la création par la dissolution.

La deuxième strophe coïncide avec l'entrée en scène de la subjectivité pour qui s'offre ce spectacle et cette tâche. Il appartient au cœur souffrant de recueillir ce qui s'absout dans le néant. Le lieu et le suppôt de la transmutation sublime ne peuvent en effet être que le cœur du poète. Le second vers de cette deuxième strophe – « Le violon frémit comme un cœur qu'on afflige » – offre d'ailleurs une détermination supplémentaire relative à l'apothéose du symbole. Il s'agit en effet d'harmoniser l'intimité subjective et le monde. La mort du soleil, la perte du rapport naturel ou immédiat avec la lumière peut donner lieu à une Alliance renouvelée, plus haute. A la faveur d'une métaphore adéquate à l'essence du symbole, un testament poétique peut être scellé. Les sonorités vibrantes et harmonieuses du violon s'accordent en effet ici à la douleur du cœur, mieux elles l'expriment. Le poème tout entier développe cette métaphore essentielle, il en est l'exposé.

La métaphore est en effet le phénomène du réengendrement de la signification au péril de la perdre. Par la métaphore il y a effacement souverain du réel et invention absolue de l'Idée capable de faire pièce à toute déchéance et déclin. Dans ce vers crucial où émerge la subjectivité – « Le violon frémit comme un cœur qu'on afflige » – puis à travers le poème tout entier, la métaphore rayonne et déploie ses conséquences méta-physiques. Elle est présente doublement : sur un mode explicite par le recours au « comme » et dans un registre implicite par l'ambivalence du verbe « frémir ». Le cœur frémit d'angoisse et de joie. Cet ébranlement (cette é-motion) suscite l'harmonie ou le rythme qui transmue toute dysharmonie en « musique plus intense » (Rimbaud). On remarquera, du reste, que la comparaison métaphorique n'intervient pas moins de sept fois dans le poème.

Or, loin de seulement le décrire, la troisième et la quatrième strophes nous offrent une démonstration du Drame. La splendeur immortelle du verbe (son or et sa gloire quasi anagrammatiquement inclus dans le mot ostensoir) va pouvoir s'étendre au néant. Voici que le mystère du verbe s'incarne dans un Poème.

Car le « cœur tendre qui hait le néant vaste et noir » doit précisément affronter la nuit. Nous voici tenus d'assister au spectacle tragique dont toujours nous nous détournâmes. Il s'agit de vivre in extremis l'extinction de la lumière même : la mort du soleil. Voici que le monde s'enténèbre et plonge dans la nuit du Vendredi Saint. Depuis les premiers âges, les hommes ont projeté, sur le cycle du déclin et de la régénérescence de l'astre du jour, la conscience effarée de leur mortalité. En ces vers où se renouvelle la projection religieuse du Drame de l'homme dans le cosmos, le crépuscule va se faire apocalypse.

Car nous ne pouvons ici nous soustraire à la vision terrifiante de l'*autre* anéanti. Toute mort est un crime, une violence insigne. Le sang écume par bouillon, il se coagule, un raidissement funèbre fige le corps. Trois chocs, quatre fois répercutés, scandent ce troisième vers, traversé d'assonances – « Le soleil s'est noyé dans son sang qui se fige ». Un holocauste sidéral perpètre quelque grandiose immolation sur le vaste autel du ciel. Comme pour d'innombrables peuples païens mais aussi pour les anciens Hébreux, la commémoration de l'Alliance exige une liturgie sacrificielle. Un terrible hiatus conjugue les extrêmes, il induit une conflagration paradoxale de la beauté et de la douleur, de l'horreur et de la splendeur. L'oxymore, la forme paroxystique de la métaphore intervient, du reste, partout chez Baudelaire, notamment dans l'intitulé « Spleen et idéal » de la première partie du recueil où figure « Harmonie du soir » aussi bien que dans son titre même : *Les fleurs du mal*.

Enfin, la quatrième et dernière strophe boucle *et* relance le sens exalté. Maintenant qu'a eu lieu le Vendredi Saint, l'issue du matin de Pâques poétique dépendra de notre attitude seule. Le poète est invité à répondre à l'impératif du recueillement : « Du passé lumineux recueille tout vestige ». Il est convié à prendre sur soi le naufrage de l'être. Une voix mourante enjoint de ne pas nous complaire aux ruines. Il est remarquable que cette voix se confonde ici avec la vocation de l'art, c'est-à-dire avec cet appel qui résonne à travers les âges tel :

> « ... *un cri répété par mille sentinelles,*
> *Un ordre renvoyé par mille porte-voix* »
> (« Les Phares »[1]).

Car il s'agit de recueillir, c'est-à-dire d'ordonner (l'étymologie grecque renvoie à l'idée d'assemblage) le chaos vécu. A l'approche de l'Événement – « Voici venir les temps » – répond donc l'exigence du souvenir. Une anamnèse suscite une vision en avant et boucle le temps avec le poème. Voici que l'esprit re-suscite ce qui est venu mais n'a pas été connu. La signification du poème tout entier se (re)construit à partir de cette fin, de cette visée eschatologique ou de cette Parousie : « Ton souvenir en moi luit comme un ostensoir ». Dans ce vers final, une ultime métaphore porte en effet le souvenir vers le projet. Un dernier renversement se produit : source d'éblouissements répercutés, un nouveau soleil, immatériel, se lève des cendres du pur soleil mortel.

---

1. Ch. Baudelaire, *Les fleurs du mal*, éd. Garnier, 1961, p. 16.

Mais quelle est donc la nature de cette lumière et pourquoi s'agit-il au juste de recueillir « tout vestige » ? Dans le
prolongement de toute iconoclastie, il faut – puisque le tombeau est vide, puisque l'anéantissement mortel est radicalisé –
que le substrat immarcescible ne soit rien d'autre, en dernière
instance, que le cœur (la voix solitaire du poète) et le texte
d'un Poème achevé. Quand tout s'efface et retourne au néant,
ne subsistent que ces pures reliques : l'âme diaphane du poète
endurant l'angoisse et l'Épiphanie du symbole unifié dans un
Poème qui intègre ce qui ne le fut jamais, l'unité matricielle du
signe, du temps, de l'image et du texte. Voici que s'accomplit
selon la pure liturgie du verbe le cycle grandiose de la dissolution et de la régénération (du *solve et coagula* alchimique) :
l'évaporation sublime de l'être (de la lumière même) et sa
(re)création par le verbe.

Le dernier vers proclame en effet la réalisation poétique
de l'Impossible. La lumière est réinventée, le poème répond
au *fiat lux*. L'homme-artiste *engendre* ce qui jamais ne le fut,
il délivre *un autre monde*, entièrement démythifié. De par sa
mortalité pleinement assumée, il est désormais l'œil de la
sur-vie dans l'univers. Il s'avère capable d'instaurer un dialogue *personnel* avec cet Autre dont il sauvegarde la Présence
au mitan de l'être (d'où la corrélation de l'adjectif possessif
« Ton souvenir » avec le pronom personnel « en moi » qui
surgit en conclusion du poème). Enfin, après « encensoir » et
« reposoir », « ostensoir » entérine, bien sûr, la référence à la
liturgie chrétienne, plus précisément à la Fête-Dieu, la célébration eucharistique étendue à la sanctification humble et
grandiose de la vie. Ostensoir évoque aussi magnifiquement
l'orfèvrerie poétique qui est le réceptacle du mystère de
l'Incarnation (on sait que chez saint Jean notamment la thématique de la lumière fut intimement associée à celle du verbe).
Enfin, en insistant sur le moi qui est le témoin et le vecteur de
la (re)création, le Drame personnel du poète rejoint celui de
chaque lecteur. En prêtant sa voix à la voix mourante du
poète chacun peut participer à la monstration sublime, renouvelée, du Phénomène (*phanestai* renvoie justement à lumière
et à brillance). La communion spirituelle par le symbole
confère alors consistance à ce qui n'est qu'un Rêve.

« Harmonie du soir » est donc bien un poème thanatogénétique exemplaire qui impose à « tous les temps et (à) tous les
univers [...] une couronne mystique [...] fait(e) de pure lumière,
puisée au foyer saint des rayons primitifs. » (« Bénédictions »[1]).
Au fondement transhistorique du religieux, Baudelaire reprend,
transfigure et parachève poétiquement le Drame solaire immémorial. Au lieu de projeter la tragédie innée de l'homme sur le
monde, en forgeant seulement le spectacle du combat fantasmagorique de la lumière et de la nuit, il ramène toute la thématique religieuse immémoriale à la pure Épiphanie de la voix et
du texte, c'est-à-dire à l'Invisible et à l'Insubstantielle Parole
qui est la source secrète de la lumière.

« Harmonie du soir » ne fait donc pas que s'inspirer du
christianisme, il en reproduit et en prolonge la démarche en
connaissance de cause. La tragédie collective se concentre sur
le seul drame individuel qui devient lui-même l'utopie emblématique d'une communauté affranchie des rages et des fureurs
anciennes. Ici comme là l'intuition ne dépend d'aucune instance idolâtre, la vision (la lumière elle-même) n'est que la
résultante du symbole recueilli, rendu manifeste par l'hypostase du *texte* et de la *voix*, c'est-à-dire du verbe qui précède en
droit le monde et le sujet conscient lui-même.

Outre ses références païennes et judéo-chrétiennes – nous
avons noté que l'holocauste du soleil ou de la lumière sert de trait
d'union entre le divin et l'humain – le recueil du trésor lumineux
du passé est aussi grec (présocratique et ultra-platonicien). Car il
n'en va pas seulement de l'alliance de Dieu et des hommes mais
de l'accord de l'homme et du monde. Dans « Harmonie du soir »
la conscience mortelle poétique de l'homme s'inscrit au cœur de
l'univers. Elle en garantit l'immortalité. Ce pourrait être en effet
le projet d'une mathématique mystique, non seulement de dévoiler l'essence des choses mais de prouver la vérité du dire par la
démonstration proprement poétique de la métaphore-de-la-mort
qui gît au cœur du langage et partant de l'être même.

« Harmonie du soir » est donc bien une récapitulation fulgurante des avatars du mythe. Le « passé lumineux » d'innom-

---

1. *Ibid.*, p. 11.

brables récits de mort et de résurrection se trouve réfléchi dans un texte qui prolonge et accomplit la religion du verbe. En l'âge crépusculaire du nihilisme (celui de Baudelaire déjà, mais combien plus le nôtre aujourd'hui), « Voici venir les temps » d'une mythopoïèse achevée du symbole. La poétique du mythe a en effet pour vocation d'imposer son « diadème de lumière » à « tous les temps et à tous les univers ». Elle accomplit la genèse du Phénomène « (de) la forme et (de) l'essence divine » (cf. « La charogne »), par le réembrasement prodigieux d'un « soleil noir » : « (la) pourriture [...] superbe comme une fleur »), plus brillant que le soleil mortel.

Précurseur et prophète de la plus haute ambition poétique de ce temps (de l'invention de nous-mêmes face au néant), Baudelaire réalise donc la synthèse du sens et du sacré dans l'horizon crépusculaire *et* auroral d'une fusion parfaite du religieux et de la poésie. Un point hyperbolique est alors atteint, au chiasme de la foi et de l'athéisme (mais la force résurrectionnelle du symbole ne pourra pleinement être reconnue que lorsque la science – l'héritière de la fascination platonicienne pour la lumière – sera elle-même reconduite au mythe).

C'est, du reste, précisément cette noirceur secrète de l'œuvre de Baudelaire qui est évoquée par Yves Bonnefoy dans un admirable commentaire où l'auteur esquisse à l'avance, dans sa conclusion, le dessein qui anime le présent essai :

> « *Baudelaire a ranimé la grande idée sacrificielle inscrite dans la poésie.*
> *Il a inventé, lorsque Dieu pour beaucoup avait cessé d'être, que la mort peut être efficace. Qu'elle seule reformera l'unité de l'homme perdue. Et de fait à travers l'œuvre de Mallarmé ou de Proust, et d'Artaud et de Jouve – héritiers de l'esprit des Fleurs du Mal – on l'imagine assez bien servante des âmes : dans un monde enfin libre et pur.*
> *Elle accomplirait le destin du verbe. Elle ouvrirait au sentiment religieux, au terme de sa longue errance, la demeure de poésie* »[1].

---

1. Y. Bonnefoy, *L'improbable,* Mercure de France, 1959, p. 48.

Gérard Bucher

LES VOIX DE L'APOCALYPSE OU L'ALPHABET DU MONDE : LE SONNET DES VOYELLES[*]

> « La Raison est Langage, Logos ... j'attends encore un ange de l'Apocalypse qui viendrait avec une clé pour cet abîme. »
>
> Lettre de Hamann à Herder,
6 août 1784

> *« A noir, E blanc, I rouge, U vert, O bleu : voyelles,*
> *Je dirais quelque jour vos naissances latentes : »*

Dès le second vers du fameux « sonnet des voyelles » Rimbaud définit avec précision la tâche poétique. Elle est de *dire la naissance du verbe.* Car pour nous « ... accablés d'un manteau d'ignorance et d'étroites chimères » (« Soleil et chair »[1]), « Les voix instructives (sont) exilées » (« Jeunesse »[2]), le langage *ne s'est pas encore conçu,* il n'est pas encore « advenu à son propre » (pour utiliser une tournure de Heidegger). D'où il s'ensuit qu'il doive « quelque jour » être remembré, ré-élaboré jusqu'en ses éléments. A n'en pas douter, une telle re-prise de la parole équivaudrait à une Institution de l'homme, elle en serait la re-création en connaissance de cause et ... de fin. En un geste d'une audace inouïe, assumant le futur – « Je dirai quelque jour » – le projet est donc de pré-céder l'avenir, de pressentir ce que sera l'Omega suprême – le Jour du verbe – de faire en sorte qu'il puisse avoir lieu (qu'il aura pu avoir lieu).

Un double mouvement, une double quête orientent l'itinéraire poétique du sonnet. L'accomplissement du langage sera à la fois pliure du logos sur soi – réfléchissement du verbe de ses origines à ses fins (réénonciation en abrégé de l'histoire) – et, d'autre part, il sera « Les Voix reconstituées »[3] – réinvention du langage, re-création des voyelles – de telle sorte que soit dorénavant rigoureusement « régl(é) la forme et le mouvement de chaque consonne » (« Alchimie du verbe »[4]).

---

[*] Première version publiée in *Po&sie* n° 56, avril 1991.
1. A. Rimbaud, *Œuvres complète*, Gallimard, 1963, p. 49.
2. *Les Illuminations, ibid.*, p. 207.
3. *Ibid.*, p. 208.
4. *Ibid.*, p. 233.

Pour pénétrer l'arcane du sonnet, il faut en premier lieu discerner la logique qui y préside à l'association des couleurs et des lettres. Il convient d'abord de remarquer que les voix élémentaires (les voyelles) sont disposées selon l'ordre traditionnel (alphabétique) : a, e, i, o, u, excepté pour l'inversion des deux dernières lettres u, o qui reproduit l'ordonnance de l'alphabet grec. La série qui s'étend de l'alpha à l'omega acquiert ainsi une connotation théologique que souligne la référence patente à l'apocalypse : au « clairon » (à la trompette du jugement) « plein de strideurs étranges » du dernier tercet. Quant à la séquence complémentaire des couleurs, tout part de l'opposition du noir et du blanc, c'est-à-dire du blanc valant comme la sommation des tonalités du spectre au noir, son néant. Puis, Rimbaud déploie l'arc-en-ciel qu'il réduit à trois valeurs : les deux extrêmes, le rouge et le bleu violet, avec le vert intercalaire. On constate donc que la « coloration » des voyelles procède de la mise en corrélation, à première vue arbitraire en son résultat, de deux séries ayant chacune sa logique propre. D'autre part, le sonnet ne propose pas seulement une combinatoire des couleurs et des lettres et donc des sons, il institue également une correspondance secrète des lettres et des formes. Reconduite à son statut d'idéogramme, voire à sa nature de chose même, chaque lettre s'inscrit, nous le verrons, dans une constellation qui gouverne donc à la fois les formes, les couleurs et les sons et offre ainsi le principe d'une mise en image ou d'une mise en rythme raisonnée du logos. Je reprends et prolonge ici l'interprétation célèbre de Lucien Saucy publiée dans les *Nouvelles littéraires* du 2 décembre 1933 qui montre comment chaque lettre du sonnet exploite les potentialités morphologiques de son tracé ou de son dessin. Cette proposition interprétative, je l'extrapole dans un contexte plus large, ce qui conduit à mettre en valeur le jeu d'étoilement des métaphores ou mieux des ana-phores dans ce singulier poème. J'entends montrer en effet que les lettres-signes mènent le jeu qu'elles sont principe et fin – alpha et oméga – de l'ordre poétique du sonnet et, du coup, de notre destin même.

Il s'agit d'épeler à présent les thèmes énoncés dès l'exposition et donc de lire le sonnet « littéralement et dans tous les sens » selon le vœu même de Rimbaud[1]. Les deux derniers vers du premier quatrain exposent l'alpha de tout le destin humain. Le triangle noir tracé par la lettre A (la forme-type de la mouche) offre en effet le spectacle d'un essaim tourbillonnant autour d'un cadavre en voie de putréfaction. Le « noir corset velu des mouches éclatantes », les « puanteurs cruelles », renvoient en effet, métonymiquement, à la dégradation et à la corruption. La souillure funèbre du corps en voie de dissolution est un coup d'éclat terrifiant, une force de déchaînement première, l'initiale puissance différenciante du destin. Ainsi les deux vers qui clôturent le premier quatrain :

> « *A, noir corset velu des mouches éclatantes*
> *Qui bombinent autour des puanteurs cruelles,* »

nous projettent-ils d'emblée au plus noir du noir : au point source de l'Opération que réaccomplit (ou qu'accomplit) le poème. C'est ici dès l'abord la cruauté de l'existence humaine ramenée aux terreurs primitives, c'est-à-dire à la vision de l'autre-moi-même anéanti, que Rimbaud souligne avec la pénétration du visionnaire incomparable, mieux du « voyant » qu'il fut.

Dès l'ouverture, c'est donc une opposition majeure qui est posée entre le noir-néant et la totalité des teintes de l'arc-en-ciel équivalent au blanc. Cette dichotomie capitale est essentiellement le fruit, nous le comprenons à présent, de la mise à l'écart primitive de l'impur – la « chose » innommable qui est objet de vertige et de fascination – et de l'irruption d'un « pur » qui fixe les conditions de toute culture. Le E associé aux :

> « ... *candeurs de vapeurs et des tentes,*
> *Lances des glaciers fiers, rois blancs, frissons d'ombelles ;* »

s'inscrit en effet dans un contexte où il est question avant tout d'innocence mais aussi de glace, d'infinie pureté, finalement de sublimation ou de vaporisation d'un solide en gaz.

---

1. Propos tenu à sa mère qui le questionnait sur le sens d'*Une saison en enfer, ibid.*, p. 656.

Au point d'intersection, ou plutôt de chevauchement des deux lettres (du noir et du blanc), l'expression « Golfes d'ombre » – enjambement à l'initiale du deuxième quatrain – correspond tant à la lettre A (la superposition desdits golfes) qu'à la lettre E (leurs concavités accolées). En soulignant ici par leur complémentarité et leur antagonisme morphologiques ce qui associe le A et le E – le pur et l'impur, le noir et le blanc – « Golfes d'ombre » re-trace (ou re-marque) la ligne de fracture qui conditionne tout ordre culturel en général. Ombrée de nuit, la pureté extraite de l'impureté est inséparable de son *autre* ténébreux. Or le pur qui est émergence d'un pur signe est, avons-nous dit, principe de tout ordre humain. La « culture du pur » est une expression pléonastique, car la mortification purifiante est condition des édifices et des empires[1]. D'où le fait que cette initiation s'offre ici à nos yeux comme le spectacle de campagnes guerrières, celles des « rois blancs » sur fond « de tentes et de lances ». Un tableau est ici suggéré des hauts-faits épiques de l'humanité juvénile. Au reste, ces fureurs et ces rages conquérantes seraient annonciatrices de la création possible des œuvres d'art pures au terme de l'histoire : ces « frissons d'ombelles » ou textes-dentelle dont le « sonnet des voyelles » est justement une réalisation quasi miraculeuse. Il faut remarquer encore l'étonnante virevolte de la lettre E qui pivote sur soi, devient tente ᗰ avant de reparaître comme lances fières et comme ombelles Ш.

La suite du poème est bâtie sur le spectre des couleurs du I rouge à l'O bleu violet en passant par le vert. Après l'opposition cardinale noir/blanc, impur/pur, néant/être, c'est une nouvelle tension mineure qui est proposée. Elle inscrit l'écart entre la violence archaïque condensée dans le I et les apaisements et pacifications dernières – eschatologiques – du U. Comme le sang versé-craché, les ivresses du rire et de la colère sont vitales :

« I, pourpres, sang craché, rire des lèvres belles
Dans la colère ou les ivresses pénitentes ; »

1. Voir en particulier à ce sujet la seconde partie de *La vision et l'énigme :* « La polysémie primitive du sens-de-la-mort et la mutation post-archaïque.

Outre le paroxysme des fureurs et des passions primaires, la scène de l'humanité originelle (que décrit tout le second quatrain) évoque aussi le thème de la transgression et du châtiment. « Les ivresses pénitentes », les rages et les culpabilités collectives sont le phénomène-source de toute conception morale ultérieure. Du reste, ainsi que pour chacune des lettres figurant dans le sonnet, le I lorsqu'il est couché à l'horizontal vaut aussi comme l'illustration idéogrammatique ou le dessin des « lèvres belles », distordues par le rire ou du jet de sang craché-expectoré.

Le premier tercet est consacré à la lettre U qui, assimilée à la couleur verte (*viridus* : vert en latin), est lénifiante et pacifiante. Ce premier tercet contraste du tout au tout avec la violence sanguinaire et incendiaire suggérée par le I :

> « *U, cycles, vibrements divins des mers virides,*
> *Paix des pâtis semés d'animaux, paix des rides*
> *Que l'alchimie imprime aux grands fronts studieux ; »*

U, le monogramme du virement, du virage ou de la volte face – la condition et l'abrégé des cycles de l'histoire – annonce un âge de la conciliation qui serait inséparable de l'accomplissement de notre vocation poétique.

Tout tient ici à la complicité nécessaire entre la science – le travail studieux du sage solitaire, absorbé par sa tâche – et la réalisation de la concorde entre les hommes. Car l'œuvre qui doit être accomplie n'est pas vaine, elle est une opération alchimique de rédemption. La transmutation du noir en blanc doit aboutir finalement à « l'œuvre au rouge » : à la gloire et à la sur-vie (dans le sonnet, c'est là justement l'ordre de succession du A, E et I). Le cycle tend donc vers cette « alchimie du verbe » que Rimbaud eut le souci de réaliser et dont il prit brusquement congé pour des raisons qui resteront à jamais impénétrables. Du reste, le contexte de référence du passage est indubitablement celui de la terre des origines, c'est-à-dire celui de l'Arcadie natale. « Paix des pâtis semés d'animaux » évoque en effet le monde idyllique des pastorales primitives, celles du mythe de l'âge d'or ou de « l'éternité retrouvée ». Si l'on se souvient que le A inaugural coïncidait avec le cadavre putréfié du semblable, on peut constater que le sonnet développe en filigrane le thème de la mort insinuée jusque dans l'Eden retrouvé des origines, c'est-à-dire le thème même *d'Et in Arcadia ego* (on peut signaler, dans un registre annexe, que Hegel associa la lettre A à la pyramide ou au tombeau[1]).

Quant au personnage énigmatique absorbé par l'œuvre, il offre une image intercalaire entre le *je* juvénile du second vers et la troisième personne eschatologique qui surgit en final : « rayon violet de Ses Yeux ». Or, considérant l'ensemble de la scénographie déployée, ne pourrait-on admettre qu'elle renvoie secrètement à la gravure du Saint Jérôme de Dürer ? A force de science et de patience (« science avec patience le supplice est sûr »), le vieillard chenu dont le front est sillonné de U parvient à apaiser les vieux démons, la violence et l'envie. Au premier plan de l'eau-forte célèbre de Dürer gisent en effet, on s'en souvient, un lion (symbole de la force brute) et un autre animal assoupi qui tient à la fois du renard (la ruse) et du chien (la hargne et l'envie). Enfin, Rimbaud lie *et* oppose à la fois dans ce tercet l'image de la maîtrise et de la sagesse des « grands fronts studieux » à la vision cosmique des puissances fécondantes et régénératrices de la mer dont les « vibrements divins [...] virides » évoquent le « poème de la mer », partant « Le bateau ivre ».

Le dernier tercet s'inscrit sous l'égide d'une vision poétique et prophétique fulgurante. Il claironne les voix enfin unifiées du destin fatal : la clameur consonnante et orchestrale (« la musique plus intense »[2]) du langage recomposé. Ce final transforme le récit johannique de l'apocalypse et en propose une version démythifiée, entièrement accordée à la poétique rimbaldienne. Les voix-voyelles finissent par retentir. Elles s'amplifient jusqu'au paroxysme suprême qui donne un corps et une âme à l'univers. Pourtant, cette harmonie est aussi irréductiblement dysharmonie et stridence. Elle est volume consonnant *et* néant car, parvenues à leurs fins, les voix proclament l'*autre* :

---

1. Cf. *L'Encyclopédie des sciences philosophiques*, § 453-458.
2. A. Rimbaud, *Œuvres complètes*, Gallimard, 1963, p. 206.

> « Ô, suprême Clairon plein de strideurs étranges,
> Silences traversés des Mondes et des Anges :
> – Ô l'Oméga, rayon violet de Ses Yeux ! »

Il est remarquable en effet que le clair (s)on des voix solennelles accordées au silence (au logos parfait fruit de l'alchimie poétique) ne surgit pas *au sein* d'un univers déjà fait mais qu'il enfante « des Mondes et des Anges ». Ce renversement traduit magnifiquement la preescience eschatologique du logos, elle authentifie en fin de compte son primat sur tout ce qui est. Le verbe peut en effet avérer sa paradoxale antécédence pour autant qu'il parvient à se lover sur soi et à conquérir son identité à la fin de l'histoire. On conçoit donc comment son énonciation, sa patence expresses peuvent parachever les Temps : coïncider avec l'Evénement-du-verbe.

Enfin, encadré d'un tiret et d'un point d'exclamation qui en ménage le coup de théâtre, le dernier vers figure le sommet du drame. Il faut noter d'abord que ce dernier tercet entérine l'accord des voix, des couleurs et des formes postulé d'entrée de jeu, puisqu'il conjugue l'O du « suprême clairon » (le pavillon du clairon *et* le son qu'il émet) avec l'O « Oméga rayon violet de Ses Yeux ». Cette équation finale rejaillit sur tout le déroulement du sonnet et en vérifie les prémisses. Du reste, le dernier vers est une allusion directe à une conversion poétique du regard. Transfigurés par l'Épiphanie du verbe les yeux du poète sont en effet non seulement réceptifs mais ils sont aussi actifs : ils sont eux-mêmes source de la Vision et de la Lumière (cette conception renouvelle tout à la fois les phénoménologies platonicienne et chrétienne).

Car n'est-il pas remarquable qu'en ce final du poème, Rimbaud ait choisi de convoquer l'énigme de la personne en laquelle se conjuguent le néant et l'être (conformément à l'étymologie même du vocable, puisque « personne », mot d'origine étrusque, signifie masque) ? La personne fait en effet du chant instrumental ou du clairon des voyelles *une* voix unique. Le *je* qui met en scène au premier quatrain l'instance énonciatrice ou le poète lui-même se fait ici à la fois messianique et anonyme : il se revêt d'énigme selon le mode de la troisième personne. En dernière instance, les yeux bleu violet de Rimbaud (« J'ai de mes ancêtres gaulois l'œil bleu blanc, la cervelle étroite... »[1]), ses yeux *à lui* sont aussi ceux d'un *autre*, le tiers exclu – la troisième personne – l'*autre* qui sur-vient (puisque « Je est un autre »).

Le poème est donc tout entier centré sur la naissance des voyelles qui sont le corps sonore et spirituel, la vraie sub-stance du monde. Pré-cédant tout apparaître, les lettres sont une palette mystique qui coordonne harmoniquement les couleurs, les sons et les formes. Elles (re)composent les images-visions (tous les sens), et partant, le monde lui-même. D'où sans doute l'extravagant privilège que s'octroie le poète dans « Alchimie du verbe » : « ... je me vantais de posséder tous les paysages possible »[2]. Chaque lettre est ramenée, nous l'avons vu, à la forme de son corps même. Elle vaut comme géométrie des figures et mathématique élémentaire des couleurs et des sons. Ainsi re-connu et re-constitué en son arcane, le langage adamique-apocalyptique transforme en nécessité le hasard de ses origines. De même que le point de départ arbitraire de la « coloration » des voyelles se fait nécessité au terme de la démonstration magistrale développée par le sonnet.

Finalement, en prenant la lettre au pied de la forme, du son et de la couleur, Rimbaud subvertit l'écart même des mots et des choses. Le monde *figure* ici dans le poème, non seulement en tant qu'il est signifié par les lettres mais comme choses mêmes. Le logos à l'état naissant coïncide avec un Phénomène pré-phénoménal, quasi divin. Réciproquement, les lettres en redevenant objet révèlent leur étrangeté insigne. Du coup, un Testament physio-logal parfait est scellé, un arc-en-ciel poétique réunit le ciel et la terre. On pense à la phrase d'ouverture des *Illuminations* : « Aussitôt que l'idée du Déluge se fut rassie, un lièvre s'arrêta dans les sainfoins et les clochettes mouvantes, et dit sa prière à l'arc-en-ciel à travers la toile de l'araignée. » Le monde procède dorénavant du mystère des voix ou de la parole recomposées. Jeu d'enfant (on a parlé à propos du « sonnet des voyelles » du souvenir probable

---

1. *Ibid.*, p. 220.
2. *Ibid.*, p. 232.

d'un alphabet coloré de l'enfance), le sonnet est en même temps le comble de la science : la preuve d'une sagesse consommée.

Le « sonnet des voyelles » offre donc le blason d'une perfection verbale inouïe. Voici l'alphabet du monde, l'équivalent profané du tétragramme divin. Entièrement conforme au génie poétique, il intègre-exprime, sur un mode subtil, à jamais énigmatique, notre destin essentiel : « Je me flattai d'inventer un verbe poétique accessible un jour ou l'autre à tous les sens. *Je réservais la traduction* »[1].

MALLARMÉ : LA FIGURE QUE NUL N'EST

> « ... quand (la foule) aura en tous les sens de la fureur, exaspéré sa médiocrité, sans jamais revenir à autre chose qu'à du néant central, (elle) hurlera vers le poète, un appel. »
>
> S. Mallarmé

C'est seulement au terme d'une métamorphose de ses prémisses que la réflexion philosophique-anthropologique peut s'accorder à l'initiative littéraire et exemplairement au texte de Mallarmé. Il s'agit donc en « l'échange d'une réciprocité de preuve » de contribuer au plein épanouissement de la mystérieuse inconditionnalité d'une œuvre qui peut alors valoir comme Fable : « ... vierge de tout, lieu temps et personnes sus [...] celle inscrite sur la page des Cieux et dont l'Histoire même n'est que l'interprétation, vaine, c'est-à-dire un Poëme, l'Ode »[2].

Selon une opinion qui est assez communément partagée par la critique, Mallarmé conquit entièrement son originalité au cours d'une longue crise qui ne dura pas moins de deux ans (du printemps 1866 au printemps 68). Cette césure, que révèle la Correspondance, coïncida avec la difficile gestation, puis l'abandon de la première version d'*Hérodiade*. Pourtant le constat suscite une interrogation : qu'est-ce qui fut vécu et quelles furent les répercussions de l'épreuve « existentielle »

---

1. *Ibid*, « Alchimie du verbe », p. 238, c'est moi qui souligne.
2. S. Mallarmé, *Œuvres complètes*, Gallimard, 1945, pp. 544-545.

sur le projet poétique ? Les conceptions habituelles relatives à
l'incidence de la vie sur l'œuvre sont-elles ici recevables ?
Nullement, car c'est seulement si nous sommes capables, hors
de tous les a priori courants, d'approfondir la nature de l'interdépendance, dans cette œuvre même, du devenir destinal de la
poésie et de l'expérience vécue par le poète qu'une réponse
adéquate pourra être trouvée. Une étude comparative des
thèmes développés dans la Correspondance puis dans le sonnet
« en ix », emblématique de l'œuvre (sa première version date
justement de 68), nous conduira sur la voie d'un dépassement
de toute supputation biographique habituelle.

D'emblée un trait mérite d'être souligné : l'épreuve fut
celle d'une métamorphose de la personnalité et de toute
influence subie. Elle délivra le poète de son passé et, ainsi qu'il
nous le suggère, de sa subjectivité même. La conquête de
l'impersonnalité fut en effet une ascèse qui eut pour contrepartie une vision unique : « Je me suis véritablement *décomposé*,
et dire qu'il faut cela pour avoir une vue très *une* de l'univers.
Autrement on ne sent d'autre unité que celle de sa vie »[1].

Accompagnée de symptômes physiques proches de la
dépression, la perte de toute croyance habituelle, « la lutte avec
ce vieux et méchant plumage terrassé heureusement, Dieu »[2]
provoque un vacillement de l'identité personnelle : un effondrement de l'âme. Mais cette négativité est d'emblée paradoxale.
C'est le fait le plus remarquable. L'irruption d'une expérience
bouleversante du néant donne lieu aussitôt à une visée régénératrice d'une originalité insigne. La prise de conscience sans faux
fuyants de l'abîme coïncide en effet avec l'intuition de « l'œuvre
magnifique »[3] qui doit être accomplie : « la Synthèse », « le
Grand'Œuvre »[4]. Ainsi, ce qui « sauve » Mallarmé au moment
de la crise, ce n'est nullement un dessein littéraire personnel,
c'est bien plutôt la circularité complète entre l'expérience de
l'anéantissement du moi, vécue comme perte du sens et le projet,
proprement inouï, d'une Épiphanie historiale du verbe.

---

1. S. Mallarmé, *Correspondance,* vol. I, *op. cit.,* p. 249, je souligne.
2. *Ibid.,* p. 214.
3. *Ibid.,* p. 222.
4. *Ibid.,* pp. 242 et 244.

L'enjeu critique serait donc de déceler un recroisement singulier entre le devenir du verbe et la vocation poétique de Mallarmé et donc quelque chose comme le mystère d'une élection dont il est précisément question dans le fragment III d'Hérodiade, le « Cantique de Saint Jean »[1], où le Baptiste est : « Illuminé au [...] Principe qui (l)'élut ». Car étrangement, la prise de conscience du caractère caduc et fallacieux des édifices de sens hérités du passé (avant tout du christianisme et de la philosophie) suscite l'affirmation par Mallarmé de la puissance créatrice du verbe. Le sens rejaillit plus pur d'être affirmé en son néant comme Rêve. Ce qui fut conçu seulement comme un moyen devient une fin. La poétique du langage apparaît désormais comme l'unique médiation possible pour une rédemption qui n'est pas salut mondain mais Gloire. Dès lors la littérature se fait « théologie des lettres »[2] impliquant « ... sa doctrine propre, abstraite, exotérique (comme quelque théologie) » (*ibid.* p. 850), d'où il s'ensuit encore : « Oui, que la Littérature existe et, si l'on veut, seule, à l'exception de tout »[3].

Certes, les ressources immédiates de la « conversion » poétique de Mallarmé furent celles de l'enfance. La crise de 66-68 le remit dans l'attitude tragique et expectante du « génie enfant » dont parla Baudelaire à propos de Thomas de Quincey. Le poète « réemprunt(a) les corridors de l'enfance »[4]. L'appropriation foudroyante de la parole fut inséparable surtout de la réactualisation de blessures anciennes : la conscience tragique de la disparition de la mère-sœur-amante. Dans « Plainte d'automne » en particulier, Mallarmé associe explicitement la mort de sa sœur – « Depuis que Maria m'a quitté pour aller dans une autre étoile – laquelle, Orion, Altaïr et toi verte Vénus ? » – au surgissement d'un chant « dans le crépuscule du souvenir », celui de l'orgue de barbarie (sans doute l'équivalent métaphorique de sa propre voix assimilée à celle de la morte) qui le « fait désespérément rêver »[5]. D'ailleurs, dès l'un

---

1. *Œuvres complètes*, p. 49.
2. *Ibid.*, p. 856.
3. *Ibid.*, p. 646.
4. *Ibid.*, p. 450.
5. *Ibid.*, p. 270.

de ses tout premiers poèmes (« Sa fosse est creusée !...[1] »), daté de 1859 (l'auteur a 17 ans), pointe le motif qui reparaîtra, impersonnalisé, dans le sonnet « en ix », celui de la « chute d'une étoile » et de sa sublime transfiguration poétique en Idée. Or s'agit-il ici du simple dépassement du traumatisme de la perte ? Non, car la prise de conscience est bien plus profonde et paradoxale. Mallarmé découvre en effet précisément au cours de la crise de 66-68 que « l'invention-du-verbe » peut procéder d'une amplification historiale de son propre vertige personnel. Étrangement la déréliction se fait grâce. Exposé à l'abîme, tout s'anime et vibre d'une vie intérieure plus haute.

Cette enfance revécue (c'est l'époque où Mallarmé déclare non pas banalement qu'il apprend à lire à sa fille Vève mais qu'il « apprend à lire avec elle ») est aussi une manière de confronter l'expérience moderne du *nihil*, ce que Mallarmé appelle « l'interrègne »[2]. Car la répétition des crises de l'enfance introduit à la poétique de la mort (et) de Dieu. Le poète, l'Orphée moderne doit en effet devenir le maître d'œuvre d'un changement d'époque. Pourtant, l'anticipation poétique de « l'heure extraordinaire »[3] – ne sera pas immédiatement reconnaissable par les contemporains. C'est après coup seulement que la communauté pourra (peut-être : car une incertitude demeure) reconnaître la vérité universelle qui foudroya le poète. D'où il s'ensuit que l'écrivain qui se charge du destin du verbe doive faire le sacrifice de lui-même, accepter de « mourir comme un tel »[4]. L'authenticité de son « élection » aura été à ce prix. Or, c'est précisément le sujet d'Hérodiade, la vierge délaissée, l'étoile mourante du « jour dernier qui vient tout achever ». Double féminin de Jean dont la décapitation préfigure elle-même le supplice du Christ, Hérodiade s'inscrit en effet à la charnière d'une époque finissante et de la naissance d'un nouveau monde. Elle est le Précurseur mystérieux dont le sacrifice est d'autant plus parfait qu'il demeure plus secret.

---

1. *Ibid.*, p. 5.
2. *Ibid.*, p. 664.
3. *Ibid.*, p. 298.
4. *Ibid.*, p. 370.

Ma démarche visera donc à mettre en lumière la congruence des thèmes issus de la crise (telle que nous la restitue la Correspondance) avec ceux de l'œuvre. J'expliquerai comment celle-ci éclôt *pars pro toto* comme fragment *et* synthèse. Dans chacun des grands poèmes et notamment dans le sonnet « en ix », une constellation quadripartite se dessine, présente déjà dans la Correspondance. La visée de l'œuvre aurait consisté précisément à ressaisir ces quatre thèmes, à les unifier et à les exprimer organiquement. (En raison de la cohérence supposée, j'associerai d'ailleurs à ces motifs développés d'abord dans la Correspondance des citations empruntées à des textes plus tardifs).

1. La pensée devant révéler « la pièce principale ou rien »[1], la création entrevue est une « conception spirituelle du Néant »[2], une création *ex nihilo*. Le défaut de Dieu n'aboutit pas à la conclusion que tout est vain car il y a une voie étroite qui conduit de la démystification à l'affirmation de l'Idée comme Fiction. Entre le néant et l'être surgit une possibilité ultime : celle de l'affirmation tierce des incompossibles ou de « l'entre » même. « L'expansion totale de la lettre confirme la fiction »[3], « le Glorieux Mensonge »[4]. Dans une perspective, qui rappelle celle de Nietzsche, le leurre est ici intimement associé à l'être : « Incontinent écarter [...] sans un prétexte le leurre accuserait notre inconséquence, car cet au-delà en est l'agent »[5].

2. A la transcendance raturée se substitue l'exigence d'un fondement ou d'un pseudo-fondement par la *réflexion*. Le doute hyperbolique au sens cartésien ne peut être vaincu que par un jeu de dédoublement qui vaut comme un principe transitoire de vérification. Au cours de la crise le sujet a recours à un tel stratagème soit concrètement : « J'étais obligé pour ne pas douter de moi de m'asseoir en face de cette glace »[6], soit dans l'ordre de l'abstraction – « ma Pensée s'est pensée et est arri-

---

1. *Ibid.*, p. 647.
2. *Cor.*, p. 242.
3. *Œuvres complètes*, p. 380.
4. *Cor.*, p. 208.
5. *Œuvres complètes*, p. 647
6. *Cor.*, p. 439, cf. également p. 242.

vée à une Conception divine »[1]. La certitude affichée de l'*auteur* est ici soutenue par la seule *autorité* du sujet, avec toutefois la caution extérieure que fournit la correspondance : voir notamment la réponse de son ami H. Cazalis[2]. En même temps ce mouvement tend vers l'impersonnalisation. Le poète « cède l'initiative aux mots » vise à réaliser une « transfusion de vie »[3]. C'est dans ce contexte qu'il envisage la réalisation d'un conte – ce sera « Igitur » – par lequel il entend « terrasser le vieux monstre de l'Impuissance, *son sujet du reste* afin de me cloîtrer dans mon grand labeur déjà réétudié. S'il est fait (le conte), je suis guéri ; *similia similibus* (à H. Cazalis[4]). Or mon propos est de montrer comment cette recherche avait, de fait, déjà trouvé son aboutissement secret dans la composition du « sonnet en ix » qui est à la fois un diamant parfait du « langage se réfléchissant »[5], et un témoignage patent du sacrifice de soi. Dans sa correspondance, Mallarmé exprime d'ailleurs cette double thématique en une seule formule lapidaire, ultra-cartésienne : « ... me sentir un diamant qui réfléchit mais n'est pas par lui-même »[6].

3. Dans la Correspondance, l'épreuve de la mort de Dieu, que j'appellerai ici la « nuit dés-astre(s) », a d'emblée pour répondant une visée historiale. Le projet est de repenser et plus encore de revivre l'Événement de « l'homme prenant conscience de lui-même »[7]. Mallarmé est le poète qui scrute l'arcane de la conscience, il ne la rapporte ni à un Dieu ni à l'ego mais à la déclosion du verbe et à sa capacité, au terme d'un cycle du temps, à résumer et à sublimer poétiquement le destin : « Le héros *dégage* l'hymne (maternel) qui le crée, et se restitue au théâtre que c'était »[8]. Car si « l'histoire n'est que l'interprétation de la Fable »[9], on doit pouvoir ramener réciproquement toute l'*histoire* à sa matrice mythique sous-jacente. La

---

1. *Ibid.*, p. 240.
2. *Ibid.*, p. 240, note 3.
3. *Œuvres complètes*, p. 669.
4. *Cor.*, p. 313, je souligne l'aspect réflexif des formules.
5. *Œuvres complètes*, p. 851.
6. *Ibid.*, p. 249.
7. *Cor.*, p. 301.
8. *Œuvres complètes*, p. 428.
9. *Ibid.*, p. 545.

Fable ainsi conçue garantirait l'inconditionnalité du chef-d'œuvre, l'éternité de l'art même. Dernière conséquence, le chef-d'œuvre entrevu doit être une synthèse de tous les arts en même temps que de tous les âges de la Beauté, particulièrement de la statuaire grecque et de la peinture de la Renaissance hantée par « la chimère chrétienne » :

> « ... *hier j'ai fini la première ébauche de l'œuvre, parfaitement délimitée et impérissable si je ne péris pas. Je l'ai contemplée, sans extase comme sans épouvante, et, fermant les yeux,* j'ai trouvé que cela était. La Vénus de Milo *– que je me plais à attribuer à Phidias, tant le nom de ce grand artiste est devenu générique pour moi,* La Joconde *du Vinci, me semblent, et* sont, *les deux grandes scintillations de la Beauté sur cette terre – et cet Œuvre tel qu'il est rêvé, la troisième. La Beauté complète et inconsciente, unique et immuable, ou la* Vénus de Phidias, *la Beauté ayant été mordue au cœur depuis le christianisme par la Chimère, et douloureusement renaissant avec un sourire rempli de mystère, mais de mystère forcé et qu'elle* sent *être la condition de son être. La Beauté, enfin, ayant par la science de l'homme, retrouvé dans l'Univers entier ses* phases corrélatives, *ayant eu le suprême mot d'elle, s'étant rappelé l'horreur secrète qui la forçait à sourire – du temps du Vinci, et à sourire mystérieusement – souriant mystérieusement maintenant, mais de bonheur et avec la quiétude éternelle de la* Vénus de Milo *retrouvée ayant su l'idée du mystère dont* La Joconde *ne savait que la sensation fatale* »[1].

Dans cette page étonnante, Mallarmé énonce comment « l'idée du mystère (doit être) retrouvée », la « pièce centrale ou rien » divulguée, finalement l'immémoriale extase jubilatoire *et* angoissée se cristalliser sous la forme du Poème.

4. Enfin, la destination ultime du Poème est non seulement de célébrer le monde mais de produire : « la corrélation intime de la Poésie et de l'Univers »[2], c'est-à-dire d'authenti-

---

1. *Cor.*, p. 246.
2. *Ibid.*, p. 259.

fier la Vérité elle-même. L'épiphanie du sens en son statut créateur s'impose ici par delà toutes les figures rationnelles et divines, de sorte que puisse être accrédité le fondement « autochtone »[1] du destin humain. Car le discours rationnel ne saurait être une preuve, il poursuit une vérité qui est en soi toujours fuyante. Seule la Poésie a vocation de réaliser le Testament poétique, l'Alliance du Ciel et de la Terre (la fusion de l'Idéel et du Réel), la matérialisation de l'esprit et réciproquement la spiritualisation de la matière. La perte de tout centre suscite une contre-perspective inattendue. Elle enfante le génie poétique de la terre, une « transcendance dés-astre(s) » dont Mallarmé reconnaît, du reste, la poignante préfiguration dans le chant du grillon :

« ... *hier seulement parmi les jeunes blés j'ai entendu cette voix sacrée de la terre ingénue moins décomposée déjà que celle de l'oiseau, fils des arbres parmi la nuit solaire, et qui a quelque chose des étoiles et de la lune, et un peu de mort ; mais combien plus une surtout que celle d'une femme, qui marchait et chantait devant moi, et dont la voix semblait transparente de mille mots dans lesquels elle vibrait – et pénétrée de Néant ! Tant de bonheur qu'a la terre de ne pas être décomposée en matière et en esprit était dans ce son unique du grillon* »[2].

« L'explication orphique de la terre »[3] exhibera donc la preuve qui manque à l'univers, elle « authentiquer(a) notre séjour »[4], elle témoignera « Que s'est d'un astre en fête allumé le génie »[5].

Or, cette thématique quadripartite (la réflexion du verbe et le paradoxe affirmé, la récapitulation de l'histoire et la vérité poétique intimée) se trouve précisément reprise *par* l'œuvre et *comme* œuvre sur un mode organique. La spéculation théorétique offre un matériau qui doit être poétiquement métamorphosé par l'invention d'une forme, mieux d'une langue (à la fois graphématique et sonore) adéquate à son contenu. Réci-

---

1. *Œuvres complètes*, p. 521.
2. *Cor.*, p. 250, je souligne.
3. *Œuvres complètes*, p. 663.
4. *Ibid.*, p. 545.
5. *Ibid.*, p. 67.

proquement, le poème sera impersonnel, il se détachera des préoccupations du sujet dont la « crise » est alors « dépassée » : la première version du sonnet « en ix » date du printemps 68, c'est-à-dire de la période même où Mallarmé peut écrire à l'un de ses correspondants : « Thank Heaven, the crisis is over at last » (25 avril 68). On constate donc ici combien la synthèse poétique de thèmes jusque-là épars rejaillit au plan de l'expérience vécue. La crise s'apaise dans l'accomplissement d'une œuvre adamantine tandis que l'auteur accepte d'entrer dans le jeu de « l'action restreinte » . Si donc Mallarmé s'impersonnalise au cours de la crise : « je suis maintenant [...] non plus Stéphane que tu as connu – mais une aptitude qu'a l'Univers spirituel à se voir et à se développer, à travers ce qui fut moi »[1], c'est que l'œuvre envisagée est parvenue à épouser toujours davantage le devenir destinal du verbe même.

La mise au jour de l'œuvre et de sa genèse, qui exprime ici emblématiquement la codétermination circulaire langage/monde/sujet (cf. infra « La parole inter-dite »), requiert donc une critique apte à en révéler l'unité ana-chrono-logique à partir d'un seul fragment (ce sera pour nous le sonnet « en ix »). Car, pour que la réussite soit parfaite, il faut que « tout se passe par raccourci, en hypothèse, (qu')on évite le récit »[2]. Pour surprenante qu'elle soit de prime abord, cette conception s'accorde d'ailleurs avec ce que le poète lui-même nous avoua de son Rêve : « ... je réussirai peut être, non pas à faire cet ouvrage dans son ensemble (il faudrait être je ne sais qui pour cela) mais à en montrer un *fragment d'exécuté*, à en faire *scintiller* par une place l'authenticité glorieuse, *en indiquant le reste tout entier auquel ne suffit pas une vie* »[3]. Dans ce dernier membre de phrase Mallarmé déplore, certes, banalement, la brièveté de l'existence, plus secrètement il paraît évoquer également la nécessité d'une création prolongée et donc partagée.

A l'époque de la composition du sonnet « en ix », Mallarmé, on le sait, hésita sur le choix d'un titre. Ce fut d'abord « La nuit approbatrice », puis « Sonnet allégorique de

---

1. *Cor.,* p. 242.
2. *Œuvres complètes,* p. 455.
3. *Ibid.,* p. 663.

lui-même ». Il renonça finalement à tout intitulé. Précieuses, ces indications sont complétées surtout par l'un des rares commentaires que nous livre la Correspondance[1] :

> *« J'extrais ce sonnet auquel j'avais une fois songé, d'une étude projeté sur la Parole : il est inverse, je veux dire que le sens, s'il en a un (mais je me consolerais du contraire grâce à la dose de poésie qu'il renferme, ce me semble) est évoqué par un mirage interne des mots mêmes. »*

(Le vocable « mirage » combine, bien sûr, à la fois l'idée de miroitement et d'évanouissement du réel). A la suite de quoi, Mallarmé, qui espérait voir paraître son poème dans un recueil agrémenté d'eaux-fortes offre un aperçu du contenu :

> *« Par exemple une fenêtre nocturne ouverte les deux volets attachés : une chambre avec personne dedans, malgré l'air stable que présentent les volets attachés, et dans une nuit faite d'absence et d'interrogation, sans meuble, sinon l'ébauche plausible de vagues consoles, un cadre belliqueux et agonisant, du miroir appendu au fond avec sa réflexion stellaire et incompréhensible, de la grande Ourse, qui relie au réel ce logis abandonné du monde. J'ai pris ce sujet d'un sonnet nu se réfléchissant de toutes les façons parce que mon œuvre est à la fois si bien préparée et hiérarchisée, représentant comme elle le peut l'Univers, que je n'aurais su sans endommager quelqu'une de mes impressions étagées rien en enlever... » (je souligne l'ambiguïté de la tournure)*

« Joyaux nul de rêverie »[2], ce sonnet (dont je n'examinerai ici que la version définitive de 87) se dérobe plus encore que d'autres poèmes de Mallarmé au commentaire qu'il exige cependant d'autant plus impérativement. Les études remarquables auxquelles il donna lieu attestent, du reste, ce paradoxe[3] :

---

1. *Cor.,* à H. Cazalis, juillet 68, pp. 278-279.
2. *Œuvres complètes,* p. 435.
3. Notamment parmi les plus récentes celles de L. Dallenbach, « Le Sonnet en X de Mallarmé », in *Le récit spéculaire,* éd. du Seuil, 1977, pp. 224-226, B. Marchal, « Ses purs ongles... » in *Lecture de Mallarmé,* José Corti, 1985, pp. 165-189, D. Reynolds, « Mallarmé et la transformation esthétique du langage, à l'exemple de « Ses purs ongles », *French Forum,* mai 1990, pp. 203-220.

Ses purs ongles très haut dédiant leur onyx,
L'Angoisse, ce minuit, soutient, lampadophore
Maint rêve vespéral brûlé par le Phénix
Que ne recueille pas de cinéraire amphore

Sur les crédences, au salon vide : nul ptyx,
Aboli bibelot d'inanité sonore,
(Car le Maître est allé puiser des pleurs au Styx
Avec ce seul objet dont le Néant s'honore).

Mais proche la croisée au Nord vacante, un or
Agonise selon peut-être le décor
Des licornes ruant du feu contre une nixe,

Elle, défunte nue dans le miroir, encor
Que, dans l'oubli fermé par le cadre, se fixe
De scintillations sitôt le Septuor.

Dès le premier vers éclate l'originalité insigne du sonnet. Un geste de haute solennité est perpétré dans une ambiance de dédain et de solitude extrêmes. Nous entr'apercevons quelque chose comme un Offertoire étrange, une Élévation quasi blasphématoire, non d'une hostie consacrée, mais d'une part immarscescible de soi : l'onyx des ongles. Un officiant fantomatique (un vivant-mort) accomplit la monstration paradoxale (anachronique) de ses propres reliques purifiées. L'officiant entrevu est en effet simultanément l'objet et l'agent d'une transubstantiation suprême. L'identification archaïque à l'*autre*, c'est-à-dire au congénère décédé qu'il faut purifier et faire passer dans l'Invisible est ici récapitulée et transcendée. Car l'acte bizarre qui s'accomplit sous nos yeux court-circuite, sur un mode entièrement inédit, des données liturgiques immémoriales. Il implique quelque chose comme une réflexion de nos sources : ce premier vers renvoie à l'Eucharistie, certes, sur un mode immédiat, mais par delà, sur un mode plus allusif, aux liturgies primitives de la mort.

L'acteur étant l'ob-jet de sa propre transfiguration, une spécularité principielle diffuse, implicite, à travers le poème tout entier et en commande la remarquable circularité. C'est en effet le geste divinatoire-dédicatoire du premier vers qui rend possible, nous le verrons, la performance poétique suprême célébrée en final. Rien de moins que la légitimation ou le simulacre de légitimation par le verbe réfléchi de la destination spirituelle de l'univers. Car ladite performance pseudo-sacrificielle et funéraire fait poindre magiquement, dans un texte-miroir nimbé de nuit, une constellation fictive (la Grande Ourse, son simulacre) qui est la preuve de sa nécessité insigne. Voici qu'un poème a pour dessein de (re)créer la Lumière, partant, de pro-duire la transcendance qui manque au cosmos.

Pourtant le quasi suicide liturgique par lequel l'homme parvient à égaler les pouvoirs prêtés à un Dieu *causa sui* suscite aussi, d'entrée de jeu, une terrifiante bouffée d'angoisse. Ce mot est majoré d'une majuscule tandis que l'impression d'étouffement (*angustia* évoque l'étroitesse ou l'étranglement) est connotée par la coupe haletante du second vers :

« *L'Angoisse, ce minuit, soutient, lampadophore,* »

La suite du premier quatrain précise plusieurs aspects du Drame. L'Angoisse est lampadophore, elle (em)porte la lumière, elle la (re)suscite au terme d'une transmutation poétique. Car l'honneur de la race est, paradoxalement, de souffrir l'insupportable, de « prêter des entrailles à la peur qu'a d'elle-même [...] la métaphysique et claustrale éternité »[1], donc de transcender la mort en accueillant la mortalité même. L'aptitude du sujet à s'ex-poser à l'Angoisse est un acte d'ultime liberté car la transubstantiation envisagée n'est pas la résultante d'un déterminisme aveugle, elle est tributaire de l'endurance d'un individu à la fois singulier *et* anonyme. Cependant la réflexion n'est plus alors l'apanage d'un ego capable de s'auto-fonder. Elle est tributaire de l'épiphanie du texte-miroir.

L'apothéose de la fiction, « le minuit où doivent être jetés les dés »[2] requiert en effet des « circonstances éternelles »[3] qui

---

1. *Œuvres complètes*, p. 39.
2. *Ibid.*, p. 434.
3. *Ibid.*, p. 459.

doivent être fixées ou rendues fatidiques, récursivement, par l'Événement-du-verbe même. Pour briser la continuité du temps le sonnet doit donc récapituler l'histoire et particulièrement son fondement en tant que Drame de mort et de résurrection :

« *Maint rêve vespéral brûlés par le Phénix* »

Une anamnèse est requise de « la foule des apparitions comprises à l'étoile nacrée »[1] qu'est le poème lui-même : car les rêves furent à la fois innombrables *et* un. D'autre part, il est nécessaire, pour que survienne la chance de produire la trans-cendance par le Poème, qu'intervienne une rupture complète avec le passé idolâtre : toutes préconceptions du divin. Symptomatique est ici l'évocation du Phénix, l'oiseau mythique qui non seulement reprend son essor au moment de périr mais renaît vivant de ses cendres.

Or le sonnet introduit, en ce point, une innovation capitale. Les rêves incendiés ne sont plus recueillis dans des amphores cinéraires car le Phénix ne renaît plus même de ses cendres mais du verbe seul, c'est-à-dire de l'absolu néant. Aucune extraction physique d'un résidu ou d'un substrat « pur » (idolâtre), pas même l'hypostase fétichiste de l'immatérielle lumière (au sens de la phénoménologie platonicienne), n'est plus nécessaire pour que s'accomplisse le sortilège d'une (re)création ab-solue. La rupture avec les liturgies mortuaires traditionnelles (cependant évoquées fugitivement dès le premier vers) est consommée. Tout, dans ce sonnet incomparable, procède du jaillissement du verbe créateur seul. En dernière instance, tout ressortit à l'acte d'écrire (de lire) ce poème « allégorique de lui-même ». L'originalité du sonnet repose donc sur un « prodigieux transfert de songe »[2] : une sublime méta-phore déplace et renouvelle l'œuvre immémoriale de la ritualisation de la mort, elle en fixe le Néant, « extrait l'Idée »[3].

---

1. *Ibid.*, p. 437.
2. *Ibid.*, p. 400.
3. *Ibid.*, p. 434.

Le second quatrain évoque le bizarre sanctuaire où est célébré la transfiguration de l'univers par le verbe. Nous sommes dans un salon vide « une chambre du temps »[1] dont il est bien d'autres avatars dans l'œuvre de Mallarmé « La chambre ancienne de l'hoir » où gisent « maint riche mais chu trophée »[2], la chambre hantée que fuit Hérodiade à l'aube du « Jour dernier qui vient tout achever », etc. Le mobilier tend vers le néant, « se tasse en ténèbres »[3]. Accablé par quelque deuil irrémédiable, le Maître de céans s'est absenté. Il est « allé puiser des pleurs au Styx ». Il ne reste de lui dans ces lieux qu'une présence évanouie. Une absence parfaitement ambiguë que souligne le commentaire : « une chambre avec *personne* dedans ».

Toutefois cette ambiance d'extrême raréfaction et désolation présente aussi une face initiatique, lumineuse. Le Maître-Orphée est descendu aux enfers pour (re)conquérir ce qui depuis toujours fut perdu. Certes, en première approche, conformément au mythe de référence, sa quête est celle de la « stature mignonne ténébreuse »[4] d'une amante lointaine : « une nixe [...] défunte en le miroir ». Mais ici Eurydice demeure à jamais évanescente. Car le véritable objet n'est plus une femme mais la Beauté « qui doit exister quelque part »[5] et doit être délivrée. Comme le dit l'auteur dans un passage de sa Correspondance où point justement l'énigme narcissique *et* impersonnelle de l'auto-réflexion : « Pour moi, la Poésie me tient lieu d'amour parce qu'elle est éprise d'elle-même et que sa volupté d'elle retombe délicieusement en mon âme »[6].

L'objet de la quête n'est donc ici rien d'autre que la Poésie pure et, sous nos yeux, dans ce poème « se réfléchissant de toutes les façons », son image en abyme en tant que « ptyx », chose mystérieuse, dénuée d'être

« ... *seul objet dont le Néant s'honore* »

---

1. *Ibid.,* p. 400.
2. *Ibid.,* p. 73.
3. *Ibid.,* p. 436.
4. *Ibid.,* p. 470
5. *Ibid.,* p. 447.
6. *Cor.,* p. 243, 14 mai 67.

Le ptyx (et par extension le poème tout entier) est en effet un objet à somme nulle : « dénué de toute signification que de présence »[1] et qui cependant, de ce fait même, « contient l'absurde »[2], dans les deux sens antinomiques du verbe contenir.

A l'époque de la composition du sonnet, Mallarmé qui demandait à son ami Lefébure de lui fournir des précisions sur « le sens réel du mot ptyx » – feignait-il d'en ignorer la signification ? – lui confiait simultanément le souhait de « se donner le charme de la créer par la magie de la rime » (3 avril 68). Or pour le lecteur qui bute sur ce vocable insolite, ptyx vaut d'abord comme un pur signe, un graphème ou une sonorité dépourvus de signification, inanes (en latin *inanis* signifie « vide »). Une énigme qu'il est pourtant nécessaire de résoudre pour que se *fixe* un sens, que le poème (re)prenne son essor, qu'il échappe à l'insignifiance. Et de fait, le mot ptyx, savant et rare, existe bel et bien en grec où il désigne le repli d'un organe, une conque ou une coquille qui renferme dans sa volute la rumeur de l'océan[3]. Sur le mode d'une connotation élargie, nous constatons donc que ptyx vaut effectivement comme la figure emblématique parfaite – l'image en abyme idéale – du sonnet en son contenu essentiel. Il en thématise la nullité. L'existence du ptyx est à la fois posée *et* niée : « sous les crédences [...] nul ptyx ». Équivalent au zéro – le chiffre paradoxal qui commande la série des nombres parce qu'il *marque le vide* – il se trouve, par ailleurs, indexé par les O accumulés dans le vers suivant :

> *« Aboli bibelot d'inanité sonore »*

Le ptyx est donc la Figure Principe d'une involution « vertigineuse conséquente »[4]. Grâce à lui (par l'exploit du sonnet tout entier) l'histoire ou la « science de l'homme »[5] deviennent une « nébuleuse science »[6] lovée sur un secret repli aux ressources infinies.

---

1. *Œuvres complètes*, p. 435.
2. *Ibid.*, p. 441.
3. Cf. *Ibid.*, notes p. 1490.
4. *Ibid.*, p. 450.
5. *Cor.*, p. 246.
6. *Œuvres complètes*, p. 438.

Mais, usant de ce mot trop précieux, Mallarmé fait preuve aussi d'ironie. Le mot ptyx, qualifié de « bibelot aboli d'inanité sonore », et donc le poème lui-même par extrapolation, sont un peu trop « fin de siècle », trop « kitsch ». L'auteur use ici d'un procédé d'auto-citation amusé. Certes, cette nuit allégorique est sublime car c'est en son sein que se parachève la liturgie du verbe : l'acte qui « impose une borne à l'infini »[1]. Mais elle participe aussi entièrement de l'époque, de ses prétentions et de ses ridicules. Car Mallarmé ne fut nullement la dupe de son temps dont il se plut à citer le style (celui-là même, à bien des égards, qu'il forgea et imposa à ses contemporains). En dernière instance, son ironie ou son humour ne furent qu'une manière de plus de distancier son *dire* et donc de le réfléchir, de le détacher du contexte contemporain « en vue de plus tard ou de jamais »[2].

Enfin, à la charnière des quatrains et des tercets, tout pivote autour de la conjonction *mais*. Le drame soudain murit, il va se précipiter. Le nord défaille qui auparavant « selon telle obliquité par telle déclivité »[3] servait de repère. L'or ancien agonise. Nous sommes aux confins des âges. « Des guirlandes célèbres se tordent dans leur mort ». Le firmament se vide. Les constellations (la lumière céleste) autrefois révérées ne sont que des « feux vils »[4]. C'est la nuit dés-astre(s). « Le tombeau retrouvé »[5], la tragédie paraît consommée.

Pourtant ces circonstances extrêmes, entérinées par le poème lui-même, sont justement propices à une nouvelle donne. L'irruption d'une anticipation ou d'un souvenir hyperbolique offre la chance d'une réflexion plus haute ! Quand le miroir ne reflète plus que la vacuité de son propre néant, une image fabuleuse y point. Dénuée de référent, une scène apparaît qui répond, comme par hasard, à l'attente immémoriale. Certes, le rêve s'encombre de prime abord de connotations amoureuses, voire érotiques ou sexuelles. La quête métaphysique de l'impossible (qu'incarne la licorne : « il n'y a de

---

1. *Ibid.*, p. 471.
2. *Ibid.*, p. 664.
3. *Ibid.*, p. 477.
4. *Ibid.*, p. 67.
5. *Ibid.*, p. 395.

réalisable que l'impossible »[1]) est le fruit du désir et elle est aussi classiquement une lutte (ou une confrontation érotique) entre des amants plus grands que nature, une *gigantomachia* de figures mythiques :

« *Des licornes ruant du feu contre une nixe* »

Finalement, l'apparition elle-même d'une pâle Ophélie, l'ultime idole défunte en le miroir, s'estompe sous la glace (de même dans « Ouverture ancienne » Hérodiade, la « froide enfant [...] délaissée [...] erre », elle fuit « l'Aurore (au) plumage héraldique »[2]). La rhétorique amoureuse d'elle-même s'efface.

Voici que se produit l'acte prévu de haute magie. La glace se fige « absolument pure comme prise dans son froid »[3]. Le temps lui-même se renmêle, tout revient sur soi. L'oubli fermé dans le cadre recompose une mémoire (se fige-t-elle dans la glace ou le cadre lui-même défend-t-il à jamais de l'oubli en raison d'un déversement intégral du souvenir ?) Cette perte flagrante, apparemment irrémédiable, est en effet l'occasion d'un triomphe inespéré. Bien que fugace, voire chimérique, une vieille hantise de mort et de résurrection rejaillit. Inhérente au jeu poétique du verbe seul, elle revigore l'imagination morte. Voilà que se vérifie la loi du retour : « Toute naissance est destruction, et toute vie d'un moment l'agonie dans laquelle on ressuscite ce qu'on a perdu, pour le voir, on l'ignorait avant »[4].

Projeté au firmament nocturne, émanant de la nuit même, paraît « l'unique nombre qui ne peut être un autre »[5] : à savoir le 7, chiffre sacré. Tracé or sur nuit la constellation (la Grande Ourse : 4 + 3) reparaît, la même, tout autre. Par la vertu du poème seul, un mythe suranné soudain se trouve rajeuni. Un officiant quasi anonyme dédie très haut des reliques incorruptibles : l'onyx de son propre squelette. Celui-ci projeté vers l'infini est transfiguré en astre. Cette odyssée rappelle bien des

---

1. *Cor.*, p. 251.
2. *Œuvres complètes*, p. 41-43.
3. *Ibid.*, p. 441.
4. *Cor.*, p. 249, 17 mai 67.
5. *Œuvres complètes*, p. 462.

métamorphoses analogues en particulier dans les cultures sha-
manistiques où « ... les pierres magiques passent pour donner
au magicien la faculté de voler au ciel »[1]. Du reste, l'offrande
évoque également la grande déesse, l'Ourse son avatar, dont la
griffe dédie l'onyx stellaire à la nuit : l'étymologie d'onyx qui
dérive du grec est précisément ongle ou griffe. Pourtant tout se
passe ici sur un mode hypothétique puisque nous n'apercevons
pas directement la constellation mais uniquement son reflet (son
simulacre) dans le miroir « appendu au fond ». Désormais, le fait,
la vérité même émanent du miroir, c'est-à-dire du logos réfléchi.

Car l'essor poétique (l'Événement-du-verbe) procède
dans le sonnet du recroisement intime de l'écriture et du dire,
du texte et de la voix. C'est en effet ici l'irradiation rétroactive
sur tout le sonnet du mot Septuor, final, rutilant et somptueux,
qui induit cette double valence. Ce mot seul illustre en effet la
réussite poétique prévue par le poète : « ... les deux manifestations du Langage, la Parole et l'Ecriture (sont) destinées à se
réunir toutes deux en l'Idée du Verbe » (fragment daté de 69
qui a trait précisément à « l'étude projetée sur la Parole »[2]).

Septuor désigne d'abord le hiéroglyphe que trace le sonnet lui-même (4 + 3 : quatrain + tercet) « au folio du ciel »[3]. Un
chiffre qui est en fait dédoublé (2 x 7), ce qui souligne la spécularité du sonnet tant au plan du contenu (il est à la fois miroir
pur *et* image) qu'à celui de l'agencement spécial des rimes (je
l'évoquerai ci-dessous). Septuor reflète donc en abyme, après
les vocables « onyx » et « ptyx » qui en désignaient tour à tour
l'incorruptibilité et la vacuité, la cohérence achevée et glorieuse du poème. Le vocable final établit ainsi une équation
entre la puissance évocatoire d'un seul mot testamentaire (le
point dernier qui [...] sacre »[4]) et les ressources poétiques du
langage tout entier. On sait, par ailleurs, que pour Mallarmé la
finalité du vers est de « ... refai(re) un mot total, neuf, étranger
à la langue et comme incantatoire »[5].

---

1. J. Cazeneuve, *Les rites et la condition humaine,* P.U.F., 1958,
pp. 211-214.
2. *Œuvres complètes,* p. 854.
3. *Ibid.,* p. 244.
4. *Ibid.,* p. 477.
5. *Ibid.,* p. 368.

Mais plus encore, il faut constater comment l'écriture poétique « la sombre dentelle » qui se substitue à la transcendance défaillante des astres, produit, de par ce mot, un étonnant renversement copernicien à rebours. L'arcane de l'écriture immémoriale « tissée par mille chacun selon le fil ou prolongement ignoré son secret... »[1] finit en effet ici par être dévoilé. Une métamorphose spectaculaire se produit qui inscrit le mystère de l'homme au cœur du cosmos. Projetées vers l'infini les lettres paraissent en effet non plus « noir sur blanc » mais « lumineusement sur champ obscur ». Voici que point une « clarté radieuse avec des mots »[2]. Voici que s'accomplit l'alchimie du verbe : le langage, notre lot commun en sa banalité présumée (« l'or incompris des jours »[3]), atteint ici à une pureté inouïe. Il se fait texte-miroir accomplissant la gloire, conformément à un déroulement en trois phases qui va de « l'œuvre au noir » – les eaux du Styx – à « l'œuvre au rouge » – l'étoile d'or, la recréation poétique de la lumière – en passant par « l'œuvre au blanc » – le ptyx mystérieux (de par ses variantes naturelles ou ses stries, l'onyx pourrait inclure ou récapituler quant à lui ces trois teintes). Ainsi, le sonnet renouvelle-t-il, en l'inversant, la vieille équation entre l'étoile (la transcendance) et le trésor terrestre (maintenant la Parole nue) : « Les gemmes sont les étoiles de la terre. Les étoiles sont les diamants du ciel. Il y a une terre au firmament. Il y a un ciel dans la terre »[4]. Voici qu'un idéal laboratoire livre « sans fourneau »[5] la pierre philosophale : le pur Phénomène poétique de la Terre.

Mais, d'autre part, le mot Septuor entonne aussi un choral céleste à 7 voix, il fait résonner ensemble les 7 trompettes de l'Apocalypse : « ... l'or [...] irradié, dans une véracité de trompettes inextinguibles pour leur supérieure fanfare »[6]. On peut noter d'abord comment un jeu d'allitération, de réfraction ou de symétrie phoniques (mais aussi graphiques) se trouve réper-

---

1. *Ibid.*, p. 370.
2. *Ibid.*, p. 399.
3. *Ibid.*, p. 288.
4. G. Bachelard, *La terre et les rêveries de la volonté*, J. Corti, 1948, p. 291.
5. *Œuvres complètes*, p. 399.
6. *Ibid.*, p. 486.

cuté en divers points du texte. Par exemple dans l'opposition en chiasme « ro »/« or » autour de l'hémistiche dans : « mais proche la croisée au nord vancante, un *or* ». Mais il faut ici surtout prendre la mesure de l'étonnant exploit réalisé par Mallarmé au plan des rimes. Excédant toutes les contraintes classiques, le sonnet est en effet bâti, non sur le jeu combinatoire de deux couples de rimes mais sur la seule opposition duelle des rimes en « ix » et « or » dont les versions féminine et masculine – yx-ore et ixe-or – alternent au gré des quatrains et des tercets. A première vue, une telle ordonnance binaire, à la fois simplifiée et savante à l'extrême, paraît gratuite. Pourtant, à considérer de plus près ce balancement duel, on constate qu'il traduit musicalement (et graphiquement) l'ambivalence principielle – « l'équivoque explorée »[1] – qui est le sujet même du sonnet. Un liseré subtil de deuil (de nuit) et d'or (de gloire) cerne le sonnet, le texte-miroir « d'une pureté inouïe »[2] dont le parfait néant achève le destin des Lettres.

On peut donc dire que tout le sonnet oscille autour du « peut-être » méta-physique qui intervient au dixième vers. Le poème, nous l'avons vu, ne se contente pas de reprendre le mythe ancien, il rompt avec l'idolâtrie. Toute référence à un reste pur, à un substrat, se trouve abolie par la mise en œuvre du génie poétique. En outre, le caractère réel *et* fictif – explicitement théâtral – de l'Acte réalisé par le sonnet en fait toute l'originalité eu égard au texte théologique. Ici l'exploit poétique renouvelle et déplace la transsubstantiation eucharistique, elle fonde le Néant-du-verbe. La puissance performative magique de la parole ne s'applique en effet plus seulement au corps et au sang d'une victime idéale, elle accomplit le Phénomène de la Parole même qui s'auto-enfante *ex nihilo*. Quand « aucun moment (ne) garde de réalité (et) qu'il *se passe*, en fin de compte, *rien* »[3], le Poème – l'équivalent du tombeau vide – est « *un rien* (qui) *existe* [...] *égal au texte* »[4].

---

1. *Ibid.*, p. 437.
2. *Ibid.*, p. 441.
3. *Ibid.*, p. 638, souligné par l'auteur.
4. *Ibid.*, p. 296, je souligne.

Le sonnet en « ix » apparaît ainsi pleinement, en sa scintillation fulgurante, sur fond de nuit, comme un chef d'œuvre sans pareil, une merveilleuse « orfèvrerie verbale » (Nabokov). Par sa rigueur et sa perfection ce poème est l'équivalent d'un théorème algébrique. Mais il le surclasse tant par sa prégnance récapitulative de l'histoire que par sa capacité à « chanter la région où vivre »[1], à donner séjour par les mots.

S'il parvient à métamorphoser notre vision de l'homme, du monde et du divin, c'est qu'il ramène toute la question méta-physique relative au Testament poétique (à l'Alliance du Ciel et de la Terre) au « mystère dans les lettres », à la médiation par le verbe. Il prouve par le *fait* – par la facture auto-impliquée du poème, adéquate à une vision réfléchie de l'histoire – la vérité insigne de son contenu : « que s'est d'un astre en fête allumé le génie » . Il le prouve aussi par le renoncement à la compréhension immédiate assumée par le poète : « Le sacrifice qu'y fait, relativement à sa personnalité, l'inspirateur [...] sa mort comme un tel »[2] dont le dire demeure délibérément réservé « précisément afin de ne pas exprimer quelque chose... »[3]. « Fermé dans l'oubli par le cadre » l'explicitation du poème paraît requérir un supplément de mémoire.

Prenant appui sur l'ensemble des commentaires qui en furent proposés, l'objet de la lecture ou du commentaire n'est donc pas seulement d'élucider la signification latente du poème mais de l'accomplir opportunément « Tel qu'en lui-même... » Visant à saisir les chances offertes au tournant de l'histoire, l'exégèse contribue à lire (à (ré)écrire) le sonnet en tant que « compte total en formation »[4], fragment réalisé de l'Œuvre. A la faveur d'une maturation du destin, de par l'aggravation de la crise générale, « l'autre gestation en cours »[5] qui « consume tout rêve antérieur à leur éclat »[6], il faut donc qu'enfin un ultime revirement confère une actualité historiale au futur anté-

---

1. *Ibid.*, p. 68.
2. *Ibid.*, p. 370.
3. *Ibid.*, p. 298.
4. *Ibid.*, p. 477.
5. *Ibid.*, p. 372.
6. *Ibid.*, p. 289.

rieur du Poème de Mallarmé. De la sorte, rejoignant « le Mythe, l'éternel », il pourrait être l'occasion d'une « communion par le livre »[1].

MÉTA-PHORE DE LA MORT ET IMPÉRATIF ÉTHIQUE : *FEU PÂLE* DE V. NABOKOV[*]

> « Un vrai terroriste n'est qu'un homme mutilé, privé, comme l'eunuque, de la faculté d'aimer et de renaître. »
>
> Chateaubriand

J'emprunterai à l'œuvre de Nabokov elle-même un ordre d'exposé en deux volets[2]. Dans le premier, j'interrogerai l'intention proprement méta-physique qui confère sa structure auto-référentielle au poème intitulé *Feu Pâle* (ledit poème est censé avoir été achevé par le poète imaginaire, américain, John Shade le jour même de sa mort). Dans le second, j'examinerai l'expansion du jeu spéculaire dans le texte pseudo-critique qui encadre le poème de Shade, c'est-à-dire dans la préface, le commentaire et l'index attribués à l'étrange personnage nommé Kinbote. J'essaierai de montrer comment ce contexte proliférant travestit et répercute à la fois la vérité mythique et méta-physique qui confère sa singularité fascinante à l'œuvre tout entière.

On ne peut manquer de prendre acte, d'entrée de jeu, de ce que Shade-Nabokov nous dit du bon usage de la lecture. Comprendre une œuvre ce serait non tant en pénétrer intellectuellement le sens que s'exposer au risque d'un saisissement vital : « Apprenez aux étudiants de première année à frissonner, à s'enivrer de poésie : [...] à lire avec leur épine dorsale et non avec leur cerveau ». Dans le même passage le poète nous met en garde contre les fautes qu'il ne saurait pardonner et qui

---

1. *Ibid.*, p. 656.
* Première version publiée sous le titre : « Au sujet de Nabokov : *Feu Pâle* une poétique de l'immortalité » in *Po&sie* n° 45, 1988. Je remercie R. Bourgeois de m'avoir signalé ce livre.
2. *Feu Pâle*, trad., R. Girard et M.E. Coindreau, Gallimard, 1965.

concernent, par avance, notre propre entreprise : « ... n'avoir pas lu le livre exigé... », c'est-à-dire nous dérober de quelque manière au *jeu* de la lecture, « ... l'avoir lu comme un idiot... » entendons, conformément à l'étymologie du vocable, comme un moi enfermé en lui-même incapable, à l'instar de Kinbote, de rencontrer l'*autre*, « ... y avoir cherché des symboles » (p. 138), c'est-à-dire des schèmes, des structures ou des conceptions a priori que l'on se contenterait de plaquer sur l'œuvre.

Le poème de Shade est un joyau ciselé, une orfèvrerie verbale (l'université où professe Shade s'appelle *Wordsmith*, littéralement : orfèvrerie de mots) qui recèle le secret de l'œuvre. Ce poème qui compte 999 vers répartis en quatre Chants s'inspire, au plan formel comme au plan du contenu, d'un poème inachevé de Pope *An essay on man*, œuvre à laquelle Shade est justement censé avoir consacré une étude critique. Le premier Chant nous offre une ouverture magnifique, emblématique, sur laquelle il faudra *revenir* pour des raisons formelles tout à fait singulières. Puis il développe les éléments d'une autobiographie en un sens non-métaphorique ou intrinsèque. En vertu de sa *graphie*, de sa capacité à boucler le cercle sui-référentiel de l'*auto*, la vie et la non-vie – la mort – s'y combinent de façon absolue. En effet, l'énoncé ou l'inscription du récit de la vie – la *bio-graphie* – est ici indissociable de l'engendrement d'un jeu spéculaire qui intègre ce qui est normalement exclu de toute identité vécue – l'*autre* ou la mort. Ainsi ordonné et composé, le récit de la vie de Shade, repris et reconnu par un travail de lecture toujours et déjà présupposé, en libère le sens véridique, *auto-thanato-graphique* ou testamentaire.

Le récit commence par une évocation de l'enfance de Shade : sa désaffection précoce à l'égard de Dieu. Cette émancipation de l'enfant a pour corollaire une expérience mystique de l'abîme qui est à la fois bouleversante et merveilleuse. Ainsi le récit va dès l'abord à l'essentiel, il restitue le cadre d'une authentique « scène primitive » : l'initiation de l'enfant de onze ans à l'insignifiance du monde provoque une transfiguration à la fois sublime et monstrueuse de son moi, l'expansion illimitée de sa conscience et de son corps même dans l'espace et dans le temps (v. 145-156).

Le Chant II conduit à une scrutation plus aiguë du paradoxe de la mort par la prise de conscience antinomique du « je
suis » (immortel) et du « je meurs » (comme les autres et
comme autre). Le poème pose ainsi les termes du problème
que la vie et le destin poétiques de Shade doivent contribuer à
résoudre. Dorénavant la prise de conscience du paradoxe sans
issue de « l'inadmissible abîme » (v. 179) orientera la vie de
Shade et définira sa quête permanente. Il explorera et combat-
tra le monstre, le « sphinx incompris » (Baudelaire) sis au cœur
de l'homme. Notons que cette épreuve extrême et fascinante
recèle déjà les ressources de sa propre résolution ambiguë. Car
l'inanité est déjà ressentie comme merveilleuse, l'absurde
déchirant est taxé de « wonderful nonsense » (v. 220). La
seconde partie du Chant II narre le récit de la rencontre et de
l'union parfaite du poète avec sa femme Sibyl dont, à l'instar
de la divinité éponyme, le rôle oraculaire et bénéfique est
d'aviver le mystère des mots, de rendre perceptible toujours le
pli sibyllin de l'implicite :

> « *Tu es avec moi, toi aussi, sous le mot, dessus*
> *La syllabe, pour souligner, pour intensifier*
> *Le rythme vital...* »
>
> (v. 950-952).

Cette expérience intime du bonheur fait reculer pour un
temps le sentiment de l'horreur. Pourtant, la mort s'insinue en
toute jubilation, la déchirure ne peut manquer d'atteindre le
cœur de cet amour. Ici se trouve évoqué un motif capital du
livre qui renvoie de manière dissimulée au tableau de
N. Poussin, « Les bergers d'Arcadie », dont il sera question
plus loin : « ... même en Arcadie je me trouve, dit l'inscription sur la pierre tombale. » (p. 154). Si l'amour est plus fort
que la mort, il faut paradoxalement que l'inverse soit vrai
également pour que s'approfondisse et s'infinitise le jeu de
l'ambivalence qui justement rend possible et désirable
l'amour. Pour l'androgyne Shade-Sibyl, le suicide de leur
fille Hazel sera précisément une cassure irrémédiable qui
scellera pourtant une alliance plus sublime et plus forte du
couple. Certes, l'amour de Sibyl ne parviendra pas à atténuer
la solitude et la douleur du père, ce dont témoigne le cri de

supplication inspiré par le poème de Goethe : *Le Roi des Aulnes* (v. 662-663). Mais, complémentairement, l'union de Shade et de Sibyl, exposée par avance à l'irrémédiable, traversera victorieusement indemne l'instant mortel. En effet, au moment de mourir, s'annoncent dans le jardin submergé par le flot montant de la nuit, comme de secondes épousailles : les deux ombres se rejoignent, celle du poète « s'appuyant contre son réverbère comme un ivrogne » (v. 992, traduction modifiée) et celle de Sibyl :

> « ... *je puis voir*
> *Une partie de ton ombre auprès du hickory* »
> (v. 989-990).

Marquons que cet arbre emblématique, si magnifiquement évoqué au vers 50, planté au mitan du jardin, réunit en lui, en cet extrême Eden occidental (cette terre utopique nommée New Wye), une ultime indécision entre vie et mort.

Avec le troisième Chant se poursuit et s'approfondit la quête initiatique de Shade, ce qu'il appelle : « mon étude de l'abîme de la mort » (v. 646). En même temps le poète s'égare momentanément dans une voie sans issue, car il accorde créance à certaines approximations pseudo-scientifiques et mystiques. Prise au piège de « périphériques débris aux visions mystiques » (v. 550), sa recherche verse pour un temps dans la superstition et l'idolâtrie. Pourtant cette démarche fourvoyée est cela même qui rend possible, selon le tour paradoxal de l'errance nécessaire, une initiation décisive. Au terme d'une conférence ayant pour thème : « Pourquoi la Poésie a du Sens pour Nous » (v. 684) Shade subit une attaque et une transe qui renouvellent les évanouissements de sa première adolescence. Le poète croit alors avoir franchi les portes de la mort et entr'aperçu une vérité au-delà du voile : une fontaine blanche dont l'évocation le console pour un temps. Mais cette vision est elle-même un fétiche et un leurre, c'est une mystification qui le conduira enfin à la prise de conscience vraiment effective de ce qui n'aura cessé d'animer sa quête. Cette ultime révélation ne paraît pas d'abord répondre au souci d'immortalité qui hante Shade, elle concerne seulement la nature intime

de la poésie et, de fait, elle nous paraît, à nous lecteurs, curieusement décevante et insatisfaisante de prime abord. Shade découvre que l'œuvre poétique a pour destination de produire :
« ... *des ornements*
Avec des accidents et des possibilités »
(v. 828-829).

de transformer l'afflux des intuitions fugaces en structure harmonique et concordante, de faire apparaître un chiffre idio-syncrasique unique *et* pluriel qui recueille le sens sans éliminer le hors-sens.

Ayant conçu ce que la poésie devait être, non plus pour les autres mais pour lui, le poète se donne dorénavant une tâche d'une audace inouïe. Il va tenter ce que personne n'a tenté, parler de la beauté mais aussi du mal et de la laideur comme jamais ce ne fut le cas avant lui : « Il me faut maintenant épier la beauté comme jusqu'alors personne ne l'a épiée. Il me faut maintenant crier comme personne n'a crié » (v. 835-837). Intervient alors, dans le contexte de ce quatrième et dernier Chant, un *excursus* insolite à première vue qui met l'accent sur le dédoublement et la dualité nécessaires à toute chose et avant tout à la création poétique. Le passage se termine par un dystique clé dont l'interprétation doit pour l'instant être différée :

« *La vie de l'homme comme commentaire à un poème*
Hermétique et inachevé. Note pour un usage ultérieur. »
(v. 939-940)

Enfin, le poème s'achève par l'affirmation, apparemment gratuite, d'une immortalité maintenant avérée et par la narration poignante des instants qui précèdent l'assassinat du poète.

Ainsi résumé, le poème paraît relativement incohérent, voire présomptueux, et c'est seulement au terme de plusieurs (re)lectures ou d'une relance interprétative du jeu poétique (un des mots-clés de *Feu Pâle* est justement « reprise ») qu'une cohérence tout autre peut être entr'aperçue. Le poème est cryptique, son sens demeure impénétrable à la simple lecture immédiate, quoique le poème se prête aussi au divertissement et ne prévienne nullement, sinon par antiphrase ou à la faveur de quelques mises en garde déguisées, le détournement de son sens intime, secret. Le poème se tient en effet hautement dans le silence et la réserve. Des « vrais joueurs » il est dit qu'ils restent anonymes, qu'il est sans importance de savoir qui ils sont car : « ... de leur demeure involutée ne filtre aucun son, pas la moindre lumière furtive. Pourtant ils se tiennent là, distants et muets, jouant un jeu de monde, engageant le destin de licornes d'ivoire et de faunes d'ébène. » (v. 816 à 820, traduction modifiée). Complémentairement, à propos des fiches sur lesquelles Shade a rédigé son poème, Kinbote note ceci qui vaut évidemment comme avertissement de Nabokov à son lecteur : « L'apparence [...] est extrêmement confuse [...]. En fait, dès qu'on s'y jette et qu'on s'efforce d'ouvrir les yeux dans les limpides profondeurs, sous la surface confuse du texte, il devient merveilleusement précis » (Préface, p. 14).

De prime abord voilée, la signification du poème requiert donc le passage par l'altérité d'une lecture. Celle-ci a pour tâche de reployer le texte sur lui-même, d'en parachever la mise en boucle pleinement réflexive : pour un texte réfléchissant qui vise à tout capter au jeu du miroir, il n'est nullement étonnant que le travail de lecture soit prévu ou mieux programmé comme complément nécessaire à l'œuvre de composition et d'écriture même. Dépendant du « premier venu » ou de chacun en tant que lecteur, la reprise interprétative de ce poème est nécessaire pour qu'en soit révélé le chiffre latent qui confère sa pleine cohérence et transcendance à la vie et à l'œuvre de Shade.

Pour accomplir cette tâche ambitieuse, mais qui est réclamée, et plus encore, induite par le poème lui-même, il faut apercevoir que le récit autobiographique n'est pas seulement initiatique, pris dans le cours de la succession temporelle, mais qu'il est achronique : les événements principaux de la vie de Shade sont non seulement successifs, mais simultanés, ils s'inscrivent hors du temps, hors du déroulement ordinaire de la durée. Certes, le sujet Shade parvient ambigument à une conversion et à une illumination, mais la signification globale de sa quête et de son œuvre lui échappe. Elle ne peut être appréhendée qu'après coup, sur un mode distancié et posthume. Les événements charnières du récit autobiographique s'inscrivent en effet dans une dimension à la fois anachronique et analogique : ils préfigurent non seulement l'événement de la mort, mais ne font qu'un avec la rupture essentielle qui, intervenant hors texte, confère au destin de Shade son empreinte d'éternité. Il faut marquer que la mort se présente comme une lacune du poème, un blanc, un vide, qui commande cependant sa clôture et sa structure auto-référentielle très particulière. De fait, deux événements clés se chevauchent et viennent à interférer atemporellement. En premier lieu, l'initial « choc eschatologique » (p. 65) qui révèle Shade à lui-même, dès l'âge de onze ans :

> *« Je venais d'avoir onze ans, j'étais étendu sur*
> *Le plancher et je regardais un jouet mécanique –*
> *Une brouette de plomb poussée par un homme de plomb –*
> (v. 142-144)

coïncide exactement avec la mort effective :

> *« Un homme, indifférent au papillon*
> *Jardinier d'un voisin sans doute, passe,*
> *Remonte l'allée, poussant une brouette vide. »*
> (v. 997-999)

L'expérience de l'enfant de onze ans n'est donc pas seulement l'annonce ou la prémonition de la mort, elle en est l'événement même. Dès ce moment Shade est dans la vie, hors de la vie, déjà une ombre : une vie posthume incarnée. Dès cette première traversée du miroir, l'existence de Shade est une existence transfigurée, proprement méta-physique, un « mystère inné » (v. 885). Combinant plusieurs vocables de langues différentes (l'anglais, le français, l'espagnol) Shade nous dit d'ailleurs qu'il aime son nom : « Ombre (en français dans le texte) presque homme en espagnol » (p. 153) : l'idée sous-jacente est que l'homme est un être encore inachevé dont la véritable destination est essentiellement métaphysique et poétique.

Tout se passe en effet comme si en Shade l'humanité parvenait à réaliser, pour la première fois, le miracle de la survie *post-mortem* : par l'incarnation de la mort dans la vie (dès l'âge de onze ans), il est capable de faire entrer pleinement la vie dans la mort, c'est-à-dire de la faire passer dans l'au-delà (au moment de son assassinat). Dans le commentaire relatif au petit jouet mécanique qui représente le commun dénominateur des deux scènes, il est précisé que « ... le petit nègre en plomb peint avec un trou de clé dans le côté [...] n'avait pour ainsi dire aucune épaisseur, consistant en deux profils plus ou moins fondus ensemble... » (p. 122). Le trou de clé dans le côté de la figure renvoie ici allusivement, bien sûr, au travail d'interprétation requis pour la compréhension du poème, ce travail critique que Kinbote est précisément incapable de mener à terme, de sorte qu'est comique, quoique non dépourvue de connotations et de virtualités secondes, sa prétention : « ... la mécanique rouillée fonctionne encore, car j'ai la clé » (p. 122).

Le second tré-pas à la fois symbolique et effectif qui vient recouvrir exactement les césures précédentes intervient avec l'attaque ou la transe de Shade après sa conférence : « Pourquoi la Poésie a du Sens pour Nous ». La scène au cours de laquelle :

> « *Un de ces individus atrabilaires [...]*
> *[...] pointa sa pipe dans ma direction.*
> *Et la chose se produisit – l'attaque, la transe* »
> (v. 688-691)

répète analogiquement la scène du meurtre par Gradus. En superposant les deux séquences, par la reconnaissance de l'élément commun – le geste qui pointe et fait tout basculer dans une autre dimension – nous comprenons que la conférence qui fut aux dires de Shade lui-même « ennuyeuse et brève » est reprise, de fait, par le poème que nous avons sous les yeux. Celui-ci laisse entrevoir en effet, en sa complétude cryptique, non plus pourquoi la poésie a du sens pour Shade seulement (comme dans la révélation du Chant III), mais peut en avoir, en effet, *pour nous*.

Il nous appartient maintenant de comprendre comment, en vertu de sa structure achronique et circulaire, tout le poème est centré paradoxalement sur l'*articulum* de la mort, comment il a pour destination de rendre révocable l'irrévocable, de recréer la vie et l'œuvre de Shade, d'en délivrer la vérité sublime, inouïe. *Ante mortem*, le poème est la simple narration des événements qui auront conduit le poète à sa mort et à l'achèvement d'une œuvre qui demeure en quelque sorte illisible pour lui. C'est seulement la (re)lecture *post-mortem* ou posthume du poème qui peut en embrasser la vraie signification et en délivrer la cohérence complète. Le seul vers qui manque est le millième vers, et de fait, il ne manque pas vraiment, puisqu'il est identique au premier vers du poème (cf. p. 254) : il décrit comment un oiseau leurré par un effet factice de profondeur se fracasse contre une vitre *et poursuit néanmoins son vol* dans un azur devenu idéal. Malgré la mort, grâce à elle, au-delà d'elle encore, l'homme-phénix suscite le mirage de sa survie posthume : son essor fulgurant, étrangement immobile, dans l'éther de l'outre-mort. Le vers omis coïncide avec la mort qui est comme le « défaut du grand diamant » (P. Valéry) que figure pour nous, à présent, le poème tout entier. Une imperfection, un défaut, un quasi bégaiement que signale aussi, au plan formel, la répétition trois fois, en cette fin commençante du poème, de la même rime : *lane, slain, pane.*

Le poème doit donc être re-lu. Il nous appartient, à nous lecteurs, de lui donner un sens qui demeure en attente. Nous sommes invités à pénétrer dans l'édifice grandiose de l'œuvre et à y accomplir un rite de mort et de résurrection. Nous découvrons, grâce à Shade et pour lui, conformément à l'injonction *re-take*, que tout peut être re(com)pris, recréé, revivifié. Pourvu que nous réalisions la tâche d'Hermès psychopompe qui est attendue de nous (à la sortie du passage secret qu'emprunte Kinbote se dresse mystérieusement une statue d'Hermès décapité), Shade pourra apparaître comme l'homme fabuleux qui, par delà la disqualification de toutes les croyances mythiques en l'au-delà (comme le dite Shade : « ... toutes les religions sont fondées sur une terminologie surannée » p. 196) aura franchi le seuil de l'immortalité. Vue sous cet angle, l'affirmation sereine du poète au soir de sa vie ne saurait plus être qualifiée de vaine ou d'insensée :

> « ... *je*
> *survivais, poursuivais mon vol dans le ciel réfléchi* »
> (v. 3-4)

et

> « *je suis raisonnablement sûr que nous survivons [...]*
> *Je me réveillerai à six heures demain, le vingt-deux juillet*
> *Dix-neuf-cent-cinquante-neuf* »
> (v. 978-981)

Par l'artifice d'une re-lecture appropriée, c'est « ... la règle d'un jeu divin [...] l'immuable fable d'un destin » (p. 212) qui peut exercer pleinement son autorité et le poète *se concevoir* et se dédoubler (« I'd duplicate myself », v. 5) : renaître. Il est dès lors « tel qu'en lui-même l'éternité le change », entièrement une *ombre*. Jusqu'alors il n'était encore, comme le dit plaisamment le docteur qu'il consulte au moment de sa crise (v. 728) « Just half a shade » : « Rien qu'un spectre à moitié ». Or, pour bien saisir la teneur et la portée de ce dont il s'agit ici, il faut se souvenir que les mots : *esprit* (en français), *spirit* (en anglais), *Geist* (en allemand) qui désignent ce qu'il y a de plus singulier et de plus noble en nous – notre intelligence, notre pensée – laissent transparaître quelque chose de leur antique affiliation au fantôme, au *ghost*, c'est-à-dire à la croyance en la survie des morts. Dans un contexte où l'intelligence et la pensée pourraient ne plus être l'apanage inné du sujet (ou d'un Dieu), *Feu Pâle* postule que l'affirmation suprême de la survie doit avoir pour corollaire une création poétique sans pareille : un texte-miroir capable de réfléchir ou de capter en abyme rien de moins que le jeu du sens en son intégralité.

En utilisant une formule mallarméenne, on pourra dire que dans *Feu Pâle* la non-mort, ou l'essence surnaturelle de la vie humaine (l'esprit) « échangent une réciprocité de preuves » avec la cristallisation, dans un texte exceptionnel, de l'essence du sens même. En d'autres mots encore, *Feu Pâle* pose, en un dévoilement proprement génial, que le mystère de la transcendance ne peut être qu'inhérent au langage lui-même et qu'il convient seulement de le révéler pleinement dans un texte qui soit le chef-d'œuvre du sens réfléchi. Notons encore que l'immortalité ici entr'aperçue ne peut plus être conçue comme mythique, car sa notion même est entièrement renouvelée : elle s'inscrit hyperboliquement par delà l'écart entre l'ici-bas et les « arrières mondes », quelle qu'en soit la détermination religieuse ou métaphysique traditionnelle. Pour réaliser le « miracle », le vocable revient deux fois dans le poème, qui boucle la boucle d'un sens renouvelé, il faut donc que s'élève à l'horizon du monde le mythe non plus solaire, mais lunaire : clair *et* obscur (le feu pâle) d'une transcendance infiniment ambiguë qui n'est que l'autre face de notre infinie finitude. Il aura fallu qu'un homme, un poète accomplisse tous les stades de la transmutation alchimique de la vie, parcourre le cycle complet d'une inattendue et fantastique « phénoménologie de l'esprit » pour que l'ambivalence d'un texte-miroir puisse avérer le chiffre de son exceptionnelle réussite.

Nous devons à présent pénétrer plus avant l'arcane du poème et comprendre que l'apothéose de Shade résulte du surgissement d'une structure spéculaire parfaite qui intègre et objective en abyme les ressources élémentaires du sens en sa genèse même. Pour percevoir l'originalité insigne du « mythe » inédit de l'immortalité que nous propose *Feu Pâle*, nous devons associer intimement l'illumination de Shade à la fin du Chant III, relative à la nature de la poésie, à l'événement méta-physique de sa mort (*lier* ou *lire* ces deux séquences : la racine étymologique de ces deux mots est la même). De la sorte, « la texture » ou la « structure concordante à l'intérieur du jeu » trouvera dans le motif d'une méta-phore de la mort le « moteur » qui la sous-tend et commande le déploiement du texte tout entier. En ce hiatus où le poème s'achève et recommence, où la pulsation vitale cesse et reprend, l'ambiguïté totale de la vie et de la mort peut être comprise en effet comme le surgissement d'une originelle méta-phore : le secret de toute création poétique qui ne fait qu'un avec l'initiale déflagration du sens même : « Le projet du poète est de mettre en évidence dans la texture même de son texte les complexités du « jeu » où il cherche la clé de la vie et de la mort » (p. 221).

La fusion intime des deux profils du jouet de plomb sans épaisseur ou insubstantiels qui disconviennent et pourtant s'ajustent exactement revêt ici la valeur emblématique d'une figuration métaphorique de la métaphore même. Car toute intuition en image trouve sa condition d'émergence dans l'expérience double de la dissolution et de la brusque rupture de niveau qui renouvelle et ranime *in extremis* le sens ruiné. « Quand (survient) la nuit (qui) unit le voyant et sa vision » : « As night unites the viewer and the view » (v. 18), quand tout se confond et s'abolit, c'est soudain, par la grâce d'un renversement merveilleux, un trésor d'inspirations vierges qui s'offre à nos yeux éblouis. L'œuvre native de la compréhension rapproche les incompossibles, elle cherche les passages secrets, jette de surprenantes passerelles.

Tout tourne donc autour de la lacune du millième vers qui coïncide avec l'affleurement d'une diachronie décentrée ou excentrée, absolument originelle :

> « ... *Infini du passé*
> *Infini de l'avenir se referment au-dessus de ta tête*
> *Comme des ailes géantes et tu es mort.* »
> (v. 122-124)

A la faveur de la mort et de l'immortalisation sensée de Shade, ce sont les horizons du récit et du *temps* lui-même qui inauguralement se (re)déploient. L'Événement de la mort boucle la réflexivité de sorte que s'accomplit ici, au terme de plus de vingt-cinq siècles d'histoire, la conversion de ce que le philosophe et médecin pythagoricien Alcméon de Crotone avait reconnu comme la cause de l'insuffisance ontologique foncière de l'homme : « Les hommes meurent parce qu'ils ne savent pas joindre le commencement et la fin. » Avec l'histoire fabuleuse de Shade tout est comme si cette impossibilité était convertie en possibilité : *Feu Pâle* prouve l'immortalité du poète par un récit où le sens révèle *ex nihilo* le secret de sa parfaite réflexivité.

Mais d'autre part, c'est l'inscription d'un *signe* primordial : la cendre laissée sur la glace par le Phénix fracassé qui rend insistante une fin *et* un nouveau départ : « I was the smudge of ashen fluff... » (v. 3). Valant métonymiquement pour le texte-tombeau tout entier, la trace est l'affleurement d'un opérateur de rupture ou d'une « sub-stance » im-matérielle qui transcende l'écart entre l'ici-bas et l'au-delà, qui transmue par le verbe le plomb vil terrestre (la laideur, la corruption et le mal) en une terre-neuve (*novaya zemlya*), une « terre de cristal » (v. 12).

Enfin, la mise en œuvre d'une méta-phore originelle conçue comme source du sens au cœur du texte doit se vérifier par une extension généralisée du jeu des métaphores ou de l'intuition en *image*. A chaque fois labile, la signification s'inscrit à l'intersection de deux voix au moins. Parfois, le jeu des discours et des intentions ainsi évoquées et juxtaposées tend vers la trivialité ou la grisaille, le plus souvent ce sont d'imprévus et merveilleux éclairs de sens qui fusent et nous éblouissent. Loin d'être seulement objet de connaissance et d'appréciation intellectuelle, la finalité de ces figures quasi hallucinatoires est de susciter une intense émotion et jouissance esthétiques, de convertir toute douleur en joie. Nous comprenons alors que l'ultime leçon du poème est à la fois esthétique et éthique, que son projet est de transmuer poétiquement l'inhumanité sise au cœur de l'homme (l'un des personnages de la Zemble s'appelle Mandevil).

C'est d'ailleurs également l'enseignement que nous aurons à tirer de la grand-guignolesque ascension de Gradus (l'assassin de Shade) *ad Parnassum*. Car, en dernière instance, *Feu Pâle* est un extraordinaire acte de foi en la capacité de la poésie à métamorphoser le mal et la mort et à réenchanter le monde. Pourtant l'appel à l'attention, à la scrutation « des limpides profondeurs » demeure discret, Nabokov aura risqué la mécompréhension et la méprise, voire le rejet. La publication de *Feu Pâle* fut, du reste, accueillie avec beaucoup de froideur par la critique. En mettant en circulation une profusion d'indices parfois difficilement déchiffrables, Nabokov aura voulu faire de la lecture de son livre une aventure, une réinvention, mieux une initiation. Le livre tout d'abord déconcerte, il tombe des mains, c'est seulement après avoir franchi la forêt gaste d'une symbolique apparemment confuse et impénétrable que le lecteur finit par apercevoir une autre terre crépusculaire *et* aurorale : une « terre de cristal » (v. 12), un « pays de reflets » (p. 230). Preuve que le poète aura su réaliser au terme de sa vie et par sa mort le rêve de son enfance : donner une expression parfaite à « L'iris jumelé » ou à ce rare phénomène « l'iridule » :

> « *Un petit nuage opale de forme ovale*
> *Réfléchit l'arc-en-ciel d'un orage.* »
> (v.111-112)

Du reste, plusieurs trophées témoignent, dans le texte de cette réussite. Il appartient d'abord à l'énigmatique figure à double boucle d'une lemniscate, cette « courbe unique et bicirculaire du quatrième degré » (p. 121) de marquer la capture de l'Infini dans le poème. Le même motif revient incidemment lorsque le poète note que le mince élastique servant à ranger ses fiches retombe toujours en forme de perluète (v. 534), c'est-à-dire de signe typographique en huit exprimant la conjonction. Le même entrelacs est rappelé encore de manière implicite sous la guise d'un « lien dédalien » (v. 812), de « figures entrelacées servant à quelque jeu oublié depuis longtemps » (p. 111) et finalement, à la faveur d'allusions à Hermès (le Mercure décapité p. 119 et « La divinité psychopompe au coin de la rue » p. 198), des deux serpents enroulés du caducée qui exprime l'équilibre des forces antagoniques du divin et du chaos.

Mais de manière plus significative encore, divers signes distribués surtout vers le dénouement, exhibent les preuves de la royauté cachée du poète. Car, en dernière instance, c'est bien l'homme-poète Shade qui est *solus rex* : c'est le nom d'un problème d'échecs que Nabokov choisit comme titre d'un manuscrit rédigé en russe plus de vingt ans avant la rédaction de *Feu Pâle* et qui resta inachevé. Facétieusement, les introuvables joyaux de la Zemble : « Vous ne trouverez jamais notre couronne, notre collier et notre sceptre [...] ils sont toujours cachés dans un coin totalement différent et assez inattendu de la Zemble. » (p. 212), se trouvent sans doute dissimulés dans les derniers vers du poème à l'instar de ces figures camouflées sous un graphisme compliqué dans les images d'Épinal de notre enfance. En effet, le sceptre royal pourrait se dissimuler sous les espèces d'un « chaton brun d'un arbre » (v. 965), « les fers à cheval jetés » (v. 991) pourraient avoir pour référent caché le collier de souveraineté, enfin le tournoiement d'un papillon aux ailes empourprées figurerait quelque suprême couronnement crépusculaire :

> « A dark Vanessa with a crimson band
> Wheels in the low sun... »
> (v. 993-994)

Du reste, cette interprétation est confirmée par l'index où le secret relatif aux joyaux de la couronne, malicieusement préservé par un renvoi circulaire des items les uns aux autres signale sous « Gradus », pour le vers 1000, « the crowning blunder » qui est traduit par la « gaffe finale », mais signifie également « l'impair du sacre ». Enfin, sous « Charles II », et toujours pour le vers 1000, nous trouvons sans autre explication : *solux rex.*

En conclusion de notre lecture du poème de Shade, nous constatons que *Feu Pâle* offre le mythe moderne d'un salut poétique fondé sur l'abolition *et* la restitution – la recréation limite, par le verbe seul – d'une transcendance hasardeuse *et* nécessaire, claire *et* obscure dont la Vanesse, le papillon nommé également Vulcain, pourrait résumer héraldiquement, hors de l'ordre de la succession même, les trois moments de la transmutation alchimique du noir au blanc et au rouge. En effet, les pointes des ailes de ce papillon sont d'un noir d'encre tacheté de blanc, tandis qu'une bande cramoisie assez large trace autour du corps mordoré de l'animal et d'une zone centrale plus terne, quoique finement nervurée, un anneau de feu, un cercle presque parfait.

De par l'efficacité d'un texte qui réfléchit les avatars du mythe – la croyance primitive en l'immortalité, divers aspects de la mythologie grecque : l'Arcadie, Hermès, Argus, le Paon de Junon, les déesses Iris et Sybille et une allusion voilée mais focale, sur laquelle nous reviendrons, au récit de la Chute et à la figure du Christ – *Feu Pâle* présente l'emblème d'une genèse mythique exposée à l'indécidable et au paradoxe. C'est seulement quand nous parvenons à la compréhension de l'intention méta-physique qui présida à l'invention de ce texte que nous pouvons pénétrer plus avant la signification de l'aphorisme énigmatique proposé au quatrième Chant :

« *La vie de l'homme comme commentaire à un poème hermétique et inachevé, Note pour un usage ultérieur* »
(v. 939-940).

Car le verbe n'aurait pas seulement pour destination d'exprimer la signification de notre vie, ainsi que nous le croyons naïvement. Sa finalité, plus haute et plus essentielle, serait, en une conjoncture extrême, d'inscrire, « au folio du ciel » (S.Mallarmé), un hiéroglyphe mystérieux qui témoignerait de notre destination sur-naturelle. Écrit à plusieurs mains, un tel texte, anonyme et inachevable en soi, devrait être conçu non seulement comme le produit mais comme la justification de l'histoire. C'est d'ailleurs ce que laisse entendre l'incidente : « Note pour un usage ultérieur » qui rappelle curieusement telle notation de Mallarmé où le poète se demande s'il vaut bien la peine, malgré l'incompréhension ambiante de se risquer à « certaines conclusions d'art extrêmes [...] avec l'injonction tacite que rien, palpitant en le flanc inscient de l'heure, aux pages montré, clair, évident, ne la trouve prête ; encore que n'en soit peut-être une autre où ce doive illuminer »[1]. Car la visée supérieure de *Feu Pâle* serait de réinitier en nous « le sentiment d'une vie merveilleusement préméditée et richement rimée » (trad. légèrement modifiée) :

> « *A feeling of fantastically planned*
> *Richly rhymed life...* » (v. 969-970)

De telle sorte que la poésie puisse reprendre :

> « *... comme des rênes entre ses doigts, le long ruban de la vie de l'homme et le retracer à travers le labyrinthe mystificateur et toute la merveilleuse aventure [...] Ce qui était dévié, redressé. Le plan dédaléen simplifié par un regard d'en haut – estompé pourrait-on dire par quelque coup de pouce magistral qui aurait fait de toute cette chose involutive, confuse, une seule belle ligne droite.* »
> (p. 227).

Si l'interprétation méta-physique du poème de Shade, ce sancturaire de l'œuvre, peut être étendue au simulacre de commentaire de Kinbote, celui-ci pourra, en retour, authentiquement éclairer le poème. Ici encore, une lecture patiente et agile est requise, qui sache saisir sous le jeu déformant et la grisaille de surface, le chiffre d'un texte palimpseste. Le poète, nous l'avons vu, aime toutes les couleurs même le gris (notons que Gradus, son meurtrier, s'appelle aussi parfois Jack Grey). L'intense rayonnement du mystère poétique incarné en Shade a en effet pour vocation de tout transfigurer même la grisaille qui inclut le spectre entier des couleurs y compris le noir : le mal, la mort, l'absurde.

---

1. S. Mallarmé, *Œuvres complètes*, p. 373.

Feu Pâle est en effet bâti sur l'étrange face à face d'un poète et d'un fou : d'un fou qui se prend pour un roi et d'un poète qui, au terme d'une vie apparemment banale, mais marquée du sceau d'une noblesse secrète, s'avère être, par sa mort, *solus rex*. On peut souligner d'emblée le caractère antithétique des personnages en présence : l'attitude frileuse et craintive de Kinbote, sa prétention compassée (p. 165), sa stupidité (p. 162), sa perversité mentale (p. 172) contrastent nettement avec la personnalité proprement fabuleuse de Shade : son ouverture entière à l'altérité dont témoigne sa complicité eudémonique avec toutes choses. Mais ce contraste n'est qu'anecdotique, l'essentiel concerne ici le bon ou le mauvais usage de la maladie et de la folie. Si Kinbote est la proie de fantasmes paranoïaques (p. 187), d'une dépréciation chronique, suicidaire de soi (p. 86), d'un délabrement mental et physique toujours aggravé dont attestent ses migraines, l'extravagance de son délire, sa solitude finale, le poète, qui est lui aussi dès l'enfance sujet aux transes, parvient cependant à les convertir en une puissante force de création et d'équilibre. Ses extases rythment le déroulement de sa vie, elles l'initient précocement à la mort et confèrent à son existence une aura d'absolu.

C'est donc d'abord à la lumière du motif explicitement autobiographique qui traverse toute l'œuvre qu'il convient d'appréhender l'étrange face à face de Shade et de Kinbote. Mon sentiment est en effet qu'il exprime le drame de la vie de l'auteur lui-même. A la fin du livre, tandis que ses extravagantes affabulations retournent au néant, le lamentable secret de Kinbote nous est révélé. De son vrai nom Botkin, il s'agit, en fait, d'un exilé russe qui, devenu fou, rêve d'une Russie de conte de fées, se livre corps et âme à l'affabulation du royaume mythique de la « Zemble ». Divers indices dans le texte attestent de l'attachement maladif de Kinbote à sa patrie (par exemple « mon pays la Zemble : *Rodnaya Zembla*, en russe dans le texte, p. 86). Cette vieille terre septentrionale du vieil homme maniaque, identifiée par antiphrase à l'île de la Nouvelle Zemble, la *Novaya Zemlya*, la Terre-Neuve russe, située au nord d'Arkangelsk.

Il faut donc voir dans *Feu Pâle* une œuvre dans laquelle Nabokov exorcisa et évacua cette figure du fou exilé, para-

243

noïaque et schizophrène qu'il eût pu être lui-même. Grâce à ce livre, l'auteur entreprit, semble-t-il, de rompre définitivement avec cet écrivain russe en exil qu'il fut en Europe sous le nom de Sirin. Il mena à terme cette conversion de lui-même qui, peu après son arrivée en Amérique, lui paraissait encore irréalisable : « Le Sirin qui était en moi commençait à se redresser [...] je suis [...] beaucoup trop vieux pour subir une métamorphose radicale »[1] ; et à sa femme, il avouait un peu plus tard combien le tenaillait : « ... un désir passionné d'écrire en russe (ce que je dois me garder de faire). Je me demande si quelqu'un qui n'a pas éprouvé ce sentiment peut en comprendre tout à la fois le caractère torturant et le côté tragique. La langue anglaise, dans cette perspective, n'est qu'*ersatz* et illusion »[2].

En choisissant de se dépeindre sous les traits du poète américain Shade, Nabokov aura donc non seulement pleinement embrassé la culture anglo-saxonne (dont il assuma magistralement l'héritage), il aura achevé sa migration vers l'Ouest, fait preuve avant tout d'une vitalité et d'une générosité sans pareilles. Du reste, la fuite rocambolesque du roi hors de la Zemble, sa poursuite par une organisation régicide ne pourraient-ils eux-mêmes traduire certains épisodes de la vie de Nabokov qui fut plusieurs fois en butte aux passions et aux violences politiques du siècle ? Il échappa en effet *in extremis* aux tueurs, d'abord aux Rouges, à Saint Petersbourg et en Crimée, puis aux Nazis à Berlin et dans la France envahie de 1940. C'est enfin seulement aux confins américains de l'Occident qu'il trouva un havre de liberté, propice à la création. L'essentiel est que Nabokov aura su dégager de cette expérience cruelle une vérité universelle qui propose en filigrane, par delà son destin personnel, une issue quasi prophétique au drame de notre temps.

Quant à l'appareil critique saugrenu élaboré par Kinbote autour du poème de Shade, il acquiert lui aussi, en première approche, une connotation autobiographique et parodique si l'on sait qu'à l'époque de la rédaction de *Feu Pâle*, Nabokov

---

1. Lettre à son ami G. Hessen, décembre 1942.
2. In *Vladimir Nabokov*, A. Fields, trad. fr. par G. Durand éd. du Seuil, 1982, pp. 292-293.

réalisait un monumental travail de traduction et d'érudition critique consacré à *Eugène Onéguine* de Pouchkine (ce travail en cinq volumes parut en 1964). Sous cet angle, *Feu Pâle* apparaît comme un divertissement, l'envers canularesque du travail « sérieux » poursuivi conjointement. Diverses allusions, souvent sarcastiques, au monde universitaire de New Wye sont d'ailleurs autant d'allusions transparentes à certains épisodes de la vie de Nabokov aux Etats-Unis à cette époque. L'allusion notamment à ces linguistes qui ne parlent pas les langues dont ils se prétendent spécialistes (p. 243) est savoureuse lorsqu'on connaît certains des démêlés qu'eut l'auteur de *Lolita* avec ses collègues du département de Russe à Cornell.

Mais, d'un autre point de vue, le propos du commentaire de Kinbote est plus conséquent qu'il n'y paraît à première vue, car en accentuant la caricature, Nabokov met en relief certains défauts et déficiences de la critique littéraire en général. Kinbote est en effet la proie d'une fascination idolâtre, d'une étrange passion mimétique pour le créateur, ce qui le porte à s'arroger des droits exorbitants sur son œuvre : il s'attache aux faits et gestes de l'écrivain, il est friand de détails futiles et d'anecdotes. Il demeure insensible à la vérité essentielle de sa quête. De toute évidence, le travail critique s'avère être ici un test projectif qui témoigne non de l'intelligence ou du savoir de l'interprète, mais de son aptitude à se rendre attentif à l'*autre* ou à l'inédit. En réservant une place éminente à la lecture, *Feu Pâle* trace donc une figure en négatif de ce que pourrait être une interprétation soucieuse, non de réduire au simple ce qui est complexe et encore moins, comme le prétend Kinbote d'avoir « le dernier mot » (conclusion de la préface), c'est-à-dire d'en finir avec l'œuvre. Si d'aventure la critique voulait s'efforcer de faire jeu égal avec l'œuvre, elle devrait tendre seulement à être aussi joueuse et généreuse qu'elle, à prendre les mêmes risques qu'elle.

Se greffant sur le poème par l'artifice du commentaire – l'exégèse soit de tels vers, de tel brouillon, de telle variante souvent fabriquée (la falsification est avouée par Kinbote p. 199) – le récit met en place un enchevêtrement narratif complexe où se combinent des genres différents : l'épopée politique, le conte fantastique, l'enquête policière ou d'espionnage, etc. De fait, le ressort de l'action peut être rapporté au déroulement concomitant de quatre intrigues principales qui interfèrent les unes avec les autres. Un premier fil diégétique déroule les diverses péripéties dynastiques et les intrigues de cour d'un étrange « royaume farfelu » (c'est le titre d'un des premiers romans de Malraux). En un second temps, l'épopée héroïco-comique, vaguement perverse, de la Zemble acquiert plus de relief encore par l'avènement d'une « révolution extrémiste » dont les épisodes principaux sont la fuite du roi (p. 132), les étapes de son exil et son arrivée en Amérique (p. 214).

Bien que décalé dans le temps et beaucoup plus bref que le premier, un second récit débute à la page 133 qui décrit les entreprises de l'Organisation des Ombres : la décision de poursuivre et d'abattre le roi exilé, le choix du personnage chargé de l'assassinat : Gradus. Ainsi se développe une intrigue classique de roman d'espionnage qui met en scène les avatars d'un tueur à gages cherchant à retrouver la trace de sa victime et qui parvient à ses fins par l'intervention d'agents russes (p. 222). Quant à la troisième strate narrative, elle sous-tend, en fait, les deux précédentes, elle concerne la chronique des relations de Kinbote avec Shade à New Wye. Elle se prolonge, après l'assassinat du poète, par la narration des épisodes au terme desquels Kinbote s'empare du manuscrit de *Feu Pâle* et entreprend la rédaction de la préface, du commentaire et de l'index que nous avons sous les yeux.

Ce troisième niveau possède donc, comme le poème de Shade, une structure auto-impliquée et il se clôt sans doute sur le suicide du commentateur. A la différence du poème, il est cependant dénué de tout retentissement métaphysique. La facture de cette troisième strate narrative est, du reste, tout à fait classique : un narrateur met la main sur un manuscrit précieux et relate les circonstances de la découverte de celui-ci, puis, selon le cas, trace le portrait de l'auteur présumé, etc. Enfin, sur cette trame se développe une intrigue d'abord entièrement voilée concernant la personnalité du narrateur Kinbote. Le récit éveille nos soupçons par l'allusion à un secret extraordinaire concernant les liens du narrateur et du roi exilé (pp. 68 et 187), puis le discours passe subrepticement du *il* au *je* (p. 216), de sorte que le narrateur Kinbote et l'acteur – le roi – finissent par se confondre.

Mais un second type de suspicion se cristallise peu à peu qui concerne la bonne foi ou la santé mentale du narrateur. Des insertions aberrantes viennent rompre la continuité du texte, à la page 104 par exemple, Kinbote nous donne une étymologie entièrement fantaisiste d'un nom de famille, etc. De la sorte, la nature du secret évoqué vire de signification et nous sommes de plus en plus attentifs aux signes de paranoïa et de déséquilibre mental du narrateur (pp. 171, 232, 250). Enfin, au terme du récit (p. 261), l'action rebondit. Une seconde conception des faits émerge qui donne une tout autre teneur et connotation à ce que nous venons de lire. Kinbote n'est qu'un exilé russe, un professeur qui élabore un récit fantastique et mystificateur. Dans cette perspective, Gradus n'est lui-même qu'un aliéné échappé d'un asile qui cherche à se venger du juge qui l'a fait interner (Kinbote a en effet loué la maison d'un juge en congé).

Formellement, il est remarquable qu'en dépit de la complexité des figures tissées, tous les fils narratifs se nouent les uns avec les autres en ce point zéro qu'est la mort de Shade, et ce, notamment en raison de la concomitance chronologique de l'enquête menée par Gradus et de la rédaction, à partir du 2 juillet 1955, du poème *Feu Pâle*. A ce moment précis tous les récits se rejoignent et tracent donc un dessin en 8 analogue au motif de la lemniscate ou « des figures entrelacées » aperçues à l'entrée du passage secret emprunté par le roi en fuite. Nous savons qu'en ce point où s'annulent les faux semblants, où s'effacent les effets aberrants, le lecteur est renvoyé au seul vrai secret qui est le couronnement du roi-poète Shade (cette apothéose est indexée, outre les indices déjà relevés, par diverses allusions à la pourpre royale pp. 250-256).

L'armature narrative du récit de Kinbote ainsi résumé s'inscrit donc sous la juridiction du poème de Shade. Autour de la mort du poète, grâce à elle se répercute tout un jeu de révélations secondes et cette composition étoilée marque combien le commentaire-parasite de Kinbote est commandé par : « ... l'action magique du poème de Shade, le mouvement du vers, le puissant moteur ïambique » (p. 121). Ainsi, en soulignant la nature délirante et fictive des élucubrations de Kinbote, le récit rend problématique avant tout la représentation elle-même et il aggrave ainsi la subversion de la *mimèsis* à l'œuvre dans le poème de Shade : la contestation du statut censément secondaire et dérivé de la fiction eu égard au réel. Dans la perspective de *Feu Pâle*, en effet, le mythe ou la fiction s'inscrivent toujours et déjà au cœur de toute prise de conscience du monde et cette subversion de l'écart entre imaginaire et réel y est accomplie aussi bien par la folie de Kinbote que par l'étrange complicité du rêve et de la poésie dans le poème de Shade.

Du reste, *Feu Pâle*, qui exhibe ses sources littéraires, souligne qu'il n'y a pas de réalité ultime derrière le récit, mais un foisonnement d'autres textes et d'autres mythes. Nous avons noté en passant certains des référents littéraires et artistiques qui servent de cellule mère au récit : deux fragments du poème de Pope, l'un où il est question d'un roi, d'un héros et d'un fou, l'autre de la Zemble, le tableau de Poussin « Les bergers d'Arcadie », un passage du *Timon d'Athènes* de Shakespeare, diverses références à la mythologie, un renvoi implicite au récit de la chute et au mythe chrétien notamment. De la sorte *Feu Pâle* se présente comme une variation sur des textes antérieurs, une combinatoire de souvenirs littéraires, mythiques et artistiques qui inclut aussi ces « textes » latents que sont les circonstances du monde historique et social ambiant et surtout l'histoire de Nabokov lui-même.

Finalement, exercé et compris comme il l'est dans *Feu Pâle*, l'amour poétique de la vie qui transcende la mort ne peut manquer d'inclure en lui une dimension éthique. Il requiert une lutte permanente contre le mal et c'est aussi tout ce versant de la quête de Shade-Nabokov qu'illustre et développe le commentaire de Kinbote. C'est par l'évocation de l'œuvre terrifiante de l'Organisation des ombres et des manœuvres de son sinistre émissaire Gradus que le récit de Kinbote confère sa pleine légitimité à l'ambitieuse affirmation de Shade : « Il me faut maintenant parler du mal, du désespoir comme jamais personne n'en a parlé » (v. 902). Le propos essentiel des rocambolesques et tragiques aventures relatées est d'abord de mettre en exergue l'inhumanité contemporaine, de rendre palpable l'abîme du nihilisme moderne : « ... tous les artistes sont nés dans un âge regrettable, le mien est le pire de tous... » (p. 234).

C'est le triste apanage de Gradus d'incarner cette figure de l'humanité déshumanisée, sans *nuance* et sans âme – sans *ombre* – (ce sont justement les deux valances du mot *shade*). Gradus est une mécanique, un « homme-horloge » (pp. 135, 241, 242). Il possède seulement une apparence d'humanité, car en lui la puissance créatrice est totalement éteinte. Artiste raté, ancien ouvrier des verreries (p. 134), il conserve comme une vague nostalgie du travail du verre (fruste réminiscence sans doute de l'Œuvre alchimique). D'où son intérêt tout, au long du récit, pour de minuscules et fragiles babioles de verre. Il a perdu entièrement le sens du jeu, de l'intelligence aventureuse et gratuite. Il est dépourvu d'émotions, incapable d'affection (il tente symptomatiquement de se castrer, p. 120). De fait, il est animé par une seule et dernière passion : la folie de la destruction qui se manifeste comme instinct du meurtre et fascination pour le suicide. Nabokov met ici en scène l'implacable logique de la violence terroriste qui, par une invraisemblable perversion de l'esprit, entend se mettre au service du « ... cours propre, ordonné et honnête de la mort... », veut empêcher que celle-ci soit « ... contrariée d'une façon impropre, déshonnête et désordonnée. » (p. 136). Bref, incapable d'évoluer comme Shade dans le champ du juste milieu qui intègre et fait foisonner les différences, impuissant à créer et lire (p. 202), Gradus est l'homme de l'irréflexion et de l'idée fixe, l'homme a-symbolique qui nivelle et détruit tous les écarts : « ... la nuance est interdite, l'intervalle muré, la courbe grossièrement échelonnée » (p. 211).

De ce point de vue, Gradus figure l'une des variantes de la folie. Pour lui, comme pour Kinbote, mais pour des raisons presque inverses, le jeu symbolique – cause d'emballement délirant dans un cas ou de platitude totale dans l'autre – s'avère éminemment mortifère. Nabokov s'en prend d'ailleurs plus largement à tout ce qui, dans l'ordre intellectuel, peut valoir comme idole, prétend fonder une vérité définitive (en particulier à Marx et à Freud, p. 138). Cependant, par delà toute critique ponctuelle des idéologies, le risque majeur, proprement effarant, perçu par Nabokov est celui de la perte de la capacité de lire :

> « *Nous sommes absurdement accoutumés au miracle de quelques signes écrits capables de contenir une imagerie*

immortelle, des tours de pensée, des mondes nouveaux avec des personnes vivantes qui parlent, pleurent, rient. Nous acceptons cela si simplement que dans un sens, par l'acte même d'une acceptation automatique et grossière, nous défaisons l'ouvrage des temps [...] Et si un jour nous allions nous réveiller, tous autant que nous sommes et nous trouver dans l'impossibilité absolue de lire ? Je voudrais que vous vous émerveilliez non seulement de ce que vous lisez, mais du miracle que cela soit lisible... » (p. 251).

Or la logique de *Feu Pâle* conduit, nous l'avons vu, à l'affirmation de l'interdépendance principielle de la lecture (conçue comme trait fondamental de l'humain) et de l'existence d'un mythe de la survie, c'est-à-dire de la croyance en la dignité sur-naturelle de notre vie. D'où résulte, dans le contexte de l'athéisme moderne, l'urgence d'un renouvellement, par la poésie seule, de la foi en le mystère méta-physique de la trans-cendance-du-sens.

« ... je ne me considère pas comme un véritable artiste, sauf sur un point : je peux faire ce que seul peut faire un véritable artiste – me précipiter sur le papillon oublié de la révélation, me sevrer brusquement de l'habitude des choses, voir la toile du monde et la chaîne et la trame de cette toile. » (p. 251).

Mais pour comprendre l'économie de la transmutation du mal que *Feu Pâle* nous propose, il faut discerner, sous-jacent à la confrontation de l'organisation des Ombres et de Shade, le sens singulier que revêt dans le texte l'expression, prise au pied de la lettre, de « *gradus ad Parnassum* » qui désigne, on le sait : « un dictionnaire où les mots sont rangés et expliqués de manière à favoriser l'exercice de la versification » (Littré). Cette expression, qui représente comme la matrice du récit de Kinbote, doit être ici perçue dans sa pleine acception ludique et sérieuse. Dans la perspective de *Feu Pâle*, le mal, inhérent à l'humanité et à l'histoire, *ne peut plus être exclu*, il peut seulement être rédimé grâce à la puissance transfiguratrice de la poésie. Le thème orphique classique de la *descente* aux enfers, c'est-à-dire de la confrontation des forces chaotiques et démo-niaques étrangères à l'homme est donc inversé et conçu comme une *ascension*. Comme dans le mythe d'Orphée, il s'agit, certes, de réduire et de métamorphoser le tohu-bohu primordial, mais le désordre inhumain est maintenant inscrit dans l'histoire : il est un attribut de l'homme lui-même. Le projet doit être dès lors de faire pièce aux passions funestes qui nous hantent et, par « l'alchimie du verbe », de frayer les voies de la survie et de l'espérance. Gradus n'est, dans cette perspective, qu'un aspect de l'homme, voire le double de Shade lui-même : paradoxalement, il est l'une des figures de l'Hermès psychopompe (p. 198). Participant insciemment au couronnement du poète-roi, il concourt, malgré lui, à la revivification de la vie, à l'éveil d'une nouvelle espérance.

Un second paradigme donne sa pleine ampleur à la conversion poétique du mal que met en scène *Feu Pâle*. Il nous est donné lui aussi obliquement et presque clandestinement par l'évocation du célèbre tableau de Poussin : « Les bergers d'Arcadie » conservé au Louvre. Dans un paysage idyllique un groupe de bergers déchiffre une inscription à demi effacée sur une tombe monumentale. Le texte gravé est le suivant : *Et in Arcadia ego*. Pour brève et énigmatique qu'elle soit, l'allusion au tableau peint par Poussin à son retour à Rome vers 1635-1636 est capitale. Elle se présente dans *Feu Pâle* de la manière suivante : « Même en Arcadie je me trouve, dit la mort sur l'inscription de la pierre tombale » (p. 154). Elle reparaît, du reste, formulée un peu différemment page 206 : « Je suis même en Arcadie dit la démence enchaînée à sa colonne grise. » Car l'assimilation, tout au long du livre, de la région d'Appalachia, où se situe l'université de Wordsmith, à l'Arcadie recoupe les allusions à l'Eden que l'on trouve dans le poème de Shade. L'intention qui anime *Feu Pâle* paraît donc claire : par delà la subversion de tous les « arrière-mondes », grâce à la puissance transfiguratrice entrevue, l'enfer pourrait changer de signe et ce monde nous donner à connaître, sur un mode jamais définitif, quelque chose du paradis, quelque chose de l'âge d'or...

Dans cette perspective, *Feu Pâle* apparaît sous un jour inattendu qui tend à rien de moins qu'à l'annonce d'un Évangile poétique de la terre. Le récit prend appui, en effet, sur tout un soubassement religieux qui, voilé ou implicite, est cependant parfaitement lisible. Shade est une figure christique d'abord parce qu'il est l'homme fabuleux et exemplaire qui triomphe de la mort et témoigne authentiquement ici et maintenant d'une résurrection poétique de la vie. Rédimant le mal par sa mort, le convertissant en un bien supérieur, il institue secrètement par sa Passion un royaume spirituel qui « n'est pas de ce monde ». C'est jusqu'à sa mort quasi sacrificielle, à la place du pauvre fou Kinbote, qui rappelle la mort rédemptrice du Christ. Mais la différence avec le mythe chrétien est également patente car *Feu Pâle* déplace profondément le sens judéo-chrétien du péché et en particulier les motifs combinés de la culpabilité et du châtiment. Il convient de marquer en effet que l'histoire de Shade et de Sibyl en Arcadie reproduit aussi – transcrit et déplace – le mythe initial de la Chute. A la faveur d'un extraordinaire travail de refonte et de superposition des deux mythes *princeps* du judéo-christianisme, le poème nous fait donc entrevoir comme une version eschatologique du mythe d'Adam et d'Eve.

Ici le couple (l'androgyne) primitif ne se rend pas coupable d'une faute qui justifie son rejet loin du paradis. Certes, il se heurte à un mal inéliminable qui brise et scelle son union même (le suicide de Hazel), mais ce mal n'est pas un péché, il n'est empreint d'aucune culpabilité. De même, le meurtre de Shade qui reproduit l'exclusion du paradis (ou le meurtre primordial d'Abel par Caïn, ou la Crucifixion du Vendredi Saint) est aussi, hors de toute idée expiatoire, la condition même de l'apothéose poétique. Le dépassement, la transfiguration du mal n'exigent plus ici de médiateur ou de rémission de la faute. Du reste, ce n'est plus un individu divin tout seul qui transmue la perversion funeste, mais un couple rédempteur quasi anonyme en qui s'accomplit seulement l'Intention poétique dès lors visiblement révélée (quoique présente depuis toujours au cœur du sens même).

Il semble donc que le dessein le plus secret de *Feu Pâle* ait été essentiellement religieux. Il pourrait s'énoncer comme suit : redonner un sens et une portée effective dans notre monde aux trois vertus théologales que sont la foi, la charité et l'espérance. L'affirmation que la mort n'est pas définitive, que le seul mot de passe qui puisse désarmer le monstre est celui de pitié (p. 187), que l'être humain ne saurait se surpasser

sans renoncer à l'instinct de domination et de destruction :
« ... aphorisme plutôt antidarwinien : celui qui tue est *toujours*
inférieur à sa victime. » (p. 204). Enfin, l'appel à l'espérance
qui malgré le mal et la folie affirme que notre terre a vocation
d'être une Arcadie, un paradoxal et merveilleux jardin d'Eden.
A la fin du troisième Chant, Shade revient d'un voyage qui se
révèle très instructif précisément parce qu'il fut d'abord un
échec qui lui aura permis de connaître ce qu'il n'avait pas cherché : « Je suis revenu convaincu que je puis avancer à tâtons
vers quelque « *faint hope* » – non pas « quelque vague espoir »,
ainsi qu'il est traduit en français – mais « infime ou chétif
espoir ». Car enfin qu'est-ce que l'espoir et mieux l'espérance
(il faut noter que l'anglais ignore la différence entre ces deux
notions), sinon une vertu étrangement parcimonieuse *et* prodigue qui fait fructifier l'infime, transforme ce qui n'est
presque rien en un inappréciable trésor : change l'infinitésimal
en infini ?

On ne peut pas ne pas être fasciné par cette œuvre si
magnifiquement ambitieuse en laquelle se récapitule, sur un
mode parfaitement accordé à la modernité, le destin métaphysique du mythe. Vingt ans avant la publication de *Feu Pâle*,
Nabokov avait publié en russe la première partie d'un roman
inachevé intitulé *Solus Rex*. Sans doute ce projet interrompu
fut-il par la suite longuement mûri. Nous savons qu'il n'aura
pu aboutir qu'au terme d'un nouvel exil et d'une ultime métamorphose. Dans l'optique de la préoccupation éthique qui
commande de part en part le récit, ce titre abandonné, repris
comme thématique clé, évoque, par son allusion à un problème
d'échecs, ce que Nabokov investissait d'espérance dans un
avenir où la poésie serait la seule pièce noire : « ... un roi dans
le coin du type *solus rex* » (p. 106) capable de faire blocus à la
montée des forces nihilistes.

Ainsi compris, *Feu Pâle* se présente, quasi explicitement,
comme une version nouvelle de *An essay on man* de Pope. De
par la forme, certes, mais surtout de par le fond, puisque le propos du poème du Pope, inachevé en quatre épîtres, est, on le
sait, de démontrer qu'en dépit du mal c'est la Providence
divine qui régente l'univers. L'œuvre de Nabokov modifie,
certes, la teneur du thème : elle lui confère surtout une radica-

lité sans commune mesure avec l'intention de Pope. Le poète ne se contente plus de décrire les avatars de la lutte du bien et du mal et d'affirmer qu'une fin morale gouverne le monde, il entend montrer comment la poésie pourrait seule être capable de redonner sens au sens et d'entraver la course à l'abîme.

Au terme de notre parcours, *Feu Pâle* apparaît ainsi comme un chef-d'œuvre de la retranscription spéculaire du mythe qui assigne à la métaphore une originelle puissance de transmutation de la mort. Un texte admirable qui nous offre l'étrange arcane d'un *primum mobile* poétique situé au-delà des dichotomies qui fracturent et disloquent notre monde (notamment la césure entre religion et poésie, connaissance et foi).

L'ÊTRE ABOLI : « LA MAUVAISE DIRECTION » D'A. ROBBE-GRILLET[*]

« Je ne décris pas, je construis »

A. Robbe-Grillet

« La mauvaise direction » est le court récit emblématique (la fable) d'une confrontation limite du réel avec son rêve fondateur. Un triple intitulé encadre ce texte : celui du recueil où il figure – *Instantanés*[1] – celui du triptyque des poèmes-nouvelles dont il est le troisième et dernier volet – « Visions réfléchies » – celui enfin qui lui est propre – « La mauvaise direction ». Cet énigmatique étoilement de l'intitulé doit être confronté à la teneur ou au « vouloir dire » du texte dans son ensemble, c'est-à-dire à ce qui en lui se donne *et* se refuse, satisfait *et* épuise le vouloir et le dire.

L'entrée en matière est abrupte, purement factuelle : dès son ouverture, le texte coïncide avec le dessillement d'un regard. En effet, ce qui est *en vue* n'est référé à aucun sujet, le texte se soustrait à toute position d'énonciation, aucun dialogue

---

* Première version publiée sous le titre « L'au-delà du réel : *La mauvaise direction* d'A. Robbe-Grillet », in *L'Esprit Créateur,* vol. XXX, nᵒ 2, 1991.

1. A. Robbe-Grillet, *Instantanés,* éd. de Minuit, 1962, je remercie Jim Leigh d'avoir éveillé mon intérêt pour ce texte.

n'est proposé. Tout est tenu à distance sous un regard anonyme (et pourtant ces notations écrites ne sont-elles pas *dites* comme en un monologue intérieur ?). Le visible semble seulement exploré zone par zone sans que n'intervienne, de prime abord, aucune nuance affective ou de jugement. Simple répertoire d'existences accumulées, le texte aligne des phrases constatives (le verbe être ou ses équivalents scandent le texte de manière obsédante) :

> « *Les eaux de pluie se sont accumulées au creux d'une dépression sans profondeur, formant au milieu des arbres une vaste mare, grossièrement circulaire, d'une dizaine de mètres environ de diamètre. Tout autour, le sol est noir, sans la moindre trace de végétation entre les troncs hauts et droits. Il n'y a, dans cette partie de la forêt, ni taillis ni broussailles. La terre est seulement couverte d'un feutrage uni, fait de brindilles et de feuilles réduites à leurs nervures, d'où émergent à peine par endroits quelques plaques de mousse, à demi décomposée. En haut des fûts, les branches nues se découpent avec netteté sur le ciel.* »

De par l'ellipse d'un sujet, nous sommes justement attentifs aux marques qui en trahissent le défaut : car l'œil est un quasi actant qui commande un parcours implicite. Privé de tout repère corporel ou perceptuel autre que celui de la vue, nous nous raccrochons aux mouvements du regard comme au déplacement de la caméra dans une séquence cinématographique. La première phrase délimite un centre d'intérêt à partir de quoi s'ordonne l'espace, puis la vision se porte alentour : « Tout au tour... », avant d'enregistrer ce qui est « En haut des fûts... », etc. Peu à peu l'illusion d'objectivité s'estompe puisque le regard s'avère doté non seulement d'une capacité de sélection mais d'une mémoire, d'une faculté implicite d'évocation et de comparaison : « ... une vaste mare ... d'une dizaine de mètres environ de diamètre » ; « Il n'y a dans cette partie de la forêt, ni taillis ni broussailles. », etc.

> « *L'eau est transparente, bien que de couleur brunâtre. De menus débris tombés des arbres – branchettes, graines vidées, lambeaux d'écorce – se sont rassemblés au fond de la cuvette et y macèrent depuis le début de l'hiver. Mais*

> *aucun de ces fragments ne flotte, ni ne vient crever la surface, qui est uniformément libre et polie. Il n'y pas le plus léger souffle de vent pour en troubler l'immobilité. »*

Un savoir latent y pointe en effet : « De menus débris ... y macèrent depuis le début de l'hiver » ; « il n'y a pas le plus léger souffle de vent... », etc. Cette re-connaissance s'ajoute tout naturellement à ce qui est vu : les signes se multiplient d'une présence subjective. Puis une première évocation de temps indexe l'Événement à la fois banal et atemporel qui s'inscrit au cœur de la nouvelle :

> *« Le temps s'est éclairci. C'est la fin du jour. Le soleil est bas, sur la gauche derrière les troncs. Ses rayons faiblement inclinés dessinent, sur toute la surface de la mare, d'étroites bandes lumineuses alternant avec des bandes sombres plus larges. »*

Enfin, un peu plus loin, l'impassibilité de la description est démentie de manière flagrante par l'irruption d'un adjectif – « admirable » – qui y libère comme une bouffée, longtemps retenue, d'émotion. Malgré son austérité initiale, le texte s'anime en un crescendo prémédité. Le parti pris premier d'objectivité fait ressortir d'autant mieux les intrusions disertes de la subjectivité dans un discours où rien n'est innocent. Selon l'étrange paradoxe que met en œuvre ce texte, la surface lisse et glacée du discours finit par s'encombrer d'une présence d'autant plus sensible qu'elle est plus effacée. Réfléchissant les lacunes du texte, nous les compensons en nous conformant à l'étonnante économie donatrice *et* réticente d'un tableau d'ensemble qui, quoique typique du « nouveau roman », s'avère aussi parfaitement accordé au goût classique pour la litote ou l'ellipse (un tel rapprochement ne surprendra que les esprits inattentifs et indolents).

Dès lors qu'est planté le décor « réel » d'un site forestier (qui est le cadre fabuleux de toute initiation) tout peut vaciller en l'évocation quasi magique d'une *autre* scène. A peine déployé le voile du réel se déchire, tout chavire dans l'instant où apparaît fulguramment, à la fine pointe d'un éveil plus conscient, la vision d'un « Saint des Saints, mais mental... »

(S. Mallarmé). Invitée à recueillir des signes épars (et donc à épouser le mouvement de la narration elle-même), la lecture est une initiation ou une avancée progressive vers la thématique secrète de la nouvelle.

> « *Parallèlement à ces raies, une rangée de gros arbres s'aligne au bord de l'eau, sur la rive d'en face ; cylindres parfaits, verticaux, sans branches basses, il se prolongent vers le bas en une image très brillante, beaucoup plus contrastée que le modèle – qui par comparaison semble confus, peut-être même un peu flou. Dans l'eau noire, les fûts symétriques luisent comme s'ils étaient recouverts d'un vernis. Un trait de lumière raffermit encore leur contour du côté du couchant.*
> *Pourtant ce paysage admirable est non seulement renversé, mais discontinu. Les rais de soleil qui hachurent tout le miroir coupent l'image de lignes plus claires, espacées régulièrement et perpendiculaires aux troncs réfléchis ; la vision s'y trouve comme voilée par l'éclairage intense, qui révèle d'innombrables particules en suspension dans la couche superficielle de l'eau. Ce sont les zones d'ombre seules, où ces fines particules sont invisibles, qui frappent par leur éclat. Chaque tronc est ainsi interrompu, à intervalles sensiblement égaux, par une série de bagues douteuses (qui ne sont pas sans rappeler l'original), donnant à toute cette portion de forêt "en profondeur" l'aspect d'un quadrillage.*
> *A portée de la main, tout près de la rive méridionale, les branches du reflet se raccordent à de vieilles feuilles immergées, rousses mais encore entières, dont la dentelure intacte se détache sur le fond de vase – des feuilles de chêne.* »

Toute une première plage du texte est une terne entrée en matière dont la banalité appuyée sert de cadre à la scène de l'émerveillement. Or, dans la seule partie de cette nouvelle où la vision devient explicitement narration, un personnage surgit sur la droite (à l'est) et s'avance à contre-jour. Nous comprenons, qu'ébloui par les feux du couchant, il ne peut rien apercevoir. Double implicite du « voyant » dont le corps est occulté, il est indifférent à la sublimité offerte : il aura emprunté « la mauvaise direction ». Cet *excursus* fâcheux brouille un moment l'intense conscience (énonciatrice-lectrice) du monde abîmé qui se passe de tout interlocuteur humain. Du reste, l'intrus fourvoyé se retire de lui-même. Son entrée en scène malencontreuse aura seulement interrompu pour un temps le serein dialogue de la nature et de l'homme absenté.

> « *Un personnage, qui marche sans faire aucun bruit sur le tapis d'humus, est apparu sur la droite, se dirigeant vers l'eau. Il s'avance jusqu'au bord et s'arrête. Comme il a le soleil juste dans les yeux, il doit faire un pas de côté pour protéger la vue.*
>
> *Il aperçoit alors la surface rayée de la mare. Mais, pour lui, le reflet des troncs se confond avec leur ombre – partiellement du moins, car les arbres qu'il a devant soi ne sont pas bien rectilignes. Le contre-jour continue d'ailleurs à l'empêcher de rien distinguer de net. Et il n'y a sans doute pas de feuilles de chêne à ses pieds.*
>
> *C'était là le but de sa promenade. Ou bien s'aperçoit-il, à ce moment, qu'il s'est trompé de route ? Après quelques regards incertains aux alentours, il s'en retourne vers l'est à travers bois, toujours silencieux, par le chemin qu'il avait pris pour venir.* »

Ce personnage ne parvient donc pas à recueillir les signes épars. La scène qu'il découvre n'est pas l'occasion d'une vision secrètement jubilante, c'est-à-dire d'une *prise* de conscience véritable. Ses « regards incertains » ne pénètrent pas jusqu'au cœur flamboyant (au principe poétique unifiant et disséminant) de l'être des choses.

La mauvaise lecture (la « dyslexie ») de l'intrus fait donc ressortir avec d'autant plus de relief le site du regard bien orienté. La personne anonyme (la conscience visuelle qui n'est personne en particulier) est campée au bon endroit. Pour elle l'espace se développe en éventail autour d'un axe nord-sud, entre le soleil couchant à gauche et les coulisses d'où vient de surgir et où s'est éclipsé l'intrus à droite. A cette topologie bi-dimensionnelle s'ajoute l'axe vertical, matérialisé par l'alignement des troncs rectilignes, régulièrement espacés, sur la rive septentrionale.

Or, toute cette thématique de l'ordre et de l'architecto-nique est sous-tendue par une dichotomie fondamentale du pur et de la corruption qui joue un rôle capital dans le récit. Une opposition latente de la décomposition et du pur incorruptible (et partant de l'idéal) se trouve manifestée d'abord dans les entours de la scène : « ... le sol est noir sans la moindre trace de végétation [...] plaque de mousse à demi décomposée. », etc. avant de trouver son expression complète dans l'image réver-bérée qui recouvre enfin tout son attrait hypnotique dans le final du poème, dès le retrait de l'intrus :

> « *De nouveau la scène est vide. Sur la gauche, le soleil est toujours à la même hauteur ; la lumière n'a pas changé. En face, les fûts droits et lisses se reflètent dans l'eau sans ride, perpendiculairement aux rayons du couchant.*
> *Au fond des bandes d'ombre, resplendit l'image tronçonnée des colonnes, inverse et noire, miraculeusement lavée.* »

L'arcane du poème concerne donc le Spectacle d'un revire-ment miraculeux qui d'une certaine manière aura toujours déjà eu lieu, puisqu'il aura suffi au « voyant » de s'y exposer, d'emprunter la *bonne direction* ou de faire preuve de *bon sens*. L'autre scène en laquelle se concentre la perfection quasi sur-naturelle (la ressource de tout le jeu des oppositions, des symé-tries, des croisements et des quadratures) demande seulement à être dé-celée. Pourtant, la traversée du miroir suppose aussi une intelligence adéquate, le don d'une re-connaissance : l'exploration des ressources sacrées de cette révélation. Il convient ici d'expliquer en particulier pourquoi l'image peut être plus intense et plus nette que son modèle, qui par contraste paraît « confus, peut-être même flou ».

Une thématique sacrée, sous-jacente, confère en effet au texte sa clôture. Trois vocables clés – *miroir* (référent latent de « la surface, qui est uniformément libre et polie »), *admirable* (« ce paysage admirable ») et *miracle* (« miraculeusement lavée ») – partagent en effet la même racine – *mirum* – qui renvoie au ravissement et à l'extase. D'autres éléments confir-ment cette évocation du sacré qui confère une connotation quasi religieuse à l'irradiation mystérieuse de l'image abîmée au fond de l'eau. La noble ordonnance des fûts lisses et équidistants, assimilés dans le final à des colonnes, évoque infailliblement un temple. Au cœur du sanctuaire, séparé de tout ce qui est alentour (*templum* implique l'idée de clôture sacrée), c'est un spectacle flamboyant, une vision mystique qui est offerte aux yeux émerveillés de l'initié (du voyant-parlant ou du lecteur). L'image de la « forêt en profondeur » qui resplendit « inverse et noire, miraculeusement lavée » évoque d'ailleurs « Correspondances », le célèbre sonnet de Baudelaire :

> « *La nature est un temple où de vivants piliers*
> *Laissent parfois sortir de confuses paroles* ».

Finalement la jonchée de feuilles de chênes roussies par l'hiver aux pieds du « voyant » confirme la même thématique sacrée de l'élection (symptomatiquement, lesdites feuilles de chêne sont refusées à l'indifférent débouté : « Et il n'y a sans doute pas de feuilles de chêne à ses pieds »). Il faut se souvenir que pour les aryens le chêne était un arbre sacré dont la puissante ramure était censée jouer un rôle de trait d'union ou de transition (*d'axis mundi*) entre le Ciel et la Terre[1]. On peut remarquer, en outre, que les feuilles de chênes rousses peuvent indexer aussi l'achèvement glorieux – l'œuvre au rouge – du cycle de la métamorphose alchimique via l'œuvre au noir – la corruption – et l'œuvre au blanc – l'éclat adamentin du miroir.

Le texte tout entier est donc à la fois une révélation et une allégorie (au sens étymologique du vocable) : une manière de faire entendre la voix de l'*autre*. Il donne à voir (à entr'apercevoir) l'Irruption immémoriale du jeu du sens même. Nous sommes au couchant (à l'Occident), c'est la fin du jour. Le texte capte les derniers feux du mythe, le fascinant coup d'éclat des origines sur fond de nuit. Maintenant que les dieux se sont retirés, une nappe d'eau circulaire – l'équivalent métaphorique du texte-miroir – réfléchit le dernier éclat presque évanoui (le « feu pâle ») d'une immémoriale aurore du sens.

Essayons donc de repérer dans le texte les marques de la déflagration spectaculaire du sens-sacré maintenant quasi

---

1. Voir Frazer, *Le rameau d'or*, T. 1, pp. 461-471.

profané. Au terme d'une ascèse purificatrice – l'épreuve du temps mort ou du deuil qui efface le sujet comme un tel – une apparition incomparable fixe et captive le regard du « voyant ». Le « pur » qui s'abstrait de toute souillure participe d'une *autre* nature, il métamorphose l'œil, le rend capable d'une acuité nouvelle : de visions réfléchies. Ce surgissement trans-objectif et trans-subjectif d'une *vision*, à la fois fantasmatique *et* réelle, nimbée de mystère, est au principe de l'appréhension de toute idéalité. Toute régularité, toute symétrie, toute forme y trouve sa source.

D'autre part, cette irruption d'une pure surface réfléchissante, est condition du retournement qui fait voir l'image. Mais celle-ci n'est pas simple duplication ou pâle reflet d'une réalité préalable, elle est le fantôme ou l'idée de la chose qui prime toute « réalité ». Seul le renversement hiérarchique dont nous parlons, qui approfondit le sens du réfléchissement spéculaire dans la nouvelle peut justifier l'étrange inversion dont il est ici question : « une image très brillante *beaucoup plus contrastée que le modèle* qui par comparaison semble *confus*, peut-être même un peu *flou* » (je souligne).

Par certains côtés, certes, la conception latente qui commande l'expérience quasi mystique du phénomène de l'*autre scène* est platonicienne : l'idéalité rend non seulement intelligible le réel, elle le précède et le produit. Mais on peut également dire l'inverse, car pour le texte qui prend appui aussi sur une conception courante de la mimèsis, le paysage forestier est le « modèle » et l'image est bien une fiction, une illusion. De fait, le texte souffre le double point de vue et précisément il affirme le paradoxe. La scène est platonicienne *et* anti-platonicienne : l'image comme performance esthétique (métonymique de la poétique du texte tout entier) est elle-même ce qui vaut comme l'*original* mais sans référence à une idéalité ou à un au-delà préexistant. L'image esthétique est pure, certes, mais elle est aussi le fruit du hasard, d'une chance éphémère, en même temps elle est le produit de l'éploiement d'un jeu duel, spectral, qui réunit – mieux, génère – l'éclat *et* la nuit, l'impur *et* le pur, le dehors *et* le dedans, le miroir *et* le texte, l'énonciation *et* la lecture. Née d'une Alliance hasardeuse à jamais mystérieuse de l'œil et du monde, le secret de cette matrice caverneuse – claire-obscure – offusque l'idée du « vrai » soleil platonicien. L'immédiat sans distance d'une rencontre fabuleuse (le surgissement d'un phénomène insignifiable en soi) rend possible le déploiement d'un ordre de la compréhension, c'est-à-dire de la co-naissance tripatite du verbe, du monde et d'une conscience imaginante-parlante. La surrection du texte-miroir, qui s'inscrit à l'interface sacrée du regard et du monde, provoque la coïncidence de tous les opposés : elle est bien le pli-source du symbolique. La réflexion au double sens de jeu de lumière et de pensée est inséparable d'un effet de courbure – *flectere* – et de retour, c'est-à-dire de ré-fléchissement.

Enfin, il est patent que ce couplage créateur de l'image et du signe pur (cette schématisation qui se situe au-delà de tout ce qui est) est la condition d'un suspens paradoxal du temps : « ... sur la gauche le soleil est toujours à la *même* hauteur » (je souligne). A la faveur de cet *arrêt du temps*, c'est précisément un dédoublement merveilleux qui peut se produire. L'apparition de l'image inversée transfigure la vie : transcende tout ce qui en elle tend à la dégradation. Le temps mort se métamorphose en temps de la sur-vie. La dia-chronie improbable est un Événement qui repousse infiniment les limites, ouvre un horizon au-delà du « réel ». Complémentairement, cette appréhension anticipatrice de l'à-venir permet de re-voir tout autrement ce qui eut lieu. Depuis ce surplomb, c'est le déploiement ana-chrono-logique de la temporalité « vulgaire » qui s'avère possible. Le texte spacieux institue un volume d'anticipation et de relecture, une structure à la fois close et ouverte, une organicité qui, parce qu'elle oscille entre cohésion et silence, *risque* l'insignifiance. Il possède, en dernière instance, comme matrice vide et néant paradoxal, cette profondeur et cette rotondité qu'illustre précisément, dès la première phrase, la mare dans son écrin forestier.

La nature constative *et* performative du texte qui est à la fois démarche initiatique (progression) et *vision dite* atemporelle (subjective-objective) conduit enfin à éclairer le troisième intitulé du poème : « Instantanés ». C'est ici la *saisie* photographique d'une scène, son éclipse *et* sa re-production ir-réelle qui sont dénotées. Mais réciproquement, « La mauvaise direction » offre également un aperçu de ce qu'est la magie de l'image photographique. Qu'un fragment de réalité soit détaché du monde et c'est son étrange et glorieuse incorruptibilité qui est restituée à l'*instant* (étymologiquement, ce qui se tient *dans* ou *en dessous*). En captant à volonté le fantôme de la réalité, l'appareil photographique ouvre une brèche par quoi s'échappe la substance d'un réel devenu fantasmatique. Offrant la facilité mécanique de produire une vision réfléchie du monde, la multiplication des clichés en profane l'usage : elle rend dérisoire le secret que le texte et la voix aphone du « voyant » tout au contraire ici requalifie.

Considérant l'ensemble de la scène, le déploiement d'un spectacle vide, hanté par l'absence, on ne peut manquer d'éprouver un sentiment de distance glacée et de solitude. De la pure fiction abyssale, l'homme lui-même est écarté – la fausse entrée du sujet n'est qu'un épisode sans conséquence – le mystère admirable qui s'offre à nos yeux est une vision « froide d'oubli et de désuétude » (S. Mallarmé), une forme ultime, inifiniment profanée, de l'apparition du sacré primordial.

Pourtant, par un dernier coup de théâtre, tout à nouveau se renverse, le paysage décrit est en fait reconstruit par la parole : c'est un lieu-dit. Bien qu'elle soit écrite (et donc tacite) la poétique est diserte, qui élabore mot après mot ce paysage qu'elle nous donne à voir. La vision n'étant ici qu'une fiction *écrite* est aussi un monologue intérieur à la fois personnel et anonyme. La voix blanche qui construit le monde sur fond d'invisible parachève silencieusement l'iconoclastie de toute figure idolâtre, car c'est ici la parole réfléchie qui suscite la vision (et non l'inverse). Le texte libère donc l'instant sublime de son accaparement ancestral par les dieux ou par Dieu : le miracle est désormais d'autant plus bouleversant qu'il *est* sans cause.

Mais nous confrontons alors un dernier paradoxe : mettre l'accent sur la voix, le paysage parlé, n'équivaut nullement à faire de ce paysage vide un plein de subjectivité. Je suis, certes, ce que je vois, ce qui se dit en moi silencieusement dans et par mes yeux parcourant le monde. Mais je sais que cet afflux objectif-subjectif, générateur de l'être parlant-conscient-voyant que je suis procède d'un Événement immémorial, toujours actif en son é-loignement même, que le texte poétique de Robbe-Grillet justement évoque. Il se pourrait donc que le spectacle ici offert soit moins solitaire qu'il n'y paraît. Se contenter d'une telle perspective, ce serait précisément participer de cette « mauvaise lecture » ou de cette approche « dyslexique » contre quoi la nouvelle nous met en garde. Car toute distance étant abolie entre le moi, la parole et le monde en ce moment inaugural (cette vérité instauratrice, cet *alètheia*, ou ce testament poétique) que le texte met en scène, la conscience anonyme qui point est celle aussi de l'autre-moi-même. Le lieu-dit unanime existe ici comme texte tissant un *lien* primordial, for intérieur partagé, antérieur à toute distinction entre les personnes (la première, la deuxième et la troisième personne). A ce voir lointain qui nous fait faisant le monde, à ce texte-miroir qui réfléchit et fusionne nos consciences chacun est d'emblée acclimaté et peut appliquer tout naturellement son regard. L'incomplétude principielle du texte nous happe donc corps et âme, elle est le trait de génie qui permet à cette narration des plus simples de pleinement assumer son rôle de *lieu commun*.

Nous constatons pour finir que la tâche du discours critique est de tenter de rivaliser avec l'instance énonciatrice quasi anonyme du texte de manière à en infinitiser la réflexion. Une place est laissée à l'interprétation (à la lecture) qui doit se rendre à la loi de l'*autre*, redoubler et animer l'œuvre, en intensifier la puissance iconoclaste et révélante. Au bout du compte, l'enjeu critique aura été de redire « La mauvaise direction » pour en faire le mythe poétique exemplaire du re-trait infini du sacré.

DES MÉTAPHORES A L'INFINI

> « Nous écrivons sur les mots du dernier
> livre, dans l'infinie distance qui blanchit
> les feuillets. »
>
> Edmond Jabès

La gloire du verbe fut toujours usurpée par les fantasmago-ries mythiques et, dans notre tradition, par les controverses rela-tives à la foi et à la raison. C'est seulement lorsque s'épuise toute idolâtrie rémanente que la poésie-de-la-langue peut accéder à la place éminente qui toujours lui fut déniée. L'enjeu de la litté-rature (particulièrement de la littérature moderne) fut et demeure la conquête du « mystère dans les Lettres » (S. Mallarmé).

Quand tout se renmêle et retourne à la source, nous com-prenons que le mystère gît dans le conditionnement mythique et « textuel » de notre voix. Terrifiés et émerveillés, nous constatons que nos chances de survie dépendent de l'assomp-tion de notre infirmité native, de notre finitude. Le parachève-ment de notre Drame intime de résurrection et de mort se confond alors avec l'Énonciation du Mot lui-même. Par delà toute fascination idolâtre et toute exclusive, nous accédons à la conscience de notre naissance mortelle.

Depuis ses premiers balbutiements, nous l'avons vu (cf. supra « Naissance de la littérature »), la littérature eut pour contrepartie la prise de conscience de notre mortalité indivi-duelle. Au terme d'un cycle historial, elle vise à démontrer qu'elle peut fournir elle-même une réponse à la quête d'un au-delà de la mort. Seule en effet « l'ivresse de l'Art (peut) voiler les terreurs du gouffre » et désarmer le spectre funèbre.

Le « génie (seul) peut jouer la comédie au bord de la tombe, perdu, comme il est, dans un paradis excluant toute idée de tombe et de destruction »[1].

En tissant un réseau de sept exégèses, je me suis efforcé de ramener l'interprétation au statut de simple commentaire. La tâche du commentaire se borne à objectiver le « travail » de la lecture, à expliciter l'adamantine fulguration des œuvres, à s'effacer, en dernière instance, devant la Révélation de la « Poésie – unique source ». S'il est vrai que l'oscillation de la rencontre et de la compréhension est inhérente à la phéno-méno-logie matricielle, celle-ci aura dû se prolonger au plan du déploiement littéraire par l'ouverture de l'œuvre à l'*autre*. Chaque œuvre étant toujours et déjà le fruit d'innombrables interprétations, s'inscrit par avance dans le cycle de la mort et de la (re)création. Cette tâche de (ré)invention est ainsi exacte-ment ajustée à celle de la lecture, qui vise à ranimer toute signification épuisée, à revivifier toute lettre morte. Car le des-tin de l'œuvre est de briser l'enfermement natif du deuil, d'être reprise et comprise par l'autre. Précisément parce qu'elle est une « Conception spirituelle du Néant » (S. Mallarmé), son assomption pourrait fonder un lien communautaire inédit, affranchi de toute exclusive. La com-munauté qui aura dû « com-menter » toujours l'exécution des rites peut alors accomplir son dessein originel comme mythopoïèse : poétique pure de la Fiction.

Pour réaliser cette mission, le commentaire devra prendre ses distances à l'égard des modes habituels de l'inter-prétation dictés par l'onto-théo-logie. Les impératifs de la rai-son et de la foi auront en effet régi, par avance, l'univers du sens, ils auront préordonné tous nos cadres conceptuels et interprétatifs. Toujours dévaluée et méconnue sous les gloses courantes, la cause poétique fut constamment trahie. D'où la nécessité de parachever la subversion de l'onto-théo-logie par une réforme du commentaire.

Ainsi que Foucault en posa le principe dans *Les mots et les choses*, l'interprétation et la formalisation se partagent

---

1. Ch. Baudelaire, « Une mort héroïque », in *Le spleen de Paris,* Garnier-Flammarion, 1987, p. 133.

dans notre tradition, le champ du discours critique :
« Les méthodes d'interprétation font [...] face, dans la pensée
moderne, aux techniques de la formalisation : les premières
avec la prétention de faire parler le langage au-dessous de
lui-même, et au plus près de ce qui se dit en lui, sans lui ; les
secondes avec la prétention de contrôler tout langage éventuel,
et de le surplomber par la loi de ce qu'il est possible de
dire »[1]. Pour autant que s'annonce dans la compréhension ce
qui est toujours et déjà sous-entendu, nous sommes prédéter-
minés par une ouverture au sens que commande a priori une
herméneutique des textes et des œuvres. Toutefois, dans notre
tradition hébraïco-hellénique, cette expérience de l'antériorité
mystérieuse du logos relativement à toute compréhension fut
référée à l'entente du verbe divin, c'est-à-dire au fantôme
d'une Intelligence créatrice infinie. A l'exemple de la fonction
médiatrice, mais dérivée, assignée aux Écritures, toute parole
authentique fut en effet censée manifester une Présence
mythique (celle de Dieu d'abord, puis de l'auteur ou du sujet).
Dans un tel contexte, toute efflorescence des Lettres dut nécessairement demeurer subordonnée à une instance théologique
préalable.

Complémentairement, on peut dire que l'approche forma-
lisante n'aura cessé de projeter sur l'univers de la signifiance
la dénivellation qui fut à l'origine de notre constitution rationnelle. Inséparable du projet de démystification du religieux
primitif, l'élaboration d'un métalangage aura perpétué l'occultation
des genèses mythiques. Profondément tributaire d'un milieu historial diaphane (et de fait, d'un procès de purification doublement
bouclé sur soi), la formalisation aura ainsi postulé une logique
immanente à toute prestation sensée.

Dans tous les cas, le principe d'une autorité extérieure
n'aura cessé de masquer la poétique-du-verbe. Toutes les
approches critiques courantes – sémiotique, thématique, psychologique, psychanalytique ou sociologique, etc. – empruntent à
ces deux modes et en reproduisent certains aveuglements. Bien
que chaque approche puisse avoir son domaine de validité, elles

---

1. *Les mots et les choses, op. cit.*, p. 312.

participent toutes des conceptions dominantes et contribuent à masquer l'Épiphanie du Poème. Symptomatique de l'incohérence foncière de notre tradition, un jeu d'exclusives aura perpétué le « conflit des interprétations » (P. Ricœur).

Rien d'étonnant à ce que ce conflit se réduise aujourd'hui, en sa forme extrême, à la confrontation entre la « déconstruction » et la pure et simple affirmation des « réelles présences »[1]. A la suspicion radicale relative à toute position de signifiance (à la passion réductrice de toute génétique mythique ou sacrée) s'oppose alors la postulation, indémontrable en dernière instance de l'ascendance divine, du « sens du sens ». L'auto-déconstruction de tous les édifices du passé se trouve contredite en effet par le témoignage unanime des œuvres, avant tout par celui de la musique qui est (ou serait) une démonstration muette, indubitable de notre transcendance. Elle « ... continue d'être la théologie non écrite de ceux qui n'ont pas ou qui rejettent toute croyance formelle [...] Elle situe l'homme comme étranger dans ces carrefours où le mystère de sa condition est mis à nu en face des intercessions ambiguës de la menace et de la grâce »[2]. On constate ici que chacune des deux positions antagoniques ne fait que refléter l'un des « moments » du dispositif matriciel ou mythopoïétique, puisqu'à l'ascèse d'une purification soucieuse de repousser indéfiniment l'acte (re)créateur s'oppose, sans solution de continuité, l'affirmation nue des finalités théologiques du sens.

Sous leur forme exacerbée, ces confrontations partisanes portent donc témoignage de l'alternative entre le sens magnifié et la passion iconoclaste qui clive notre tradition. Or la seule issue possible à ce dilemme, ce serait *son exposé comme tel*. Le commentaire rejoindrait alors le paradoxe des œuvres (c'est-à-dire du jeu matriciel intégral) qu'illustrent particulièrement les œuvres de la modernité. Il faut ici une conversion du regard. Par delà la dénonciation du théâtre d'ombre des dieux, il est nécessaire de discerner la possibilité d'une recréation inouïe, fondée sur la dynamique du verbe seul. Au moment où

---

1. G. Steiner, *Réelles Présences,* trad. fr. Gallimard, 1991.
2. *Ibid.,* pp. 259-260.

se produit cette révolution copernicienne d'un nouveau genre, la Poésie apparaît elle-même tout à la fois comme le dénominateur commun de toutes les figures du passé et comme le garant de notre vocation sur-naturelle. Complémentairement, l'herméneutique se recroise sur un mode hyperbolique avec la formalisation quand l'épiphanie des démons et des dieux est résorbée dans l'humble genèse du Mot même. Quand l'ascèse démystifiante permet à la poétique du langage de se régénérer *ex nihilo,* tout chavire, la pensée subit une « exquise crise, fondamentale » (S. Mallarmé).

Dans un tel contexte, il faut non seulement que le commentaire de la Poésie prenne le pas sur les prosaïsmes de la réflexion, il faut que s'accomplisse un « retournement symbolique » général qui concède au verbe sa primauté insigne. Depuis toujours l'œuvre est en attente d'une essentielle subversion de l'imaginaire idolâtre. Une ouverture sans réserve au Néant (au silence) est indispensable pour que s'ex-plique l'implicite et soit édifié le Temple de la Parole. Au terme du cycle des métamorphoses (qui justement ne saurait avoir de terme étant foisonnement de métaphores à l'infini) le commentaire en viendra donc à partager les risques et les affres de la création même. Comme le dit G. Steiner dans *Les Antigones,* le commentateur se fait alors « traducteur ». Saisissant les chances offertes aux conjonctures propices du temps, il « ... a pour tâche sacrée et paradoxale, voire antinomique, de faire germer ces semences enfouies mais endormies, de « surpasser » le texte original... (Assumant un tel projet, il) se comporte en légataire et, au sens plein du terme, en exécuteur du testament et de l'héritage du poète... »[1].

En choisissant de réunir ici, presque au hasard, sept « textes » d'époques et de styles très différents, mon propos fut de montrer qu'un même jeu de métaphores trame une image plurielle et unique, celle du mythe proprement littéraire de la thanatogenèse. Je n'ai retenu, il est vrai, que des « textes » capables de se mirer les uns dans les autres. Un tel choix m'aura permis avant tout d'éclairer le destin intime de la litté-

---

1. G. Steiner, *Les Antigones,* trad. fr. Gallimard, 1986, p. 80.

rature depuis le commencement de l'âge classique. (Du reste, il ne s'ensuit nullement que toute œuvre littéraire doive se réduire à ce schème). Toutefois, quand le commentaire rejoint l'œuvre et discerne les linéaments d'un même destin, c'est la « ténébreuse et profonde unité » de la littérature qui est entr'aperçue.

Après l'oraison funèbre selon Bossuet, c'est d'abord le tableau de Poussin qui arrêta notre regard. A mi-chemin de l'Antiquité et des aspirations modernes, le Maître, gardien du seuil, laisse entrevoir *et* défend une Arcadie de rêve. De prime abord, la voie est barrée par un massif tombeau. Un groupe pensif répercute, entre rencontre et compréhension, notre propre perplexité. Cependant il se pourrait, au terme d'une longue gestation, que le déchiffrement de l'inscription épigraphe (du curieux épitaphe) sur le tombeau ruiné parvienne à dissoudre magiquement toute figuration idolâtre (et donc la représentation picturale elle-même). En reconnaissant la primauté du verbe sur le visible, la tâche historiale du spectateur/acteur serait de parachever poétiquement l'œuvre engagée par le peintre.

La peinture est ici, en effet, comme prisonnière de la vibration silencieuse du sépulcre. Nous sommes tous les victimes d'un sortilège très ancien, tous en attente d'une compréhension et d'un dénouement. Le tableau exprime justement ce qui le tient éloigné de la vie : ce qui fait qu'il est *mimèsis* et non *poèsis*. Le génie de Poussin aurait consisté justement à rapporter cette malédiction à l'obsession religieuse de la mort. Pour entrer en Arcadie, pour vivre vraiment, il faudrait pouvoir lever l'hypothèque massive du tombeau (ou de la représentation) qui alourdit et fige la vie. Car seule la poésie (le verbe source de la peinture) pourrait briser notre funèbre enchantement et nous introduire à l'autre monde.

Ce sont, du reste, typiquement les aspirations et les ambiguïtés de la Renaissance finissante qui sont ici évoquées. La scène rappelle de quelque manière les trois célèbres gravures de Dürer réalisées vers 1513-14 (je les ai évoquées tour à tour). On pense en particulier à l'Ange géomètre de « Melancholia » dont le questionnement songeur se porte lui aussi hors cadre. La quête alchimique qu'illustre tout un encombrement de symboles paraît ironiquement démentie par la tragédie solaire ignorée par l'Ange. Pourtant il suffirait qu'il se retournât pour apercevoir dans son dos le soleil noir qui est le secret de toute transmutation.

Car pour sortir de la léthargie moderne et accomplir l'attente, il faut que s'énonce l'oracle qui brise le tombeau. Il faut que soit reconnue l'inanité des anciens mythes, que soit transcendée toute pétrification. Il est donc nécessaire qu'une conscience du désastre donne lieu à la reconstruction de notre vie à la faveur de ces reliquats purs que sont l'écriture et la voix. Conditionnée par le dépassement de l'idolâtrie, cette hypostase autorise alors précisément à *dire* le passé muet, à expliciter la « mémorable crise ». Nous accéderons ainsi, quasi magiquement, à un autre monde : nous foulerons « une terre de cristal » (Nabokov).

J'ai montré en quoi les œuvres de Baudelaire, de Rimbaud et de Mallarmé coïncidaient avec l'Événement de cette Conversion-du-verbe. Latent, secret, ledit Événement fut la conséquence d'une prise de conscience angoissée de notre entrée dans la nuit. Certes, divers mythes romantiques tentèrent de renouveler la perception tragique du retrait du sacré. Il s'agissait alors, à deux mille ans d'écart, en écho à l'effondrement du polythéisme et à la mort du grand Pan, de prendre acte de la mort du Christ lui-même, le Dieu nouveau venu abroger toute mythologie ancienne. Pourtant, pour insistantes qu'elles fussent, ces tentatives pour insuffler une âme jusqu'au cœur de la matière et ranimer la mystique du verbe furent vouées à l'échec. Seule une poésie apparemment indifférente au mythe (ou à la légende), soucieuse seulement de la scrutation de son propre mystère devait secrètement porter à son terme une quête qui se confond avec le destin occidental lui-même.

Ce moment décisif aurait coïncidé avec la publication des *Fleurs du mal*. Nous avons vu comment la reprise du mythe de la mort du soleil dans « Harmonie du soir » rompait avec toute conception traditionnelle du phénomène. Par delà le judéo-christianisme, la poétique-du-verbe exige en effet l'holocauste sidéral du visible et donc du soleil même. C'est en effet ici l'Épiphanie du Poème seule (l'endurance d'un cœur fidèle et l'assomption d'un texte réfléchi) qui opère la transmutation du logos originel, le radical renversement du rapport du *voir* au *dire*. Seule, vers le couchant, une harmonie poétique est (ou pourrait être) à même de délivrer la sublimité achevée du verbe.

J'ai voulu montrer encore par mon commentaire du « sonnet des voyelles » et du « sonnet en ix » comment Rimbaud et Mallarmé approfondirent cette exigence de rupture et de révolution logologique et hétérologique. Malgré des perspectives et des styles très différents, la visée analogue des deux poètes fut de *dire* le mystère de la Parole, d'accomplir « l'alchimie du verbe » qui confirme la destination sur-naturelle de l'homme. Car au plus secret, leur ambition fut de subvertir le christianisme, mieux, de le reformuler comme texte littéraire et Fiction. Chez Rimbaud, on le sait, cette quête démiurgique trouva son expression suprême dans *Les Illuminations*[1].

Car la révélation du Poème capable de réfléchir le secret des origines, de *dire* la naissance du verbe dans le double registre de l'écriture et de la voix brise le tombeau archaïque. En une opération quasi fantastique de dissolution et de régénération (le *solve et coagula* d'une ritualisation ultime de la mort), l'extraction du « squelette » des Lettres pro-duit le Néant des origines. L'effacement de toutes les figures théologiques restitue une mémoire *de* l'oubli, elle promeut l'Épiphanie du verbe. Notre survie entièrement paradoxale tient désormais à cette apocalypse des Lettres qui est tout à la fois mythe de la poésie et poésie du mythe, (ré)effectuation proprement poétique des origines : Événement-du-verbe.

L'audace de ce geste requiert le sacrifice du poète : il faut, comme Mallarmé le dit de Rimbaud, que le poète « s'amput(e) lui-même de la poésie ». Il aura fallu qu'il accepte l'entière altération/aliénation de soi, « ... qu'il crève dans son bondissement par les choses inouïes et innommables » (« Lettre du voyant », 15 mai 1871). Le destin de chacun des poètes évoqués témoigne en effet d'une parfaite conjonction de la poésie et de la charité, en un sens élargi que reconnut Baudelaire :

---

1. Cf. J.-P. Richard « Rimbaud ou la poésie du devenir » in *Poésie et Profondeur,* Seuil, 1955, pp. 223-225 et Y. Bonnefoy, *Rimbaud par lui-même,* éd. du Seuil, 1961, pp. 152-165.

« Ce que les hommes nomment amour est bien petit, bien restreint et bien faible, comparé à cette ineffable orgie, à cette sainte prostitution de l'âme qui se donne tout entière, *poésie et charité*, à l'impression qui se montre, à l'inconnu qui passe »[1].

A cette configuration, *Feu Pâle* aura conféré ses pleines consonances païennes *et* ultra-chrétiennes. La destination providentielle de la poésie (inspirée de Virgile puis de Pope) rejoint la scène quasi christique de la mort du poète. Dans un texte où « les blancs assument l'importance » (S. Mallarmé), c'est d'ailleurs l'énigmatique – *Et in Arcadia ego* – qui vaut comme quasi-matrice. Le livre se présente en effet comme une extraordinaire allégorie du travail de création et de lecture nécessaire pour que la poésie fasse blocus au chaos, réalise le *gradus ad Parnassum* du meurtre qui est (ou fut) le moteur de l'Histoire. Quand le refus de notre atavisme violent prouvera notre surnaturalité, quand l'Infini s'incarnera en l'*autre* à l'article de la mort, c'est enfin le nihilisme moderne lui-même qui pourra (pourrait) être porté au sépulcre. Cependant tout demeure à l'état virtuel, procède d'un utopique hors-texte dont nous ne discernons que les bords.

Finalement, en son dépouillement fascinant « La mauvaise direction » nous propose comme le mythe occidental d'une intime fusion du voyant et du lecteur (de l'être-dit et du voir). Un improbable retour aux sources accomplit un réfléchissement pur pour un mystérieux « lecteur d'horizons » (S. Mallarmé). Une voix évanouie reconstitue une diaphane image résurrectionnelle. Tout se recueille et fait signe à la limite du déclin. Quand flamboie le carré magique sur la surface de la mare, le néant de l'œuvre réalise la spectaculaire concordance de tout. La coïncidence des quatre éléments – la terre, le ciel, l'eau et le feu – y compose comme un mandala de rêve. Désormais le destin remémoré du mythe participe lui-même d'un cycle quasi solaire, fomenté par le verbe : « Le souvenir est la vie même, mais d'une autre qualité. Aussi est-ce quand le soleil s'abaisse vers la surface polie d'une eau calme [...] que l'homme trouve par excellence, dans une courte

---

1. Ch. Baudelaire, *Le spleen de Paris, op. cit.*, pp. 94-95, je souligne.

fantasmagorie, la révélation des forces opaques, des vapeurs et des fulgurations dont, au fond de lui-même et tout au long du jour, il a vaguement perçu les obscurs conflits »[1].

Bien loin donc de prétendre en épuiser les « messages », je me suis efforcé d'agréger le commentaire au tout en formation des œuvres. Le logos parvient alors à se lover sur lui-même, le cercle de la mythopoïèse se boucle. Les métamorphoses des dieux sont ramenées à la pure métamorphose poétique. Le chaos se réduit à l'expérience dévastratrice du non-sens : le naufrage du verbe délivre notre Voix, il trace la Figure « ... dans le doute du jeu suprême ». Le Poète étend la splendeur sur les ténèbres, il invente l'âme qui fait défaut à l'univers. Ici la métaphysique « pure » pourrait trouver son improbable conclusion. Car il ne s'agirait plus de savoir « Pourquoi il y a de l'être et non pas plutôt rien » (cf. Leibniz et Heidegger) mais comment peut se perpétrer l'acte qui produit l'être-parole *ex nihilo*. Au moment où Nietzsche, le philologue, ramenait toute l'interrogation philosophique à la pure énigme du langage, une œuvre poétique protéiforme et testamentaire, écrite à plusieurs mains, réalisait déjà la (re)Création réfléchie de la parole, une apothéose du Silence.

« Chantant l'éveil fraternel de toutes les énergies chorales et orchestrales » (A. Rimbaud) la thanatogenèse vise, en dernière instance, à subvertir *et* à renouveler l'antique fonction mythique. Le mythe est subverti quand la geste des dieux et des démons est rapportée au Drame de la naissance sur-naturelle de l'homme par le verbe. Il est « revécu » quand chacun, en toute liberté et conscience : « ... est saisi par sa puissance [...] exaltante qu'(il) remémore et qu'(il) réactualise. Cela implique aussi qu'on ne vit plus dans le temps chronologique, mais dans le Temps primordial, le Temps où l'Événement *a eu lieu pour la première fois*. C'est pour cette raison qu'on peut parler du « temps fort » du mythe : c'est le Temps prodigieux, « sacré », lorsque quelque chose de *nouveau*, de *fort* et de *significatif* s'est pleinement manifesté »[2]. Le mythe (la Fable) resurgit anonymement, quand

---

1. Cl. Lévi-Strauss, *Tristes Tropiques,* Plon, 1955, pp. 68-69.
2. M. Éliade, article « Mythe. Approche d'une définition » in *Dictionnaire des mythologies,* sous la direction de Y. Bonnefoy, Flammarion, 1981.

il naît *de* nous *en* nous comme une musique latente plus prégnante que toute réalité (non pas amoindrie mais agrandie de se reconnaître pure fiction). Quand l'Histoire se hausse à la conscience de notre naissance agonique, nous éprouvons plus intensément la Cause qui nous rend étranger au monde.

Voici que s'ébranle la vieille coque, elle vibre et souffre en chaque ajointement. Un bouillonnement formidable arque-boute la mâture, tend les voiles. L'inertie ancienne paraît vaincue. Projetée vers l'avant, l'étrave fraie une route immatérielle parmi les gerbes de lumière. La grande nef double le temps mort.

> « *Devant une neige un être de beauté de haute taille. Des sifflements de mort et des cercles de musique sourde font monter, s'élargir et trembler comme un spectre ce corps adoré ; des blessures écarlates et noires éclatent dans les chairs superbes. Les couleurs propres de la vie se foncent, dansent, et se dégagent autour de la Vision, sur le chantier. Et les frissons s'élèvent et grondent, et la saveur forcenée de ces effets se chargent avec les sifflements mortels et les rauques musiques que le monde, loin derrière nous lance sur notre mère de beauté, – elle recule, elle se dresse. Oh ! nos os sont revêtus d'un nouveau corps amoureux.*
>
> *Ô la face cendrée, l'écusson de crin, les bras de cristal ! Le canon sur lequel je dois m'abattre à travers la mêlée des arbres et de l'air léger !* »[1]

---

1. A. Rimbaud, « Being Beauteous » in *Les Illuminations, op. cit.,* p. 181.

BIBLIOGRAPHIE

G. AGAMBEN, *Le langage et la mort*, trad. fr. éd. Ch. Bourgois, 1991.
La communauté qui vient, trad. fr. éd. du Seuil, 1990.

G. BACHELARD, *La terre et les rêveries de la volonté*, J. Corti, 1948.

G. BATAILLE, *L'expérience intérieure*, Gallimard, 1978.

Ch. BAUDELAIRE, *Les fleurs du mal*, éd. Garnier, 1961.
Le spleen de Paris, GF-Flammarion, 1987.

A. BEGUIN, *L'âme romantique et le rêve*, J. Corti, 1939.

La Sainte Bible (éd. par l'École biblique de Jérusalem), éd. du Cerf, 1972.

M. BLANCHOT, *L'espace littéraire*, Gallimard, 1955.
L'entretien infini, Gallimard, 1969.
L'écriture du désastre, Gallimard, 1980.

A. BLUNT, *Nicolas Poussin*, trad. fr. Herman, 1964.

J.-B. BOSSUET, *Œuvres*, Gallimard, 1961.

Y. BONNEFOY, *L'improbable*, Mercure de France, 1959.
Rimbaud par lui-même, éd. du Seuil, 1961.
Dictionnaire des mythologies, Flammarion, 1981.

J. BOTTÉRO, *La naissance de Dieu*, Gallimard, 1986.

J. CAZENEUVE, *Les rites et la condition humaine*, P.U.F., 1958.

R. DE CHATEAUBRIAND, *Le génie du christianisme*, Garnier-Flammarion, 1966.

P. CLAUDEL, *Art poétique*, Gallimard, 1984.

E. CLEMENS, *La fiction et l'apparaître*, Albin-Michel, 1993.

L. DALLENBACH, *Le récit spéculaire*, éd. du Seuil, 1977.

M. DEGUY, *Actes*, Gallimard, 1966.

M. DE DIÉGUEZ, *Essai sur l'avenir poétique de Dieu*, Plon, 1965.

J. DERRIDA, *La voix et le phénomène*, P.U.F., 1967.
Marges, éd. de Minuit, 1972.
Psychè, Galilée, 1987.

M. Detienne, *L'écriture d'orphée*, Gallimard, 1988.

M. Éliade, *Aspects du mythe*, Gallimard, 1963.

A. Fields, *Vladimir Nabokov*, trad. fr. éd. du Seuil, 1982.

M. Foucault, *Les mots et les choses*, Gallimard, 1966.

J.-G. Frazer, *Le rameau d'or*, T. 1, 2 & 3, trad. fr. R. Laffont, 1981.

H.G. Gadamer, *Vérité et méthode*, trad. fr. éd. du Seuil, 1976.

G.W.F. Hegel, *Précis de l'Encyclopédie des Sciences Philosophiques*, trad. fr. Librairie J. Vrin, 1970.

M. Heidegger, *Être et temps*, trad. fr. F ; Vezin, Gallimard, 1986.
Essais et conférences, trad. fr. Gallimard, 1958.
Chemins qui ne mènent nulle part, trad. fr. Gallimard, 1962.
Le principe de raison, trad. fr. Gallimard, 1962.
Introduction à la métaphysique, trad. fr. Gallimard, 1967.
Qu'appelle-t-on penser ? trad. fr. P.U.F., 1973.
Acheminement vers la parole, trad. fr. 1976.

Fr. Hölderlin, *Œuvres complètes*, trad. fr. Gallimard, 1967.

E. Husserl, *Recherches logiques*, T. 1 & 2, trad. fr. P.U.F., 1968.

St Jean de la Croix, *Œuvres spirituelles*, trad. fr. éd. du Seuil, 1954.

F. Kant, *Critique de la raison pure*, trad. fr. P.U.F. 1971.

E. Levinas, *Totalité et infini*, M. Nijhoff, 1980.
Autrement qu'être ou au-delà de l'essence, M. Nijhoff, 1978.
Entre nous, Grasset, 1991.

Cl. Levi-Strauss, *Tristes tropiques*, Plon, 1955.
L'homme nu, Plon, 1971.

M. Loreau, *La genèse du phénomène*, éd. de Minuit, 1989.

Ch. Malamoud, *Cuire le monde*, éd. La Découverte, 1989.

S. Mallarmé, *Correspondance*, vol. I, Gallimard, 1959.
Œuvres complètes, Gallimard, 1945.

A. Malraux, *La métamorphose des dieux*, La guilde du livre, 1957.

B. Marchal, *Lecture de Mallarmé*, J. Corti, 1985.

La religion de Mallarmé, J. Corti, 1988.

L. Marin, *Détruire la peinture*, éd. Galilée, 1977.

J.-L. MARION, *L'idole et la distance*, Grasset, 1977.
Dieu sans l'Être, Fayard, 1982.

A. MINAZZOLI, *La première ombre*, éd. de Minuit, 1990.

V. NABOKOV, *Feu Pâle*, trad. fr. Gallimard, 1965.

F. NIETZSCHE, *Ainsi parlait Zarathoustra*, trad. fr. T. 1 & 2, Aubier-Flammarion, 1969.
Le livre du philosophe, trad. fr. Aubier-Flammarion, 1969.

E. PANOFSKY, *Meaning in the visual Arts*, Doubleday Anchor Books, 1955.

B. PASCAL, *Pensées*, Garnier-Flammarion, 1976.

PLATON, *Œuvres complètes*, trad. fr. T. 1 & 2, Gallimard, 1950.

M. PROUST, *A la recherche du temps perdu*, Gallimard, 1963.

J.-P. RICHARD, *Poésie et profondeur*, éd. du Seuil, 1955.

P. RICŒUR, *Philosophe de la volonté*, T.2, *Finitude et culpabilité*, Aubier, 1960/1988.
La métaphore vive, éd. du Seuil, 1975.

A. RIMBAUD, *Œuvres complètes*, Gallimard, 1963.

A. ROBBE-GRILLET, *Instantanés*, éd. de Minuit, 1962.

G. STEINER, *Les Antigones*, trad. fr. Gallimard, 1986.
Réelles présences, trad. fr. Gallimard, 1991.

W. STEVENS, *The Palm at the End of Mind*, Vintage Books, 1972.

S. SULEIMAN & I. CROSMAN, *The Reader in the Text*, Princeton U. Press, 1980.

T. TODOROV, *Théories du symbolique*, éd. du Seuil, 1977.

M. DE UNAMUNO, *Le Christ de velazquez*, trad. fr. éd. La différence, 1990.

J.-P. VERNANT, *Mythe et pensée chez les Grecs*, T. 1 & 2, Maspero, 1965.
Figures, idoles, masques, Julliard, 1990.

M. ZARADER, *La dette impensée, Heidegger et l'héritage hébraïque*, éd. du Seuil, 1990.

TABLE

Achevé d'imprimer sur rotative
par l'imprimerie Darantiere à Dijon-Quetigny
en octobre 1994

Dépôt légal : octobre 1994
N° d'impression : 940-787 - N° d'édition : 1705-01